Susan Forward · Joan Torres

Liebe als Leid

Susan Forward
und
Joan Torres

Liebe als Leid

Warum Männer
ihre Frauen hassen und
Frauen gerade diese
Männer lieben

Aus dem Amerikanischen
übertragen von
Annette Charpentier

C. Bertelsmann

Die amerikanische Originalausgabe erschien unter dem Titel
»Men Who Hate Women and the Women Who Love Them.
When Loving Hurts and You Don't Know Why«
als Bantam Book in New York 1986

Für Wendy und Matt

Der C. Bertelsmann Verlag
ist ein Unternehmen der Verlagsgruppe Bertelsmann

Printed in Germany · ISBN 3-570-02441-5

Inhaltsverzeichnis

Eine ganz persönliche Einführung 11

Teil I: Männer, die Frauen hassen

1. Der romantischste Mann der Welt 27

Alle lieben Romanzen 32 · Der Wirbelsturm des ersten Verliebtseins 33 · Romantische Scheuklappen 33 · Verzweiflung und Verschmelzung 37 · Rettung 38

2. Das Ende der Flitterwochen 42

Sein Verhalten wird rationalisiert 43 · Das Spiel mit Dr. Jekyll und Mr. Hyde 45 · Selbstvorwürfe 48 · Seine Enttäuschung 50: *Sie muß perfekt sein 51 · Sie muß seine Gedanken lesen können 52 · Sie muß die allzeit bereite Amme für ihn sein 53 · Sie muß ein Fels in der Brandung sein 54*

3. Wie er Kontrolle erringt – die Waffen 56

Der Liebesvertrag 56 · Er muß die Macht haben 57 · Warum »Mißhandlung«? 58 · Machtlos aufgrund von psychischer Mißhandlung 59: *Versteckte Drohungen 59 · Verbale Angriffe 61 · Unablässige Kritik 62 · Gaslicht-Techniken 64 · Ableugnung 64 · Geschichten verdrehen 65 · Anderen die Schuld geben 66 · Man darf sich nie beklagen 69* · Macht durch körperliche Mißhandlung 70: *Wie weit ist der Weg von seelischer zu körperlicher Mißhandlung? 71* · Die Verkleinerung der Welt 72

4. Seine Machtbereiche 75

Macht im Schlafzimmer 75: *Kritik im sexuellen Bereich 77* · *Sexueller Egoismus 79* · *Sexuelle Brutalität 83* · *Sexaholics 84* · *Ein gutes Sexualleben als Maske 87* · Finanzielle Kontrolle 89: *Der »gute Ernährer« 90* · *Der »tragische Held« 92* · Kontrolle der Außenkontakte 96 · Kontrolle der Familienkontakte 99 · Wie die Kinder eingesetzt werden 100: *Eifersucht auf die Kinder 101* · *Kritik an der Frau als Mutter 102* · *Dreiecksverhältnisse 103* · *Physische Brutalität 105* · *Die Wirkung auf die Kinder 106*

5. Was hält die Frau so gebunden? 107

Das Band der Liebe 107: *Das Band von Liebe und Abhängigkeit 108* · *Das Paradox der starken Frau 109* · *Süchtige Liebe und Mißhandlungen 110* · *Die Suche nach dem Zaubermittel 111* · Das Band der Hoffnung 112 · Das Band der Angst 114: *Angst vor seiner Behandlung 114* · *Die Angst vor dem, was er tun könnte 115* · Das Band des Einverständnisses – die Kollusion 116: *»Er ist gut, und ich bin schlecht 117* · *»Er macht das nur, damit ich ein besserer Mensch werde« 118* · Das Stockholm-Syndrom 119

6. Wie Männer lernen, Frauen zu hassen 121

Die Bedeutung des Gleichgewichts zwischen Mutter und Vater 122 · Wenn Vater ein Frauenhasser ist 123: *»Du bist nur sicher, wenn du wie Vater bist« 124* · *»Es geht nur so, wie Vater es macht« 125* · *»Frauen kann man nur kontrollieren, indem man sie mißhandelt« 126* · Wenn Mutter zum Opfer wird 126: *»Frauen haben überzogene Ansprüche« 127* · *»Mutter kann ohne mich nicht leben« 128* · *»Keine Frau kann mich jemals genug lieben« 129* · Die Entstehung eines Frauenhassers 131: *»Man kann Frauen nicht trauen« 131* · Die erdrükkende Mutter 134: *»Bei einer starken Frau fühle ich mich un-*

terlegen« 135 · *»Ich erhebe den Anspruch, daß alles nach meiner Pfeife tanzt« 137* · Wenn Vater passiv ist 139: *»Männer kommen gegen Frauen nicht an« 139* · Wenn Mutter mißhandelt 141: *»Wenn du eine Frau wirklichst brauchst, wird sie dich verletzen« 141* · Die ablehnende Mutter 142: *»Verletzlich zu sein ist eine Schande« 144* · Wütende Jungen, wütende Männer 145: *Der gesellschaftliche Hintergrund für männliche Aggressionen gegenüber Frauen 147* · Außereheliche Beziehungen 148 · Abhängigkeit und die Angst vor dem Verlassenwerden 150

7. Wie Frauen lernen, Frauenhasser zu lieben 151

Was macht Familien so wichtig? 152: *Selbstbild 152* · *Vorbilder 153* · *Botschaften 153* · *Sich wiederholende Muster 154* · Jackies Familiengeschichte 155 · Die unterwürfige Mutter 156: *»Eine Beziehung um jeden Preis« 157* · Wie unsere Gesellschaft die Abhängigkeit der Frauen unterstützt 158: *»Tu, was ich sage, und nicht, was ich tue« 159* · Doppelte Identifikation 160 · Die Angst, Vaters Liebe zu verlieren 161: *»Wenn Papa es sagt, ist es auch wahr« 162* · Wie man lernt, die Schuld auf sich zu nehmen 163: *»Papa ist nur deinetwegen wütend« 164* · *»Man kann nie wissen, wie er einen behandelt« 165* · *»Du mußt ihn auf jeden Fall lieben« 166* · Wie man lernt, Wut nicht zu zeigen 166: *Die gesellschaftliche Beschränkung der Wut bei Mädchen 167* · *Gegen sich selbst gerichtete Wut 168* · *»Wenn du dich schlecht fühlst, bist du auch schlecht« 169* · Dramatik als Lebensweise 170 · Herrschsüchtige Väter und heranwachsende Töchter 171 · Die Wirkungen von körperlicher und/oder sexueller Mißhandlung 174

8. Wahnsinn für Zwei 175

Der Austausch verbotener Gefühle 175: *Der Austausch von Abhängigkeiten 176* · *Der Austausch von Wut 177* · Wut und Leiden 178 · Streß und Wut 179: *Körperliche Manifestationen von Streß 118 · Wenn Streß sich emotional niederschlägt 180 · Streß und Sucht 182 · Die verborgenen Konsequenzen von Krankheiten 183* · Der Versuch sich zu wehren, ohne wütend zu werden 184 *Direkte Feindseligkeit 184 · Indirekte Feindseligkeit 185*

Teil II: Die Frauen, die sie trotzdem lieben

Hinweis für die Benutzung des zweiten Teils 189

9. Wie fühlen Sie sich? 191

Die Bedeutung der Gefühle 191: *Die emotionale Bestandsaufnahme 192* · Die wichtige Verbindung zwischen Gedanken und Gefühlen 194: *Der Denkprozeß 195 · Die Verhaltenskomponente 198* · Wir legen den Kurs fest 201

10. Der Weg zur Veränderung 205

Den Status quo akzeptieren 205 · Was macht eine gute Beziehung aus? 207 · Sie können nur sich selbst ändern 208: *Schritt 1: Werden Sie zum Beobachter 209 · Schritt 2: Verhalten Sie sich bewußt genauso wie sonst 211 · Schritt 3: Schreiben Sie sich Schimpfworte auf, die Ihr Partner gegen Sie verwendet hat 212 · Schritt 4: Stellen Sie sich Ihren Partner vor, wenn er sich so schlimm wie möglich gegenüber jemand anderem verhält 215 · Schritt 5: Verändern Sie die Weise, wie Sie Ihren Partner sehen 217 · Untersuchen Sie in Ruhe, wie Sie sich selbst behandeln 219* · Gedanken abbrechen 220 · Selbsthilfe, wenn es weh tut 222: *Nett zu sich selbst sein 223*

11. Heilung 225

Ein Wort der Warnung 226 · Es begann nicht erst mit ihrem Partner 227: *Warum der Blick zurück so wichtig ist 228* · Wie man mit Gefühlen der Vergangenheit umgeht 229: *Wie man mit alter Wut umgeht 229* · *Die Korrektur eingefleischter Meinungen 232* · Neue Eltern für das kleine Mädchen 235 · Der Macht der alten Botschaften ein Ende setzen 237 · Die Angst vor der Wut auf die Eltern 239

12. Die Wut in die Hand nehmen 241

Wie man den Kontakt mit der Wut auf den Partner aufnimmt 241 · Jas und Neins beim Umgang mit der Wut auf den Partner 245: *Treffen Sie keine langfristigen Entscheidungen 245* · *Schimpfen Sie nicht mit ihm 246* · *Ventile für die Wut 247* · Dem schlechten Verhalten des Partners nicht mehr Vorschub leisten 248 · Bislang hat der Frauenhasser die Beziehung bestimmt 249 · Entscheiden, was man will 250 · Die Einforderung ihrer Rechte als Erwachsener 252

13. Dem Partner Grenzen setzen 254

Die Vorlage wird umgeschrieben 255 · Die Bedeutung des Grenzensetzens 257 · Weitere Proben 258: *Proben mit einer anderen Person 260* · Dem Partner Grenzen setzen 263: *Was vom Partner zu erwarten ist 265* · *Weitermachen, wenn der Partner schlimmer wird 267* · *Wie man dem Partner beibringt, sich zu benehmen 268* · Wie man das bekommt, was man will 269 · Ein Wort der Warnung 272

14. Professionelle Hilfe 275

Patient Beziehung 275 · Der Widerstand des Frauenhassers gegenüber Therapie 280 · Hilfe für Sie allein 283: *Die Wahl des Therapeuten 284*

15. Wenn man die Beziehung beenden muß 289

Der Krisenpunkt 289 · Der Entschluß zu gehen 291 · Die Angst vor dem Entzug 292: *Wie Sie mit Ihren Ängsten fertig werden können 294 · Die Umwandlung verzweifelter Ängste in lösbare Probleme 295* · Die Schuldgefühle beim Verlassen 299: *Die Schuld, ihn zu verlassen 299 · Die Schuld, von ihm ausgehalten worden zu sein 302 · Schuldgefühle den Kindern gegenüber 304 · Schuldgefühle vor der Familie und Freunden 305* · Die Vorbereitung auf die Reaktionen des Partners 307: *Er wird bemitleidenswert 307 · Wenn er selbstzerstörerisch wird 309 · Wenn er droht 310 · Ein Wort der Warnung 311* · Pläne für die Zukunft 312 · Was Sie nach der Trennung erwartet 316: *Die emotionale Trennung 316 · Wenn man ihn zurückwill 316 · Wenn es Ihnen bessergeht 320* · Hilfe für die Kinder 321

16. Sich selbst wiederfinden 324

Zurückholen, was man verlor 324: *Die Vorteile, andere Gebiete seines Lebens auszubauen 328* · Wie Ihre Kinder von Ihrer neuen Kraft verbauen 329 · Wie schafft man es, den gleichen Fehler nicht wieder zu begehen? 330 · *Nicht jeder Mann ist ein Frauenhasser 332 · Liebe neu entdecken 333* · Wie Sie Ihr Gleichgewicht als Frau finden 335

Anhang

Literaturhinweise 339

Danksagung 347

Eine ganz persönliche Einführung

> Kein vernünftiger Mensch würde bei jemandem bleiben, der sich in meinem Zustand befindet. Der einzige Grund, warum Jeff bei mir bleibt, ist, daß er mich liebt.

Als Nancy mich zum ersten Mal besuchte, hatte sie fünfzig Pfund Übergewicht und Magengeschwüre. Sie trug alte, ausgebeulte Jeans und ein formloses Hemd. Ihr Haar war strähnig, die Fingernägel bis zum Nagelbett abgekaut. Ihre Hände zitterten. Als sie Jeff vor vier Jahren heiratete, war sie Modeeinkäuferin bei einem größeren Warenhaus in Los Angeles gewesen. Für diesen Job war sie durch Europa und den Orient gereist, um ausgefallene Kleidungsstücke einzukaufen. Sie war immer nach der neuesten Mode gekleidet und kannte faszinierende Männer. Im Umkreis von Los Angeles waren mehrere Artikel über diese erfolgreiche Frau geschrieben worden – und all das hatte sie erreicht, noch ehe sie dreißig war. Doch als ich sie im Alter von vierunddreißig zum ersten Mal sah, schämte sie sich derart wegen ihres Aussehens, daß sie nur noch selten das Haus verließ.

Der Verfall von Nancys Selbstbewußtsein schien nach der Hochzeit mit Jeff eingesetzt zu haben. Doch als ich sie nach ihrem Mann fragte, zählte sie mir eine lange Reihe von Superlativen auf:

> Er ist ein wunderbarer Mann. Er hat Charme und Geist und ist sehr dynamisch. Immer denkt er an mich und schenkt mir Kleinigkeiten. Zum Beispiel schickte er mir

am Jahrestag unserer ersten gemeinsamen Nacht einen Blumenstrauß. Letztes Jahr buchte er eine Reise nach Italien, als Überraschung zu meinem Geburtstag.

Sie erzählte mir, daß Jeff, ein erfolgreicher Anwalt in der Unterhaltungsbranche, immer Zeit für sie habe und trotz ihres Aussehens gern sah, wenn sie ihn zu Geschäftsessen und anderen Anlässen begleitete.

Ich bin immer gern mit ihm und seinen Klienten ausgegangen, weil wir immer noch Händchen halten wie verliebte Schüler. Alle meine Freundinnen beneiden mich um ihn. Eine Freundin sagte einmal: »Du hast einen ganz besonderen erwischt, Nancy!« Und ich weiß das. Aber sehen Sie mich an! Ich begreife nicht, was mit mir geschehen ist. Ich fühle mich so unglücklich. Wenn ich mich nicht endlich zusammenreiße, verliere ich ihn bestimmt. Ein Mann wie Jeff braucht keine Schlampe wie mich als Frau. Er bekommt jede, die er will, auch Filmstars. Ich kann von Glück sagen, daß er es so lange bei mir ausgehalten hat.

Während ich Nancys Geschichte zuhörte und sie betrachtete, fragte ich mich: »Was stimmt nicht an diesem Bild?« Es gab offensichtlich einen Widerspruch. Warum sollte eine fähige und erfolgreiche Frau in einer liebevollen Beziehung so herunterkommen? Was war in den vier Jahren ihrer Ehe geschehen, daß sich sowohl ihr Aussehen als auch ihr Selbstbewußtsein so drastisch verändert hatten?
Ich forderte sie auf, mir mehr über ihre Beziehung zu Jeff zu erzählen, und nach und nach schälte sich ein vollständigeres Bild heraus.

Ich glaube, das einzige, was mich wirklich an Jeff stört, ist, daß er so leicht explodiert.

»Was meinen Sie mit ›explodieren‹?« fragte ich. Sie lachte auf.

> Ich nenne das seine King-Kong-Imitation. Er brüllt und schreit. Außerdem putzt er mich herunter, wie gerade neulich abends, als wir Freunde zum Essen eingeladen hatten. Er redete über ein Theaterstück, und ich warf etwas ein. Da hat er mich einfach angefaucht: »Warum hältst du nicht die Klappe?« Und zu den Freunden sagte er: »Achtet nicht auf sie. Sie muß immer ihren Senf dazugeben.« Ich fühlte mich so gedemütigt, daß ich fast in den Sessel gekrochen wäre. Danach konnte ich kaum etwas essen.

Nancy begann zu weinen, als ihr weitere demütigende Szenen einfielen, in denen sie Jeff dumm, selbstsüchtig oder gedankenlos genannt hatte. Wenn er wütend wurde, schrie er sie oft an, knallte Türen zu oder warf mit Gegenständen nach ihr.
Je mehr ich nachhakte, um so deutlicher wurde das Bild. Hier saß eine Frau, die verzweifelt herauszufinden versuchte, wie sie einem Mann gefallen konnte, der sich ebensooft wütend und einschüchternd wie charmant verhielt. Nancy sagte, sie könne manchmal lange nicht einschlafen, weil seine grausamen Worte ihr noch in den Ohren klängen. Ohne offensichtlichen Grund finge sie manchmal tagsüber an zu weinen.
Nur auf Jeffs Drängen hin hatte Nancy nach der Hochzeit ihre Stelle aufgegeben. Jetzt fühlte sie sich unfähig, ihre Karriere wieder aufzunehmen. Sie beschrieb es so:

> Jetzt hätte ich nicht einmal die Nerven, mich zu bewerben, ganz zu schweigen von einer Einkaufsreise. Ich glaube, ich könnte keine Entscheidungen mehr fällen, weil ich kein Zutrauen mehr zu mir habe.

Innerhalb ihrer Ehe traf Jeff sämtliche Entscheidungen. Er bestand darauf, jeden Aspekt ihres gemeinsamen Lebens zu kontrollieren. Er überwachte alle Ausgaben, wählte die Leute aus, mit denen sie gesellschaftlich verkehrten, und bestimmte sogar, was Nancy zu tun hatte, wenn er bei der Arbeit war. Er verspottete jede Meinung von ihr, die von seiner abwich, und brüllte sie an, auch in der Öffentlichkeit, wenn er mit etwas nicht zufrieden war. Jede Abweichung ihrerseits von dem Kurs, den er für beide festgelegt hatte, endete in einer fürchterlichen Szene.

Ich sagte Nancy, daß wir eine Menge Arbeit vor uns hätten, versicherte ihr jedoch, daß sie sich bald weniger ausgeliefert fühlen würde. Ich schlug vor, ihre Beziehung zu Jeff genau unter die Lupe zu nehmen. Das Selbstvertrauen, das sie verloren glaubte, sei nicht wirklich verschwunden, nur verkommen. Zusammen würden wir es wieder aufbauen. Als sie nach der ersten Sitzung ging, fühlte sie sich schon ein wenig stabiler und weniger hilflos. Ich selbst war allerdings erschüttert.

Nancys Geschichte hatte bei mir einen Nerv getroffen. Ich wußte, daß für mich als Therapeutin meine Reaktionen auf einen Klienten wichtige Bausteine darstellten. Wenn ich mit Menschen arbeite, stelle ich emotionale Bindungen her, damit ich rascher begreife, wie sie fühlen. Aber hier lag der Fall anders. Nachdem Nancy gegangen war, wurde mir sehr unbehaglich. Es war nicht das erste Mal, daß eine Frau mit einem solchen Problem zu mir kam, noch war es das erste Mal, daß ich so heftig reagierte. Ich konnte nicht länger abstreiten, daß ich so betroffen war, weil Nancys Probleme meinen eigenen so ähnelten.

Nach außen hin wirkte ich selbstbewußt und ausgefüllt – eine Frau, die alles erreicht hatte. Den ganzen Tag lang, ob in meinem Büro, im Krankenhaus oder in der Beratungsstelle, wo ich praktizierte, arbeitete ich mit Menschen, um ihnen zu helfen, ihr Selbstbewußtsein und das Gefühl von Kraft wiederzufinden. Doch zu Hause war alles ganz anders. Mein Mann war, wie Nancys, charmant, sexy und romantisch, und ich hatte mich gleich bei unserem ersten Treffen wahnsinnig in ihn verliebt. Doch bald mußte ich entdecken, daß er eine Menge Wut in sich aufstaute und es fertig brachte, mich klein, unterlegen und unausgeglichen zu fühlen. Er bestand darauf, alles, was ich tat, glaubte und fühlte, zu kontrollieren.

Die Therapeutin Susan konnte zu Nancy sagen: »Das Verhalten Ihres Mannes hört sich nicht liebevoll an. Es klingt eher so, als spielte sich eine Menge psychologischer Terror ab.« Doch was sagte ich mir selbst? Die Susan, die abends nach Hause ging, krümmte sich wie ein Wurm bei dem Versuch, einen Wutausbruch ihres Mannes zu vermeiden. Diese Susan redete sich immer wieder ein, er sei doch ein wunderbarer und aufregender Mann, und wenn etwas nicht stimme, müsse es ihre eigene Schuld sein.
In den nächsten Monaten untersuchte ich genauer, was sich in meiner eigenen Ehe abspielte wie auch in den Beziehungen meiner Klientinnen, die sich offensichtlich in ähnlichen Situationen befanden. Was genau geschah eigentlich? Wie liefen diese Dinge ab? Zwar waren es immer Frauen, die meine Hilfe suchten, doch meine Aufmerksamkeit richtete sich auf das Verhalten der Männer. Nach den Beschreibungen ihrer Partnerinnen waren sie oft charmant und sogar liebevoll, aber auch fähig, sich von einem Augenblick zum anderen grausam, kritisch und beleidigend zu verhalten. Dieses Verhalten wies eine große Bandbreite auf, von offensichtlicher Einschüchterung und Drohungen zu subtileren und verdeckten Angriffen in Form von ständigen Herabsetzungen oder vernichtender Kritik. Die Ergebnisse waren jedoch immer die gleichen. Der Mann gewann Macht und Kontrolle, indem er die Frau zermürbte. Diese Männer weigerten sich zudem, Verantwortung dafür zu übernehmen, wie sich ihre Partnerinnen nach derartigen Angriffen fühlten. Statt dessen machten sie ihre Frauen oder Freundinnen für jeden unangenehmen Vorfall verantwortlich.
Ich wußte aufgrund meiner Erfahrung mit Paaren, daß jede Ehe zwei Seiten hat. Doch ist es für den Therapeuten leichter, sich mit dem Klienten zu identifizieren, wenn er nur eine Seite der Geschichte kennt. Gewiß tragen beide Partner zu den Problemen und Konflikten in einer Beziehung bei. Doch als ich begann, einige Partner meiner Klientinnen ebenfalls zu beraten, stellte ich fest, daß sie selbst kaum so viel Leid erfuhren, wie sie

der Partnerin zufügten. Es waren die Frauen, die litten. Bei allen war das Selbstbewußtsein auf dramatische Weise verfallen; viele zeigten zusätzliche Symptome und Reaktionen. Nancy hatte Magengeschwüre, Übergewicht und ihr Aussehen vernachlässigt. Andere hatten ernsthafte Probleme mit Drogen und/oder Alkohol, Migräne, Magenbeschwerden, Eß- und Schlafstörungen. Ihre Arbeitsleistung war oftmals gesunken. Ihre einst vielversprechenden Karrieren waren abgebrochen. Zuvor erfolgreiche und fähige Frauen zweifelten plötzlich an ihrer Kompetenz und ihrer Urteilsfähigkeit. Sie litten erschrekkend häufig unter Depressionen, Tränenausbrüchen und Angst. Und in jedem Fall hatten diese Probleme mit dem Beginn einer Beziehung oder einer Ehe begonnen.

Nachdem ich in diesen Beziehungen ein bestimmtes Muster erkannt hatte, diskutierte ich das Problem mit Kollegen. Alle waren mit dem von mir beschriebenen Typ Mann vertraut: jeder hatte Frauen behandelt, die entweder mit einem Mann, auf den meine Beschreibung paßte, verheiratet oder in ihn verliebt waren oder ihn zum Vater hatten. Überraschend war für mich jedoch, daß dieses Verhalten zwar allen von uns vertraut war, es jedoch nie systematisch beschrieben worden war.

Ich begann, die einschlägige psychologische Literatur zu studieren. Zunächst beschäftigte ich mich erneut mit Charakterstörungen, weil diese Männer offensichtlich einen Mangel an Gefühl gegenüber dem Leid der Partnerinnen aufwiesen. Menschen mit Charakterstörungen können nur wenig Schuldgefühle, Reue oder Angst empfinden. Gewiß, es handelt sich um unangenehme Gefühle, doch sie überwachen unsere ethischen und moralischen Interaktionen mit anderen Menschen.

Ich wußte, daß es zwei Haupttypen von anerkannten Charakterstörungen gibt. Zunächst die Narzißten: Hier handelt es sich um Menschen, die total von sich besessen sind. Sie neigen dazu, Beziehungen in erster Linie deswegen einzugehen, um sich ihrer eigenen Besonderheit in dieser Welt zu vergewissern. Männer, die in diese Kategorie fallen, eilen auf der Suche nach Liebe und Bewunderung oft von einer Beziehung zur nächsten.

Vertraute Namen für diesen Typus sind Peter Pan oder Don Juan. Man nennt sie auch »Menschen, die nicht lieben können.«

Die Männer in den untersuchten Beziehungen verhielten sich jedoch anders. Sie schienen intensiv zu lieben, und in vielen Fällen hatten sie langandauernde Beziehungen mit einem Partner. Außerdem unterschied sich ihr Grundbedürfnis von dem des Narzißten, weil sie *Kontrolle* mehr zu brauchen schienen als *Bewunderung*.

Am anderen Ende des Spektrums für Charakterstörungen stehen die extremeren und gefährlicheren Soziopathen. Hier handelt es sich um Menschen, die einen Wirbelwind von Chaos schaffen. Sie benutzen und beuten jeden aus, der in ihren Lebenskreis tritt. Lüge und Täuschung werden ihnen zur zweiten Natur. Die Bandbreite reicht von gewöhnlichen Kriminellen bis zu prominenten und erfolgreichen Geschäftsleuten, die chronisch in »Kavaliersdelikte« verstrickt sind. Der auffallendste Zug an diesen Soziopathen ist das völlige Fehlen eines Gewissens.

Doch der Mann, den ich zu beschreiben versuchte, verhielt sich oft verantwortlich und fähig im Umgang mit der Gesellschaft. Sein destruktives Verhalten konnte nicht generalisiert werden wie bei einem Soziopathen. Es konzentrierte sich vielmehr auf einen einzigen Bereich, unglücklicherweise fast ausschließlich auf die Partnerin.

Als Waffen setzte er seine Launen und Worte ein. Zwar neigte er nicht dazu, die Frau körperlich zu mißhandeln, doch er zermürbte sie systematisch durch ein psychologisches Trommelfeuer, was schließlich ebenso gefühlszerstörend wirkt wie körperliche Gewalt.

Ich fragte mich, ob diese Männer irgendeine perverse Lust aus dem Schmerz und dem Leid gewannen, das sie ihren Partnerinnen zufügten. Handelte es sich etwa um Sadisten?

Immerhin bestätigten viele derjenigen, mit denen ich meine Entdeckungen diskutierte, daß die Partnerinnen dieser Männer klassische Masochistinnen wie aus dem Lehrbuch waren.

Das machte mich wütend. Ich wußte, daß die Kategorisierung von Frauen in schlechten Beziehungen als masochistisch – nämlich Leid suchend und genießend – seit langem in unserem Beruf wie auch in unserem gesamten Kulturkreis üblich war. Es handelt sich dabei um eine bequeme, aber höchst gefährliche Erklärung, warum sich so viele Frauen Männern gegenüber selbstverleugnend und unterwürfig verhalten. Doch in Wirklichkeit lernen Frauen dieses Verhalten sehr früh und werden ständig dafür belohnt und gelobt. Wir stehen hier vor dem Paradox, daß ein Verhalten, das Frauen empfänglich für Mißhandlungen macht, genau dem entspricht, was ihr als feminin und liebenswert beigebracht wurde. Das Konzept des Masochismus ist besonders gefährlich, weil es dazu dient, Aggressionen gegenüber Frauen zu rechtfertigen – es bestätigt, daß »die Frauen genau das wollen«.

Bei weiteren intensiven Gesprächen mit Paaren fand ich heraus, daß keiner dieser Begriffe paßte. Statt aus dem Leid der Partnerin emotionales oder sexuelles Vergnügen zu gewinnen wie ein Sadist, fühlte sich der Mann, den ich zu beschreiben versuchte, durch das Leiden seiner Partnerin sowohl *bedroht* als auch *verärgert*. Die Frau war ebensowenig eine Masochistin wie der Mann ein Sadist. Sie gewann aus den Mißhandlungen ihres Partners weder verborgene sexuelle noch emotionale Lust. Vielmehr demoralisierte es sie vollständig. Wieder einmal stellte ich fest, daß psychologische Kategorien und Begriffe nicht ausreichten, um zu beschreiben, was ich in diesen Beziehungen erkannte. Der von mir untersuchte Mann kam in der einschlägigen Literatur nicht vor.

Er war kein deutlich erkennbarer Soziopath, Narzißt oder Sadist, wenngleich sich mehrere dieser Elemente in seinem Charakter finden mochten. Der wichtigste Unterschied zwischen diesem Mann und jenen in der psychologischen Literatur war, daß er fähig schien, eine lange Beziehung mit einer Frau zu haben. Seine Liebe schien sogar besonders innig und intensiv. Tragisch war nur, daß er alles tat, um die Frau zu zerstören, die er angeblich so heiß liebte.

Ich weiß als Therapeutin, daß die Worte »Ich liebe dich« nicht notwendigerweise etwas über eine Beziehung aussagen. Ich weiß, daß Verhalten, nicht Worte, die Wirklichkeit definiert. Wenn ich meinen Klientinnen zuhörte, fragte ich mich oft: Behandelt man so jemanden, den man wirklich liebt? Handelt es sich nicht eher um ein Verhalten jemandem gegenüber, den man haßt?
Dann fiel mir das griechische Wort für ›Frauenhasser‹ ein: Misogynist (von: miso – hassen; gyne – Frau). Dieses Wort gibt es zwar schon seit vielen hundert Jahren in unserer Sprache, doch wird es gewöhnlich nur benutzt, um Massenmörder, Vergewaltiger und andere Männer zu bezeichnen, die sich gewalttätig gegenüber Frauen verhalten. Gewiß waren diese Kriminellen Frauenhasser im fatalsten Sinne des Wortes. Doch ich war inzwischen überzeugt, daß die Männer, die ich zu beschreiben versuchte, ebenfalls Frauenhasser waren. Sie hatten lediglich andere Waffen gewählt.
Je mehr ich über Frauenhasser und misogynistische Beziehungen erfuhr, um so besser lernte ich nicht nur meine Patienten, sondern auch meinen Mann, mich selbst und unsere Ehe kennen. Meine häusliche Situation war inzwischen extrem spannungsgeladen. Ich merkte, daß ich jeden Abend nach wohldurchdachten Entschuldigungen suchte, um länger bei der Arbeit bleiben zu können. Meine Kinder standen unter Streß, und mein Selbstwertgefühl befand sich auf einem absoluten Tiefpunkt. Hätte es schon Literatur über misogynistische Beziehungen gegeben, mein Mann und ich hätten wohl einen Paradefall abgegeben. Nach seiner Ansicht waren alle Fehlschläge meine Schuld. Er gab mir die Schuld an allem, von seinen Geschäftsproblemen bis zu seinen nicht ordentlich geputzten Schuhen. Zwar stellte meine Arbeit damals unsere Haupteinkommensquelle dar, doch er machte sich oft über den psychotherapeutischen Berufsstand und mich im besonderen lustig.
Je häufiger er mich lieblos und selbstsüchtig nannte, um so mehr versuchte ich, ihn zu besänftigen, durch Entschuldigungen, Kapitulation und bewußte Sabotage meiner Karriere. Ich

hatte unsere Ehe als fröhliche, kraftvolle Person begonnen, und jetzt, vierzehn Jahre später, war ich ängstlich und oft am Rand eines Tränenausbruchs. Ich erkannte, daß ich mich in einer Weise verhielt, die ich selbst nicht ausstehen konnte. Ich nörgelte und kritisierte ständig an ihm herum oder zog mich in ein beleidigtes, wütendes Schweigen zurück, anstatt meine Gefühle über unsere Beziehung offen auszudrücken.

Dann geschah etwas, was das Faß zum Überlaufen brachte. Ich hatte angefangen, mich auf die Arbeit mit Erwachsenen zu konzentrieren, die als Kinder sexuell mißbraucht worden waren, und meine Hartnäckigkeit, dieses Thema an die Öffentlichkeit zu bringen, erweckte allmählich Aufmerksamkeit. Ich schloß einen Vertrag über mein erstes Buch ab *»Betrayal of Innocence: Incest and its Devastation«* (Verrat der Unschuld: Inzest und seine Verheerungen). An jenem Tag eilte ich nach Hause zu meinem Mann, um meine Freude und meine Aufregung mit ihm zu teilen. Doch im gleichen Augenblick, als ich das Haus betrat, merkte ich, daß er einen schlechten Tag hatte. Ich wußte, daß meine gute Nachricht seine Frustration nur verstärken würde. So ging ich also, ohne ein Wort über mein Buch zu verlieren, in die Küche, schenkte mir ein Glas Wein ein und feierte allein. Anstatt ein schönes Ereignis mit dem Mann zu teilen, der mir soviel bedeutete, mußte ich die Nachricht verschweigen, damit er sich nicht aufregte.

Da erkannte ich, daß etwas fürchterlich falsch war. Ich merkte, daß mein Mann und ich – genau wie die misogynistischen Paare, die ich beriet – Hilfe von außen für unser Problem brauchten. Mein Mann war jedoch nicht bereit, an seinem Verhalten und an unserer Beziehung zu arbeiten. Schließlich gelangte ich unter vielen Schmerzen zu der Erkenntnis, daß ich unsere Ehe nicht länger aufrechterhalten konnte, ohne mich selbst aufzugeben.

Die Trauer über diesen erheblichen Verlust dauerte lange, doch es geschah auch etwas anderes. Ich entdeckte einen Ausbund an Energie und Kreativität in mir, der mir zuvor nicht zugänglich gewesen war. Meine Karriere verlief bald steil nach oben. Mein Buch wurde veröffentlicht, meine Praxis wurde größer, und bald hatte ich eine bundesweite Radiosendung, in der ich Fragen von Anrufern beantwortete. Ich hatte zunehmend, in der Praxis wie auch bei der Sendung, mit der gleichen Art von psychologischem Mißbrauch zu tun, wie ich ihn in meiner eigenen Ehe erfahren hatte. Mich riefen Frauen an, die von wenigen Monaten bis zu einem halben Jahrhundert in einer solchen Beziehung gelebt hatten. Wenn sie mir nur ein paar typische Vorfälle geschildert hatten, stellte ich ihnen häufig die folgenden Fragen nach ihrer Beziehung:

- Nimmt er für sich das Recht in Anspruch, Ihr Leben und Ihr Verhalten zu kontrollieren?
- Haben Sie wichtige Aktivitäten oder Menschen aufgegeben, um ihn bei Laune zu halten?
- Setzt er Ihre Meinungen, Gefühle und Fähigkeiten herab?
- Wenn er mit Ihnen nicht zufrieden ist, brüllt er Sie an, droht er oder verfällt in mürrisches Schweigen?
- Gehen Sie »wie auf Eiern« und proben insgeheim, wie Sie ihm etwas so beibringen, damit er sich nicht aufregt?
- Verblüfft er Sie, indem er ohne Vorwarnung von Charme auf Wut umschaltet?
- Fühlen Sie sich oft verwirrt, aus dem Gleichgewicht gebracht und ihm unterlegen?
- Ist es extrem eifersüchtig und besitzergreifend?
- Gibt er Ihnen die Schuld an allem, was in Ihrer Beziehung nicht richtig ist?

Wenn die Frauen die meisten Fragen mit »Ja« beantworteten, wußte ich, daß sie es mit einem Frauenhasser zu tun hatten. Wenn ich ihnen dann deutlich machte, was sich in ihren Leben abspielte, hörte ich immer die Erleichterung in den Stimmen, auch durch das Telefon.

Da ich nun überzeugt war, eine wichtige psychische Störung entdeckt zu haben, beschloß ich, mich weiter auf diesem Feld vorzuwagen, indem ich das Thema bei einer Talkshow, *A. M.*

Los Angeles, diskutierte. Ich beschrieb, als ich an die Reihe kam, die Taktiken und Verhaltensweisen eines typischen Frauenhassers.

Nach der Sendung eilten mehrere weibliche Mitarbeiter im Studio auf mich zu. Sie schienen alle auf irgendeine Weise mit diesem Typ von Mann zu tun gehabt zu haben. Am nächsten Tag teilte mir der Sender mit, daß auf meinen Beitrag die überwältigendste Reaktion von Anrufen erfolgt sei, die sie je erlebt hatten.

Kurze Zeit später trat ich bei einer weiteren Talkshow auf, dieses Mal in Boston. Ich konnte eine volle Stunde über mein Thema reden, und die Reaktion war noch stärker. Als Briefe aus allen Teilen des Landes bei mir eintrafen, erkannte ich, daß ich einen Nerv getroffen hatte. Aus allen Briefen sprach ungeheure Dringlichkeit. Frauen wollten wissen, wo sie ein Buch zu dem Thema »Frauenhaß« finden konnten. Sie wollten mehr darüber erfahren.

Es berührte mich tief, was diese Frauen schrieben. Sie suchten Bestätigung, daß das, was sie über ihre Beziehung dachten, nicht schlicht »verrückt« sei. Sie wollten wissen, daß sie nicht allein standen – daß es andere Menschen gab, die sie verstanden und sie nicht mit den negativen Begriffen ihrer Partner abqualifizierten.

Diese Reaktionen bestätigten mich zudem darin, daß die Erkenntnis, Verdeutlichung und das Verständnis dessen, was sich in einer derartigen Beziehung abspielt, die Last der Selbstvorwürfe ungeheuer erleichtern kann. Damals wußte ich, daß ich dieses Buch schreiben mußte – nicht allein, um den Frauen bei der Klärung der Fragen zu helfen, was mit ihnen geschieht, sondern auch, daß sie damit umgehen lernten.

Ehe man eine Beziehung ändert, muß man verstehen, was sich in ihr abspielt. Doch das Verständnis allein reicht nicht aus. Für sich genommen ist Verständnis eine intellektuelle Übung. Wenn man jedoch sein Leben und seine Beziehung verändern will, muß man anders *handeln,* nicht nur anders darüber *denken.*

Aus diesem Grund habe ich dieses Buch unterteilt. Im ersten Teil beschreibe ich, wie diese Beziehungen funktionieren und warum sie funktionieren. Ich untersuche jeden Aspekt der Interaktionen, von den romantischen und aufregenden Anfängen bis zur schließlichen Verwirrung und dem Leid, das jede Frau erfährt, die sich in einen Frauenhasser verliebt. Ich beschreibe die Männer und warum sie sich so verhalten. Außerdem untersuche ich, wie und warum Frauen lernen, diese schlechte Behandlung von Männern zu akzeptieren.

Ich werde Ihnen im Verlauf des Buches eine Reihe von Paaren vorstellen, die ich in meiner Praxis kennenlernte, und einigen folgen wir auf ihrem Weg. Selbstverständlich wurden alle Namen und erkennbaren Eigenschaften verändert, um ihr Privatleben zu schützen. Doch die Situationen, die sie erlebten, und die Worte, die sie zu ihrer Beschreibung benutzten, sind so genau wie möglich wiedergegeben.

Im zweiten Teil des Buches schlage ich eine Reihe von wirksamen Methoden vor, die ich im Verlauf der letzten Jahre entwikkelt habe. Sie können in Ihrer Beziehung zu Ihrem Partner und zu sich selbst wichtige Veränderungen herbeiführen. Diese Techniken helfen Ihnen, sich selbst besser zu schützen, sowie sicherer, wirksamer und weniger verwundbar zu werden angesichts der Manipulation, der Verwirrung und dem Verlust von Selbstvertrauen, die mit misogynistischen Beziehungen einhergehen.

Ich weiß, daß einiges in diesem Buch vielleicht heftige Gefühle bei Ihnen auslöst, ob Sie sich nun in einer misogynistischen Beziehung befinden, sich von einer erholen oder sich sorgen, ob Sie irgendwann so verwundbar sein werden. Ich kann Sie bei Ihrer Reise durch dieses Buch nicht begleiten, aber ich möchte Sie bei jedem Schritt auf diesem Weg meines Respekts, meiner Sorge und meiner Ermutigung versichern.

Teil I

Männer, die Frauen hassen

1. Der romantischste Mann der Welt

So verliebt man sich nur in Operetten. Man sieht ihn irgendwo in einem Raum voller Menschen, die Blicke begegnen sich, und es durchfährt einen wie ein Blitz. Wenn er neben einem steht, werden die Handflächen feucht, das Herz schlägt schneller, der ganze Körper scheint auf einmal viel lebendiger. Hier steht der Traum vom Glück, die sexuelle Erfüllung und Vollendung. Dieser Mann reagiert auf Sie und schätzt Sie. Einfach in seiner Nähe zu sein ist aufregend und wunderbar. Und wenn das geschieht, fühlt man sich schlicht überwältigt. Wir pflegen diesen Zustand *romantische Liebe* zu nennen.
Rosalind war fünfundvierzig, als sie Jim begegnete. Sie ist eine auffallende Erscheinung, hochgewachsen, mit rötlichem Haar und einer gepflegten Figur, für die sie viel tut. Sie kleidet sich unverwechselbar, so daß ihre Größe und ihre künstlerische Ausstrahlung voll zur Geltung kommen. Sie hat ein Antiquitätengeschäft und gilt als erfolgreiche Händlerin und Sammlerin von Werbegraphik, ihrem Spezialgebiet. Rosalind zwar zweimal verheiratet und hat einen erwachsenen Sohn. Sie brannte darauf, Jim kennenzulernen, weil sie von Freunden schon viel über ihn gehört hatte. Mit diesen Freunden ging sie eines Abends aus, um ihn mit seiner Jazzband spielen zu sehen. Anschließend gingen die Vier noch aus, und Rosalind fühlte sich sofort stark zu Jim hingezogen, der groß und dunkelhaarig war und auffallend gut aussah.

Jim und ich flogen aufeinander. Wir redeten über die Kinder und Musik. Er erzählte mir, daß er geschieden sei und

seine beiden Kinder bei ihm lebten. Das beeindruckte mich. Er fragte mich nach meinem Antiquitätengeschäft, weil er manchmal Möbel aufarbeitete und allgemein an dieser Branche interessiert war. Er bat mich um eine Verabredung am nächsten Abend. Als die Rechnung kam, merkte ich, daß er nicht viel Geld hatte. Daher schlug ich vor, am nächsten Tag bei mir zu Abend zu essen. Er nahm meine Hand und drückte sie und blickte mir kurz in die Augen. Ich merkte, er war dankbar, daß ich seine Lage richtig eingeschätzt hatte.
Den nächsten Tag dachte ich ununterbrochen an ihn, und der Abend wurde phantastisch. Nach dem Essen legte ich die Platte *A Star is born* auf, weil ich nun einmal so einen romantischen Tick habe. Und es wurde Wirklichkeit: Wir tanzten zu dieser Musik in meinem Wohnzimmer, und er umarmte mich, und die Welt versank. Hier stand ein Mann, der mich aufrichtig mochte, der stark war und bereit, sich für eine Beziehung einzusetzen. All diese Gedanken flogen mir durch den Kopf, während ich mit ihm auf- und davonschwebte. Ich war hingerissen. Etwas Romantischeres war mir noch nie passiert.

Jim war sechsunddreißig, als er Rosalind kennenlernte. Wie sie verliebte er sich wahnsinnig; sie war die Frau, die er sein ganzes Leben lang gesucht hatte. Er beschrieb es mir später:

Sie war sehr schön und hatte eine Figur, die sich sehen lassen konnte. Sie betrieb ihren eigenen Laden und hatte es allein geschafft. Sie hatte ihren Sohn großgezogen und, wie es schien, nicht schlecht. Eine Frau wie sie hatte ich noch nie kennengelernt. Sie war aufgeschlossen und lebhaft und konnte sich für alles begeistern, was mit meinem Leben zusammenhing, sogar für meine Kinder. Sie war perfekt. Ich rief alle meine Freunde an, um ihnen von ihr zu erzählen. Sogar meine Mutter habe ich angerufen. Ehrlich, so hatte ich mich noch nie gefühlt. Noch nie hatte ich so viel von jemandem geträumt oder an jemanden gedacht wie bei Rosalind. Irgendwie war alles ganz anders.

Nach ihrem dritten Treffen probierte Rosalind aus, wie sich ihr Vorname mit seinem Nachnamen anhörte. Sie sagte Verabredungen ab, damit sie ja keinen Anruf von ihm versäumte, und Jim enttäuschte sie nicht. Er benahm sich nicht wie ein »typischer Mann«, sondern engagierte sich ebensosehr für sie wie sie für ihn. Er rief immer an, wenn er es versprochen hatte – kein wochenlanges Warten auf einen Anruf – und schob nie seine Arbeit vor, wenn er sie sehen wollte. Beide jagten in einer aufregenden Achterbahn der Gefühle dahin.

*

Die Wirbelsturmbeziehung meiner Klientin Laura begann in dem sprichwörtlichen »Raum voller Menschen«. Sie war zu jener Zeit erfolgreich in der Finanzabteilung einer größeren Kosmetikfirma beschäftigt, eine sehr hübsche Frau mit hellbraunem Haar, dunklen, mandelförmigen Augen und schlanker Figur. Als sie Bob kennenlernte, war sie vierunddreißig. An jenem Abend war sie mit einer Freundin in einem Restaurant:

> Ich war telefonieren gegangen, und als ich an unseren Tisch zurückkam, saß da dieser toll aussehende Mann und sprach mit meiner Freundin. Ich war ihm aufgefallen, und nun wartete er darauf, daß ich zurückkam. Vom ersten Augenblick an standen wir beide unter Strom. Ich glaube, ich hatte noch nie in meinem Leben jemanden so anziehend gefunden. Er hat so strahlende Augen, denen ich einfach nicht widerstehen konnte. Er erregte mich derart, daß ich es kaum erwarten konnte, mit ihm ins Bett zu gehen.
> Am nächsten Abend trafen wir uns zum ersten Mal. Er lud mich in ein sehr hübsches kleines Restaurant an der Küste ein und kümmerte sich um alles. Er gehört zu den Männern, die sich in Weinen und gutem Essen auskennen, und

> das gefällt mir. Er schien an allem interessiert, was mit mir zu tun hatte – was ich arbeitete, meine Meinung über dieses und jenes, was mir gefiel. Ich redete und redete, während er einfach da saß, mich mit seinen elektrischen Augen anstarrte und jedes Wort von mir aufzusaugen schien. Anschließend gingen wir zu mir nach Hause, hörten zusammen ein paar Platten, und dann verführte ich *ihn*. Er selbst wäre zu anständig dazu gewesen. Das gefiel mir an ihm. Sexuell war es natürlich phantastisch, und ich fühlte mich ihm verbundener als allen anderen Menschen in meinem Leben.

Bob war vierzig und Vertreter für eine Bekleidungsfabrik. Er erzählte Laura, er sei seit einem Jahr geschieden. Noch während des ersten Monats ihrer Bekanntschaft zogen die beiden zusammen und sprachen von Heirat. Als sie seine beiden kleinen Kinder kennenlernte, verstanden sie sich auf Anhieb. Bobs offensichtliche Zuneigung zu seinen Kindern gab Laura ein noch stärkeres Gefühl von Nähe zu ihm.

★

Jackies und Marks Romanze entwickelte sich aus einer von Freunden arrangierten Verabredung. Noch am ersten Abend verliebten sie sich heftig ineinander. Jackie beschrieb es mir so:

> Ich öffnete die Tür, und vor mir stand dieser phantastisch aussehende Mann. Er lächelte einfach nur. Seine ersten Worte waren: »Könnte ich bitte Ihr Telefon benutzen?« Ich schmachtete ihn an und sagte ja, und er ging zum Telefon und rief den Typen an, der uns zusammengebracht hatte. Er sagte: »John, du hattest Recht. Sie entspricht haargenau deiner Beschreibung!« Und das war erst der Anfang vom Abend!

Als Jackie und Mark sich kennenlernten, war sie eine zierliche, lebhafte Dreißigerin. Sie war Grundschullehrerin, lebte mit ihren beiden Kindern aus erster Ehe und bereitete sich auf die Doktorandenprüfung vor. Mark war achtunddreißig und hatte vor kurzem für ein öffentliches Amt kandidiert. Jackie erinnerte sich, sein Gesicht auf Plakaten in der Stadt gesehen zu haben. Sie war sehr beeindruckt und geschmeichelt von seiner Aufmerksamkeit ihr gegenüber.

> Wir waren zum Abendessen bei John, der uns miteinander bekannt gemacht hatte, und seiner Frau eingeladen. Sie nahm mich beiseite und sagte: »Ich weiß, daß ihr beide euch gerade erst kennengelernt habt, doch ich habe noch nie ein Paar gesehen, das so vertraut und gut zusammen wirkt.« Dann schüttelte sie mir die Hand und sagte: »Den Mann wirst du heiraten.« Mark nickte und sagte zu mir: »Hör gut zu, was sie sagt. Sie ist ein kluges Mädchen.« Dann flüsterte er mir zu: »Jetzt hast du ein Problem, und das heißt Mark.« Ich lachte und antwortete: »Meinst du, ich sehe dich jetzt öfter?« – »Aber ganz sicher«, erwiderte er. Als er mich an diesem Abend nach Hause brachte, saßen wir noch im Auto vor meinem Haus, und er küßte mich und sagte: »Ich weiß, es klingt verrückt, aber ich habe mich in dich verliebt.« Ist das nicht romantisch?
> Als er am nächsten Morgen anrief, sagte ich ihm, ich hätte seine Worte vom gestrigen Abend nicht ernst genommen, doch er antwortete: »Ich werde sie Wort für Wort wiederholen.«

Von diesem Abend an fühlte sich Jackie wie auf einem fliegenden Zauberteppich. Daß Mark sich so rasch in sie verliebt hatte, warf sie völlig um.

Alle lieben Romanzen

Eine romantische Liebesaffäre läßt einen aufblühen. Die Fieberkurve aller Gefühle schnellt hoch, und die Intensität kann besonders am Anfang einfach überwältigend wirken. Eine neue Beziehung kann einen aufputschen wie eine euphorisierende Droge; manche Menschen nennen diesen Zustand den »siebten Himmel«. Und in der Tat produziert der Körper eine große Anzahl von chemischen Verbindungen, die einen so aufblühen lassen, daß es jedem auffällt.

In unserer Phantasie glauben wir natürlich, daß dieser Zustand ewig andauert. Uns wurde doch immer erzählt, daß die romantische Liebe uns magische Kräfte verleiht, die uns als Frauen glücklich und vollkommen fühlen lassen. Fernsehen, Filme und Bücher verstärken diesen Glauben. Paradox ist, daß selbst die destruktivste misogynistische Beziehung mit dieser Erregung und Erwartung beginnt. Doch trotz aller guten Gefühle am Anfang war Rosalind, als sie zu mir kam, ein nervöses Wrack, und ihr zuvor gutgehendes Antiquitätengeschäft stand kurz vor dem Bankrott. Laura, die ehemalige Finanzexpertin, war so demoralisiert, daß sie sich für unfähig hielt, jemals wieder eine Stelle zu bekommen, und Jackie, die es erfolgreich geschafft hatte, zu unterrichten, für ihre Prüfung zu arbeiten und zwei kleine Kinder großzuziehen, brach nun aufgrund von Kleinigkeiten schluchzend zusammen. Was war aus der phantastischen, aufregenden Romanze geworden, mit der all diese Beziehungen begonnen hatten? Warum waren diese Frauen so desillusioniert und verletzt?

Der Wirbelsturm des ersten Verliebtseins

Ich bin überzeugt, daß unterschwellig Gefahr in der Luft liegt, wenn eine Romanze sich so rasch entwickelt wie diese. Gefahr trägt vermutlich zu der Erregung und Spannung dieser Affären bei. Wenn ich reite, finde ich einen Trab sehr nett, aber nicht sonderlich aufregend; der Reiz liegt im Galopp. Und ein Teil dieser Erregung besteht darin, daß vielleicht etwas Unerwartetes geschieht – vielleicht stürze ich oder werde verletzt. Das gleiche Gefühl von Erregung und Gefahr spürten wir alle als Kinder, wenn wir Achterbahn fuhren. Das geht schnell, ist aufregend und vielleicht riskant.
Sobald das Gefühl von sexueller Intimität dazutritt, verstärken sich Tempo und Intensität dieser Beziehungen noch. Man geht nicht den normalen Weg, einen neuen Liebhaber allmählich zu entdecken, weil es dazu keine Zeit gibt. Ein neuer Partner verfügt über zahlreiche Eigenschaften, die das Leben des anderen beeinflussen – Eigenschaften, die man nicht sogleich erkennt. Beide Partner brauchen Zeit, um Offenheit, Vertrauen und Aufrichtigkeit zu entwickeln, die zu einer soliden Beziehung notwendig sind. Eine Wirbelsturmromanze ist erregend, doch sie bietet nur Pseudointimität, die man für echte Nähe hält.

Romantische Scheuklappen

Wenn wir einen neuen Partner genau kennenlernen wollen, muß sich die Beziehung langsam entwickeln. Es dauert länger, bis wir einen anderen Menschen realistisch einschätzen, und nur dann können wir seine Tugenden und Mängel erkennen und akzeptieren. Bei einer Wirbelsturmromanze eilen die emotionalen Strömungen so schnell und kräftig dahin, daß sie die

Wahrnehmungsfähigkeit beider Partner überwältigen. Alles, was das ideale Bild des neuen Liebsten stört, wird entweder ignoriert oder verdrängt. Es ist so, als trügen beide Partner Scheuklappen. Wir konzentrieren uns ungeheuer darauf, welches Gefühl uns der andere gibt, anstatt darauf, wie diese Person wirklich ist. Die Logik lautet: Weil ich mich so phantastisch *fühle,* muß er phantastisch *sein.*
Laura und Bob wurden von der magischen Spannung, die sie bereits bei ihrem ersten Treffen spürten, hinweggefegt. Diese Spannung hatte nur wenig damit zu tun, wie sie beide als Personen beschaffen waren. Die Verzückung, die Laura beschrieb, hatte nichts mit Bobs Charakter zu tun, sondern mit seinen Augen, wie er sich bewegte und wie er im Restaurant Wein bestellte. Sie hat nie gesagt: ›Er war ein anständiger, ehrlicher Mann.‹ Bob erfüllte für sie die Rolle des perfekten, romantischen Liebhabers, und beide verstrickten sich in der Verführung und Anziehung des Augenblicks.
Kurz nachdem sie zusammengezogen waren, gab es für Laura die erste Andeutung, daß es vielleicht Probleme geben könnte:

> Wir waren ausgegangen, und er sagte: »Ich muß dir etwas sagen. Ich bin noch nicht geschieden.« Ich fiel fast vom Stuhl, weil wir da schon Heiratspläne schmiedeten. Er sagte: »Ich *fühle* mich geschieden«, daher dachte ich, es ist eigentlich egal. Ich war so erschüttert, mir blieb die Sprache weg. Ich starrte ihn bloß an. Dann erzählte er mir, die Scheidung sei eingereicht, und er kümmere sich darum, und ich solle mir keine Sorgen machen. Ich merkte, daß er mich von Anfang an belogen hatte – ich meine, er hatte mir doch Daten genannt und so weiter – aber das schien damals nicht wichtig. Wichtig war ja nur, daß er geschieden würde, nicht, daß er gelogen hatte.

Bobs Täuschung hätte für Laura eine Warnung sein sollen, ihn sich genauer anzusehen, aber sie *wollte* nicht sehen. Sie wollte weiterhin glauben, daß Bob der Mann ihrer Träume war.

Auch Jackie erhielt eine frühe Warnung. Am Beginn ihrer Beziehung mit Mark erzählte er viel über sich und seine Haltung gegenüber Frauen, doch seine Informationen waren von Schmeicheleien verhüllt. Jackie wurde daher nicht beunruhigt.

> Er erzählte, alle Frauen, mit denen er zusammen gewesen war, hätten immer nur wissen wollen: »Was kannst *du* mir geben?« An mir fand er so besonders, daß mich interessierte, was *ich* ihm geben konnte. Er sagte, es sei, als wäre ich nur für ihn geboren und existiere nur, um ihn zu lieben. Alle anderen Frauen hätten immer nur genommen, immer nur: ich will, ich will, ich will, nur für gute Zeiten da, nicht für schlechte. Ich sei anders.

Jackie hätte heraushören können, daß Mark alle Frauen in einen Topf warf und als gierig, selbstsüchtig und nicht vertrauenswürdig bezeichnete. Sie hingegen sah seine Bemerkungen als weiteren Beweis, daß sie die eine sei, die sein Leben verschönern würde.
Auch Rosalind erhielt eine Warnung, daß es vielleicht Probleme geben würde, doch auch sie mißachtete das Signal.

> Bei unserem ersten Treffen, als er zu mir zum Essen kam, schliefen wir miteinander. Dabei hatte er ziemliche Probleme, ihn oben zu halten. Es war enttäuschend, doch ich sagte mir, viele Männer hätten bei einer neuen Frau Schwierigkeiten, und es sei ohne Bedeutung. Am nächsten Morgen schliefen wir noch einmal miteinander, und es war ein bißchen besser, doch mir wurde klar, daß er Probleme hatte. Ich dachte mir, ich könnte ihm helfen, und redete mir ein, Sex sei nicht so wichtig. Für mich war einfach überwältigend, daß ich mich Jim so nahe fühlte und wie er auf meine Person einging.

Rosalind reagierte wie viele von uns: Sie ignorierte alles, was nicht in ihr romantisches Bild paßte. Bei Jim fühlte sie sich

wohl, so daß sie etwas verniedlichte, was sich als langandauernde, sexuelle Störung herausstellte, die ihre Beziehung ernsthaft bedrohte.
Ohne sich dessen bewußt zu werden, unterteilen viele Frauen die emotionale Landschaft ihrer Beziehung in einen *Vordergrund* und einen *Hintergrund.* Im Vordergrund stehen all die wunderbaren Eigenschaften des Mannes. Es handelt sich um die Züge, auf die man sich konzentriert, die man hochjubelt und idealisiert. Jede Andeutung von Problemen wird als unwichtig in den Hintergrund geschoben.
Ein extremes Beispiel der Manipulation mit Vordergrund und Hintergrund ist der Fall einer Frau, die sich in einen erwiesenen Mörder verliebte. Sie erzählte jedem, er sei der wunderbarste Mann der Welt. Niemand außer ihr verstünde ihn. Der Mord war in den unwichtigen Hintergrund getreten, während der oberflächliche Charme des Mörders im Mittelpunkt stand.
Es gibt verräterische Sätze, die diesen Prozeß in den ersten Anfängen einer romantischen Beziehung beschreiben:

- Ich konnte seine Fehler einfach nicht erkennen.
- Ich habe mich bewußt nicht mit seinen Problemen befaßt.
- Ich habe einfach die Augen zugemacht und gehofft, bei uns wäre alles anders.
- Ich muß blind gewesen sein, daß ich es nicht vorher erkannt habe.

Es ist leicht, die Hinweise über verflossene Beziehungen, Probleme und Verantwortungslosigkeit *nicht zu sehen,* wenn man sich in Gegenwart dieser Person einfach hinreißend fühlt. Scheuklappen haben die Funktion, alle Informationen abzuschirmen, die das romantische Bild vielleicht trüben oder verderben.

Verzweiflung und Verschmelzung

Immer wieder taucht in den frühen Phasen einer misogynistischen Beziehung bei beiden Partnern unterschwellig ein Gefühl von Verzweiflung auf, denn jeder hat das panische Bedürfnis, die andere Person an sich zu binden.

Mark sagte zu mir: »Ich habe mich so um Jackie bemüht, weil ich Angst hatte, sie sonst zu verlieren.« Marks Bemerkung verrät mehr als nur Liebe zu Jackie: Man spürt seine Panik. Er fügte hinzu:

> Bei unserem zweiten Treffen habe ich ihr von meinen Plänen erzählt. Ich schilderte ihr, was für ein Leben ich mir vorstellte, und bat sie, mich zu heiraten. Ich fragte sie, ob sie andere Männer außer mir sähe. Als sie es bejahte, sagte ich, das müsse aufhören, denn jetzt gäbe es nur noch mich. Ich wußte, wir beide waren füreinander bestimmt, und ich wollte, daß sie das ebenfalls glaubte.

In Jackies Augen war Marks Drängen der Beweis seiner Bereitschaft, sich voll auf die Beziehung einzulassen.

Bei Laura hatte die Verzweiflung andere Züge. Als sie Bob kennenlernte, war sie fast fünfunddreißig, und ihre traditionsorientierte italienische Familie setzte sie gehörig unter Druck, zu heiraten und Kinder zu bekommen. Als Bob noch im ersten Monat ihrer Bekanntschaft auf eine Heirat drängte, fühlte sie sich nicht nur geschmeichelt, sondern auch erleichtert.

Ein unbeteiligter Beobachter solcher wirbelsturmähnlichen Romanzen mag vielleicht fragen: »Was soll die Eile?« Doch wenn zwei Leute sich innerhalb weniger Wochen kennenlernen, sich verlieben, zusammenziehen und Heiratspläne machen, geht offensichtlich mehr vor sich, als daß zwei Menschen sich einfach lieben und beieinander sein wollen.

Diese Menschen haben ein verstärktes, fast unerträgliches Bedürfnis, mit dem anderen so rasch wie möglich zu verschmelzen. Das Gefühl, ein separates Selbst zu sein, fällt in der Beziehung auf den zweiten Rang zurück. Sie spüren bald, was der andere fühlt. Jeder Stimmungswechsel wirkt ansteckend. Oft werden die Arbeit, Freundschaften und andere Aktivitäten vernachlässigt. Ungeheuer viel Energie wird verbraucht zu lieben, geliebt zu werden und psychisch mit dem anderen zu verschmelzen. Dieses Bedürfnis nach unmittelbarem Einssein scheint die Haupttriebkraft dieser Beziehungen zu sein.

Rettung

Das Rettenwollen ist eine weitere wichtige Zutat zu dem »Wahnsinnsleim«, der misogynistische Beziehungen zusammenhält. Es stellt ein Bindeglied dar, durch das eine Frau sich gebraucht und heldenhaft fühlt.
Am Beginn von Jackies und Marks Beziehung stammte ein Großteil ihrer Erregung aus dem Überfluß von mütterlichen Gefühlen, die sie für ihn empfand. Sie wollte für ihn sein wie keine andere, und ihre Liebe würde alle Schwierigkeiten in seinem Leben aufwiegen. Er würde zu dem erfolgreichen, verantwortungsbewußten Mann werden, den sie unter seiner Oberfläche zu finden glaubte. Sie erklärte es so:

> Als wir uns zum zweiten Mal trafen, sprach er über seine finanzielle Lage, und ich war so geschmeichelt wegen seiner Aufrichtigkeit, daß ich akzeptierte, daß er mit Achtunddreißig noch keinen ordentlichen Job hatte. Immerhin hatte er gerade für ein öffentliches Amt kandidiert, und irgend jemand ist bei einer Wahl immer der Verlierer. Er malte seine Zukunft so rosig aus und sprach so charmant und überzeugend, daß ich sicher war, wenn ich ihm nur ein bißchen half, würde alles gut werden. Ich beschloß, ihm

die Liebe und Unterstützung zu geben, die er brauchte, um wieder auf die Füße zu kommen.

Jackie glaubte, Mark mit der Kraft ihrer Liebe auf wundersame Weise ändern zu können. Für viele Frauen ist dieser Glaube ein starkes Aphrodisiakum. Die Frau kann sich in einer solchen Situation als Göttin, Erdmutter und Heilerin sehen. Ihre Liebe kann ihn heilen, ob sein Problem nun finanzieller Art ist, ob es sich um Drogen- oder Alkoholmißbrauch handelt oder um eine unbefriedigende frühere Beziehung. Indem sie gibt, hilft und für ihn sorgt, schafft sie für sich selbst eine Illusion von Macht und Stärke. Auch verleiht es ihr eine gewisse Heldenhaftigkeit: Sie wird edler, indem sie ihn rettet, denn durch ihre Hilfe wird aus ihm ein anderer Mensch.
Es besteht jedoch ein gewaltiger Unterschied zwischen Hilfe und Rettung. Wir alle brauchen in schwierigen Phasen unseres Lebens von Zeit zu Zeit Hilfe. Wenn man dem Partner nach Möglichkeit finanziell hilft, mit ihm fühlt und ihm Unterstützung bietet, vermittelt man ihm, daß man zu ihm steht. Ich rede hier von dem Typ Mann, der erwiesenermaßen auf eigenen Füßen stehen kann. Seine Schwierigkeiten sind vorübergehender Natur. Ihm zu helfen ist eine zeitlich begrenzte Angelegenheit, kein permanenter Zustand.
Die Rettung hingegen dauert an. Dieser Mann braucht ständig Hilfe und befindet sich immer in Schwierigkeiten. Er weist sowohl im Beruf als auch im Privatleben ausgeprägte Züge von Instabilität auf. Außerdem schiebt er unausgesetzt anderen die Schuld an seinem Scheitern zu.
Vergleichen wir zum Beispiel diese beiden Männer:

- Mann 1 hat immer regelmäßig gearbeitet und sich finanziell verantwortlich verhalten. Die Firma, bei der er arbeitet, wird verkauft, und er verliert seine Stelle. Er muß sich Geld leihen, bis er wieder Arbeit findet. Er sucht aktiv einen neuen Job und zahlt das Geld zurück, sobald er eine Stelle gefunden hat.

- Mann 2 hat immer Perioden in finanziellem Chaos erlebt und wendet sich ständig an seine Partnerin um Unterstützung. Ihm ist keine Stelle gut genug, und er ist bekannt dafür, daß er mit seinen Vorgesetzten nicht gut auskommt. Wenn er Arbeit gefunden hat, unternimmt er nur wenig oder nichts, um das geliehene Geld zurückzuzahlen.

Rosalind hatte am ersten Abend mit Jim seine finanziellen Schwierigkeiten erkannt, und sie begann sofort, ihm zu helfen, indem sie ihn zu ihrer ersten richtigen Verabredung zum Essen einlud. Innerhalb weniger Wochen schlug sie vor, daß er mit seinen beiden heranwachsenden Kindern zu ihr zog, bis er eine Stelle bei einer Band fände. »Er sagte, ich sei die wunderbarste Frau der Welt, und jetzt, wo er mich kenne, würde alles in seinem Leben anders.« Es dauerte nicht lange, bis sie alle unterstützte, und zwar regelmäßig.
Anfänglich verstärkte Jims Dankbarkeit seine Gefühle für Rosalind. Wenn er vorher in sie verliebt gewesen war, so wurde er jetzt, als sie für alle die Verantwortung übernahm, verrückt vor Liebe. Für Jim, wie für so viele Frauenhasser, war Rosalinds Hilfe der Beweis, daß sie ihn wirklich liebte.
Viele Frauen sonnen sich in der Dankbarkeit ihrer Partner. Sie schenkt ihnen das Gefühl, wirklich gebraucht und gewollt zu werden. Gewiß, es ist aufregend, seinem Partner zu helfen und zu spüren, daß die Liebe und Fürsorge, die man gibt, sein Leben von Grund auf verändern. Seine ausdrückliche Dankbarkeit wird vielleicht als so wunderbar empfunden, daß man sie als ausreichende Entschädigung betrachtet.
Aber offensichtlich bedürfen nicht alle Frauenhasser der Rettung. Viele sind sowohl im Beruf als auch im Privatleben stabil. Je erfolgreicher der Frauenhasser, um so mehr besteht er sogar vielleicht darauf, daß die Frau in seinem Leben völlig *von ihm* abhängig ist. Nur der Frauenhasser mit auffallend häufigen instabilen Phasen im Leben muß gerettet werden. Und seine Instabilität kann sich auf viele verschiedene Weisen zeigen: Im Umgang mit Geld, Drogenmißbrauch, chaotischen Beziehun-

gen, Spielsucht oder der Unfähigkeit, eine Arbeitsstelle zu halten. Dieser Mann sendet Notsignale aus, um von irgend jemandem gerettet zu werden. Viele Frauen, besonders diejenigen, die selbst eine Karriere verfolgen, eilen allzu rasch herbei, um ihn zu retten, allerdings nur, um von ihm in die Tiefe mitgerissen zu werden.

Doch nicht an jeder fiebrigen Romanze ist ein Frauenhasser beteiligt. Ganz gewiß kann sich eine Beziehung, die sehr aufregend beginnt, gut entwickeln. Doch wenn zu der romantischen Erregung einige andere Elemente treten, wie ich sie beschrieben habe – eine Rettung, das Gefühl von Panik und Verzweiflung, eine zu schnelle Bindung und Verschmelzung wie eine Art zweckdienlicher Blindheit –, dann stehen einem vermutlich einige Schwierigkeiten bevor.

2. Das Ende der Flitterwochen

Die erste Warnung, daß unser Märchenprinz vielleicht ein paar Schattenseiten hat, erfolgt bei einem scheinbar unbedeutenden Vorfall. Es ist sehr verwirrend für die Frau, wenn sich der Charme ihres Partners unvermittelt in Wut verwandelt und sie einer grundlosen Attacke auf ihren Charakter ausgesetzt wird.

Bei Laura ereignete sich der erste derartige Vorfall am Heiligen Abend, als sie und Bob seit vier Monaten zusammenlebten. Sie beschrieb ihn so:

> Ich packte noch spät am Abend Geschenke ein, und er meinte, er ginge ins Bett. Er wollte, daß ich mit ihm käme. Ich sagte, sobald ich fertig sei, käme ich nach, und da explodierte er. Er schrie, er wolle mich *jetzt.* Wir hatten an diesem Abend schon einmal miteinander geschlafen, daher wußte ich, daran allein konnte es nicht liegen. Aber ich hatte ihn noch nie so wütend gesehen. Noch ehe ich wußte, was mir geschah, brüllte er mich an und nannte mich eine selbstsüchtige Kuh. Dann schlug er die Schlafzimmertür so fest zu, daß die ganze Wohnung wackelte. Ich blieb einfach sitzen, total schockiert. Ich wußte nicht, was ich davon halten sollte. Ich schob es einfach auf die Feiertage und den Streß und so weiter.

Laura war fast die ganze Zeit so hingerissen darüber, wie sie sich in der Beziehung mit Bob fühlte, daß sie seinen Wutausbruch nicht als das Warnsignal erkennen wollte, das es eigentlich war. Wäre sie nicht von ihren romantischen Gefühlen so eingewickelt gewesen, hätte sie vielleicht einen Moment nachdenken und herausfinden können, daß Bob Probleme mit seiner Wut hatte. Diese Information wäre für sie sehr wichtig gewesen und hätte ungeheure Wirkung auf ihr Leben gehabt. Doch Laura bog sich lieber eine Erklärung zurecht, anstatt einzusehen, daß dieser Ausbruch eine Warnung und ihr Freund zu kindischem und einschüchterndem Verhalten fähig war.

Sein Verhalten wird rationalisiert

Wenn wir eine Einsicht, die sich mit unseren guten Gefühlen nicht verträgt, einfach hinwegfegen, rationalisieren wir. So kann man das Unakzeptable akzeptierbar machen. Findet man »gute Gründe« für das, was uns andernfalls Sorgen machen würde, geben wir verwirrenden und einschüchternden Situationen einen Sinn. Es handelt sich um eine andere Haltung als die Blindheit, die ich in Kapitel 1 beschrieben habe. Dabei sehen und erkennen wir das Unangenehme sehr wohl, doch wir taufen es um, anstatt seine Existenz anzuerkennen.
Kurz nachdem Jim und Rosalind zusammengezogen waren, rationalisierte Rosalind schon viel von seinem Verhalten. Sie erzählte mir:

> Jim bekam nur gelegentlich Jobs bei einer Band, die auch bezahlt wurden. Er versuchte es bei vielen verschiedenen Gruppen, aber so viele Bandleader verstehen nichts von Musik. Ich wußte, daß Jim vom musikalischen Standpunkt aus Recht hatte, doch aus finanziellen Erwägungen heraus wünschte ich, er wäre ein bißchen toleranter gewesen.

Rosalind fand gute Entschuldigungen dafür, daß Jim nicht in der Lage war, eine Stelle bei einer Band zu halten. Wie sich herausstellte, war Jim ein unangenehmer Bursche, der sich bei

einem Job mit jeder Autorität anlegte. Doch jedesmal zog sie es vor, der mangelnden Musikalität des Bandleaders die Schuld zu geben, anstatt Jims persönlichem Problem.
Ich zitiere nun ein paar Bemerkungen von Frauen, die das vergangene und gegenwärtige Verhalten ihrer Männer zu erklären versuchen:

- Ja, er war schon dreimal verheiratet, aber noch keine hat ihn so verstanden wie ich.
- Ich weiß, er ist schon oft mit einer Firma gescheitert, aber er hatte oft unehrliche Partner, die ihn ausnahmen wie eine Weihnachtsgans.
- Er erzählt schreckliche Dinge über seine Exfrau, doch ich kann ihm das nicht übelnehmen, denn sie war unsäglich gierig und selbstsüchtig.
- Ich weiß, daß er zu viel trinkt, aber er steckt gerade mitten in einer wichtigen Sache und hört bestimmt auf, wenn alles vorbei ist.
- Ich bekam wirklich Angst, als er mich so anbrüllte, aber er steht gerade so unter Streß.
- Er wurde so wütend, als ich eine andere Meinung hatte, aber niemand hat es gern, wenn ihm widersprochen wird.
- Ich kann ihm nicht vorwerfen, daß er so oft die Beherrschung verliert, weil er eine so unglückliche Kindheit hatte.

Jede Frau, die eine Schilderung von Wutanfällen oder Gewaltanwendung mit den Worten beginnt: »Er hat das nur getan, weil...«, rationalisiert.
Kein Mensch ist immer nett und freundlich, und wir sollten das weder von uns selbst noch von anderen erwarten. Sicher gibt es Zeiten, wo wir Verständnis zeigen und die Tatsache akzeptieren müssen, daß jemand, den wir lieben, unter Streß steht oder auf bestimmte Themen empfindlich reagiert. Ich spreche hier nicht über den Mann, der grundsätzlich freundlich und respektvoll ist und nur gelegentlich die Beherrschung verliert. Dieser Mann übernimmt später die Verantwortung für einen Aus-

bruch und wird echte Reue spüren, weil er seine Frustration an einer geliebten Person ausgelassen hat.
Der Frauenhasser ist anders: Er empfindet keinerlei Reue wegen seiner Ausbrüche. Darüber hinaus wird die Frau in seinem Leben seine unangenehmen Anfälle immer häufiger zu rechtfertigen und erklären versuchen.
Rationalisierung ist eine sehr menschliche Reaktion und deutet nicht immer auf ein ernstes Problem hin. Doch sie wird zu einem Problem, wenn man merkt, daß man das unakzeptable Verhalten des Partners regelmäßig entschuldigt. Da die Ausbrüche immer häufiger stattfinden, muß man immer mehr rationalisieren, um damit fertig werden zu können.

Das Spiel mit Dr. Jekyll und Mr. Hyde

Wenn der Frauenhasser ständig wütend und kritisch wäre, würden sich die Rationalisierungen der Frauen bald verbrauchen. Doch zwischen seinen Ausbrüchen ist er oft ebenso charmant und liebenswert wie damals beim ersten Treffen. Unglücklicherweise tragen diese guten Phasen zu dem falschen Glauben bei, daß die schlechten nur ein böser Traum sind – »so ist er nicht in Wirklichkeit«. Sein liebevolles Verhalten gibt der Hoffnung Nahrung, daß von nun an alles wunderbar sein wird. Aber man kann nie wissen, wie er etwas nimmt, denn seine Reaktionen fallen jedes Mal anders aus. Dieses Verhalten spiegelt so genau die klassische Story von Robert L. Stevenson über die dunkle und helle Seite der menschlichen Natur wider, daß ich es das Dr.-Jekyll-und-Mr.-Hyde-Spiel genannt habe.
Laura wußte nicht mehr, woran sie war, als Bob nach dem Ausbruch an Weihnachten immer wieder völlig umschaltete. Er konnte immer noch charmant und bezaubernd sein, aber in ihrer Beziehung schälte sich stärker und stärker das Jekyll-und-Hyde-Muster heraus.

Eines Abends hatten wir furchtbaren Krach. Ich hatte einen anstrengenden Tag hinter mir und wollte einfach nur schlafen. Er hingegen wollte mit mir schlafen. Ich sagte, ich sei zu erschöpft, doch das wollte er nicht akzeptieren. Er nahm es persönlich. Er dachte, ich stoße ihn zurück und spielte mit ihm. Er wurde so wütend, daß er aus dem Bett sprang und ein Loch in die Schranktür boxte. Ich bekam eine Heidenangst. Ich sagte, ich könne das nicht mehr aushalten. Da begann er zu weinen. Er warf sich schluchzend vor mir auf die Knie. Er versprach, sich zu ändern. Er stehe einfach zu sehr unter Streß. Er flehte mich an, zu verstehen, wie schwierig alles für ihn sei. Ich war so verwirrt, daß ich nicht wußte, was ich tun sollte. Er lag schluchzend auf meinem Schoß und schwor, daß er mich mehr liebe als jede andere Frau, die er jemals gekannt habe. Da habe ich ihn einfach in die Arme genommen und versucht, ihn zu beruhigen. Natürlich endeten wir zusammen im Bett. Ich dachte, nun hätten wir die schlimmste Phase unserer Beziehung hinter uns, und von jetzt an würde alles gut.

Laura und Bob saßen auf einer Schiffschaukel der Gefühle. Sie pendelten ständig zwischen seinem liebevollen Verhalten und seinen unvorhersehbaren Wutausbrüchen hin und her.
Es gibt wohl nichts Verwirrenderes und Verstörenderes als ein solches Hin und Her. Dadurch entsteht eine ungeheure Spannung, weil man nie weiß, was einen erwartet. Es entspricht in etwa dem Gefühl von Spielsüchtigen: Sie bekommen manchmal, was sie wollen, aber nicht immer. Der Grad der Angst ist hoch. Doch die Erwartung einer »guten Phase« hält sie im Bann, und sie spielen weiter.
Auf ähnliche Weise versicherte Bobs liebevolles Verhalten Laura, daß sein schlechtes Benehmen nur temporär sei und nicht seinem »wahren Ich« entsprach. Sein doppelbödiges Verhalten und die immer wechselnden Anlässe für seine Wut fesselten sie wirksam.

Bislang haben wir uns auf das Verhalten des Frauenhassers konzentriert, aber nun werfen wir ein Licht auf den Part der Frau. Wenn sie einmal einen Angriff auf ihr Selbstwertgefühl akzeptiert hat und es zuläßt, daß sie herabgesetzt wird, hat sie die Tür für weitere Angriffe geöffnet. Vergleichen wir das Verhalten von Laura mit dem selbstbewahrenden von Katie, einer Freundin von mir:

> Ich fuhr einmal mit einem Mann nach Mexiko. An einem Tag war er Mister Sonnenschein persönlich, und wir hatten viel Spaß miteinander. Doch dann verwandelte er sich unvermittelt in ein Ungeheuer. Er meinte, ich hätte dem Taxifahrer zuviel Trinkgeld gegeben, und begann, mich mitten auf der Straße anzuschreien. Ich habe keine Ahnung, warum er überzeugt war, ich ließe mir das gefallen, aber da hatte er sich das falsche Mädchen ausgesucht. Ich sagte ihm, so könne er mit mir nicht umspringen, und wenn er das noch einmal versuchte, würde ich gehen. Nun, darauf war er ein paar Tage lang süß wie Honig, doch dann geschah es wieder. Ich bin abgefahren.

Im Gegensatz zu Katie brachte Laura Bob auf wirksame Weise bei, wieviel Mißbrauch sie aushalten konnte. Bobs Entschuldigungen und Liebesbeweise besänftigten Laura. Sie hielt sie für den Ausdruck echter Reue. Vermutlich tat es ihm in dem Moment auch wirklich leid. Falls sein anschließendes Verhalten seine Versprechen bestätigt hätten, wäre sie wohl nicht in Schwierigkeiten gekommen. Doch seine Reue dauerte immer nur so lange, bis er sie wieder »im Griff« hatte. Und der nächste Ausbruch kam bestimmt.

Wenn man das Jekyll-und-Hyde-Muster erst einmal akzeptiert hat, vom Angriff zur Entschuldigung, von Wut zu Charme, kann man sich auf eine neue, noch schmerzhaftere Phase gefaßt machen.

Selbstvorwürfe

Dann lautet die Schlußfolgerung so: »Wenn er fähig ist, sich so phantastisch zu verhalten, muß es an mir liegen, wenn etwas schiefläuft.« Der Frauenhasser unterstützt diese Überzeugung, indem er die Partnerin immer wieder daran erinnert, daß er ja nett wäre, wenn man nur dies lassen oder jenes ändern oder mehr oder weniger so oder so wäre. Diese Gedanken führen auf eine sehr gefährliche Bahn.
Dieser neue Versuch, die Unsicherheit in der Beziehung zu klären, stellt einen riesigen Sprung in die falsche Richtung dar. Man hat den Weg verfolgt von der Erkenntnis, daß das Verhalten des Partners beunruhigende Aspekte aufweist, hat versucht, sie zu rechtfertigen oder zu erklären, und jetzt *internalisiert und akzeptiert* man die Verantwortung für sein Verhalten. Laura erinnerte sich:

> Jedesmal, wenn ich nicht nach seiner Pfeife tanzte, sagte er: »Du bist selbstsüchtig. Du hast keine Ahnung, daß man in einer Beziehung auch geben muß.« Er sagte immer, ich sei fünfunddreißig und noch nie verheiratet gewesen. Was wüßte ich also darüber, wie man mit jemandem lebte und auskam? Er sei schon einmal verheiratet gewesen und wisse alles darüber. Vielleicht war ich wirklich selbstsüchtig. Ich begann, Zweifel an mir selbst zu haben.

Bob schob Laura die Schuld zu und griff sie an ihrer verwundbarsten Stelle an.

Nicht alle Frauenhasser sind so explosiv kritisch wie Bob. Andere drücken ihre Enttäuschung auf ruhigere, subtilere Weisen aus – die aber ebenso destruktiv wirken. Dies traf auf eine andere Klientin zu, eine ehemalige Grafikerin, die einen Psychologen geheiratet hatte.

Paula und Gerry lernten sich auf dem College kennen. Im Verlauf ihrer achtzehn Jahre dauernden Ehe hatten sie vier Kinder. Als sie zu mir kam, war sie Anfang vierzig, eine nett aussehende Frau mit dunklem Haar, großen, ausdrucksvollen, braunen Augen und einer kräftigen Figur. Sie erzählte, daß Gerry kurz nach der Verlobung begonnen habe, sie zu kritisieren und daß dieser Wandel vom aufmerksamen Freund zu einem gnadenlosen Kritiker sie sehr verstört hätte.

> Während unserer Verlobungszeit gingen wir einmal in einen Vergnügungspark, wo Chuck Berry auftrat. Ich wollte ihn hören, aber Gerry begann, an mir herumzunörgeln: wie schrecklich seine Musik sei, wie primitiv, wie er nicht begreifen könne, wie jemand bei halbwegs normalem Verstand sich das anhören könne. Er warf mir vor, weder Geschmack noch Stil zu haben. Er sah mich an, als sei ich gerade erst vom Baum geklettert. Ich wußte, daß er recht hatte und ich immer noch gern die Musik hörte, die ich als Teenager gemocht hatte. Es stimmt, daß ich, verglichen mit ihm, nicht besonders gebildet bin oder Stil habe. Ich habe den Geschmack einer Provinzmaus.

Paula bestätigte, es sei ihre Schuld gewesen, indem sie sich »Provinzmaus« nannte und Gerrys gebildetes Elternhaus idealisierte. Gerry hat sie seine intellektuelle Überlegenheit nie vergessen lassen. Ebenso rasch hatte mir Laura versichert, sie sei in der Tat »selbstsüchtig, verwöhnt und nicht fähig, wirklich zu geben«. Als ich Laura sagte, sie gehe vielleicht zu hart mit sich ins Gericht, und sie fragte, woher diese Gedanken stammten, antwortete sie: »Das sagt Bob immer. Ich bin wirklich selbstsüchtig, und er hat recht, wenn er wütend wird.«
Paula wie auch Laura verliehen dem psychologischen Terror ihrer Partner einen Sinn, indem sie sich selbst die Schuld gaben. Sie waren überzeugt, wenn sie nur das »Zauberwort« fänden, jenes »richtige« Verhalten oder eine Einstellung, die dem Partner gefiele, würden sich diese Partner ihnen gegenüber liebe-

voller benehmen. Es war, als würden Paula und Laura sagen: »Vielleicht muß ich nur genau auf das hören, was er sagt, und versuchen, mich entsprechend zu verhalten. Dann wird alles gut. Wenn alles meine Schuld ist und er die Person ist, die festlegt, was meine Fehler sind, dann folgt daraus, daß er der einzige ist, der mir helfen kann, ein besserer Mensch zu werden.«
Unglücklicherweise wechseln die Ansprüche des Frauenhassers ständig. Was ihm heute gefällt, mag ihm morgen mißfallen. Man kann nie wissen, worauf er anspringt. Der ständige Versuch, herauszufinden, wie man dem Partner gefallen könnte, dominiert bald das ganze Leben.
Rosalind war bei Jims Klagen über unmusikalische Bandleader eine geduldige Zuhörerin gewesen, doch bald begann er, seine Wut auf sie zu richten.

> Ich bat ihn, mir zu sagen, wie ich mich bessern könnte, damit er nicht mehr so wütend würde. Natürlich tat er das gern, aber die Wutanfälle hörten nicht auf, weil ich immer irgend etwas falsch machte.

Rosalind und Jim hatten ein weiteres Band entdeckt, daß sie sehr eng aneinander fesseln würde: *Beide schoben ihr die Schuld an allem zu, was schief ging.*

Seine Enttäuschung

Wenn die Flitterwochen zu Ende sind, dann für beide. Es kann nicht einer in Venedig bleiben, während der andere nach Hause fährt. Die Frau fühlt sich von den Veränderungen in der Beziehung verwirrt und verstört, und der Partner erlebt Enttäuschung auf seine Weise. Es ist unvermeidbar, daß er enttäuscht wird, weil er die Frau am Beginn so idealisiert hat. Jakkie erinnerte sich:

> Mark sagte einmal zu mir, wenn er eine ideale Frau entwerfen müßte, würde er mich beschreiben, ohne jegliche Veränderungen oder Auslassungen. Ich sei einfach perfekt und ohne jeden Fehler.

Sie fand Marks Idealisierung phantastisch und erregend. Man kann leicht verstehen, warum sie die potentielle Gefahr nicht erkannte. Mark betrachtete sie nämlich nicht als menschliches Wesen mit den gleichen Mängeln, Fehlern und Schwächen wie alle anderen. Statt dessen glorifizierte er sie: Sie war seine Göttin. Und natürlich erwartete er, daß sie sich unausgesetzt so verhielt.

Sie muß perfekt sein

Nancy und Jeff, die wir in der Einführung kennenlernten, kannten sich seit sechs Monaten, als das folgende geschah:

> Wir waren bei einem sehr schönen Konzert. Als es vorbei war, warteten wir noch, bis die Gänge leerer würden. Als ich schließlich aufstand, fragte er: »Warum hast du es so eilig?« Und dann wurde er wütend. Er brüllte mich an: »Wir gehen, wenn ich es bestimme! Gott, du drängst einen auch immer!« Er war furchtbar wütend, was ich nicht begriff. Dann stolzierte er vor mir her zum Auto. Und konnte sich nicht beruhigen. Den ganzen Heimweg ging es weiter. Es war schrecklich. Ich wußte nicht, was ich tun sollte. Ich dachte, ich müsse einen entsetzlichen Fehler begangen haben, denn über Kleinigkeiten regt man sich doch nicht so auf.

Doch der Frauenhasser kann sich über praktisch nichts furchtbar aufregen. Er explodiert bei den unbedeutendsten Anlässen. Er übertreibt, er vergröbert – macht aus einer Mücke einen Elefanten. Vielleicht hat seine Partnerin vergessen, etwas aus der Reinigung zu holen, oder der Toast ist zu dunkel geraten; vielleicht ist kein Klopapier mehr da. Er verhält sich, als sei ihr momentanes Versehen ein Schwerverbrechen. Nancy brauchte am Ende des Konzerts nur früher von ihrem Platz aufzustehen, um seine Wut auf sie auszulösen. Aber Nancy tat genau das Gegenteil: Sie verniedlichte. Sie akzeptierte seinen irrationalen Angriff und verminderte seine Verantwortung dafür. Paradox daran ist, daß er wegen einer Kleinigkeit explodiert, sie aber ihre eigene Schuld vergrößert und seine verkleinert.

Nancy sagte mir, Jeff ließe sie immer recht deutlich wissen, daß sie ihre Beziehung zerrütte. Er sagte, er sei enttäuscht. Sie sei nicht so, wie er es erwartet habe. Er fühle sich reingelegt. Wo war die perfekte Frau, in die er sich verliebt hatte?

Sie muß seine Gedanken lesen können

Der Frauenhasser erwartet von seiner Partnerin, daß sie weiß, was er denkt und fühlt, ohne daß er ein Wort darüber zu verlieren braucht. Er erwartet, daß sie irgendwie all seine Bedürfnisse vorhersieht und daß deren Befriedigung Priorität vor allem anderen in ihrem Leben zukommt. Sie soll seine Wünsche kennen, ohne daß er sie ausspricht. Ein Beweis ihrer Liebe ist die Fähigkeit, seine Gedanken lesen zu können. Er sagt Sätze, wie:

- Wenn du mich wirklich liebtest, wüßtest du, was ich gedacht habe.
- Wenn du nicht so sehr mit dir selbst beschäftigt wärest, hättest du wissen müssen, was ich wollte.
- Wenn ich dir wirklich wichtig wäre, hättest du erkannt, daß ich müde war.
- Wenn dir meine Bedürfnisse wichtig wären, hättest du gewußt, daß ich nicht ins Kino gehen wollte.

Der Satz »Du hättest es wissen müssen« besagt, daß von einem erwartet wird, dem Partner in die Seele blicken und jeden Gedanken und Wunsch erkennen zu können. Er ist nicht dafür verantwortlich, sich klar auszudrücken; es ist Aufgabe der Partnerin, über hellseherische Fähigkeiten zu verfügen. Wenn eine Frau das nicht kann, gilt das als Beweis ihrer Unzulänglichkeit. Darüber hinaus bietet dieser Mangel eine weitere Rechtfertigung für Wutanfälle.

Sie muß die allzeit bereite Amme für ihn sein

Der typische Frauenhasser erwartet von seiner Partnerin, eine nie versiegende Quelle von absoluter, bedingungsloser Liebe, Anbetung, Lob und Fürsorge zu sein. Er geht die Beziehung mit einer Frau als hungriger, fordernder Säugling ein, in der unausgesprochenen Erwartung, daß sie die allzeit Gebende ist und all seine Bedürfnisse befriedigt.
Kurz nachdem Jackie und Mark geheiratet hatten, stellte sie fest, daß er einige wichtige Rechnungen nicht bezahlt hatte. Es wäre seine Aufgabe gewesen, doch er hatte es versäumt. Als sie in danach fragte, wurde er zornig.

> Er warf mir vor, ihn nicht zu lieben, ihn nicht zu verstehen. Er sagte, ich stünde nicht zu ihm. Er habe Freunde, die sich viel schlimmer verhielten, die jeden Abend betrunken nach Hause kämen und finanziell praktisch am Ende wären, doch ihre Frauen liebten und unterstützten sie klaglos. Wie es nur käme, daß ich zu solcher Liebe nicht fähig sei? Irgendwie bog er es so hin, daß ich als der Schuldige dastand, weil ich ihn zu fragen wagte, warum er die Rechnungen nicht bezahlt hatte.

Mark betrachtete die Beziehung so, daß Jackie sich niemals aufregen, ihn niemals befragen dürfe und ununterbrochen liebevoll und nachsichtig sein müsse, was immer er auch tat. Er selbst betrachtete sich als liebevoll, fürsorglich und großzügig. All diese positiven Eigenschaften wollte er in den Dienst der wunderbaren Frau stellen, die er gefunden hatte, doch sobald er merkte, daß sie keine nie versiegende Mutterbrust war, fühlte er sich betrogen und fiel über sie her.

Sie muß ein Fels in der Brandung sein

Rosalinds Partner, Jim, konnte seine Frau nicht als anderes menschliches Wesen anerkennen, das unabhängig von ihm Bedürfnisse und Gefühle hatte. Er berichtete mir:

> Ich dachte, sie habe alles unter Kontrolle, aber einmal, am Anfang, fing sie plötzlich an zu heulen wie ein Baby. Mann, das war eine Enttäuschung. Ich konnte einfach nicht glauben, daß es die gleiche Frau war, in die ich mich so verliebt hatte.

Es steht fest, daß Rosalind eine starke, fähige und erfolgreiche Frau ist. Sie hatte jedoch, wie jeder andere Mensch auch, einen schlechten Tag. Als sie es wagte, ihrer Verletzlichkeit Ausdruck zu verleihen, reagierte Jim angeekelt und verächtlich. Sie schilderte die Begebenheit so:

> Es war das erste Mal, daß er mich zusammenklappen sah, und seine Reaktion war ein Schock. Nach dem Motto: »Wie kannst du nur zusammenbrechen und so heulen? Warum kannst du nicht immer stark sein und dich um alles kümmern?« So ein Gefühl bekam ich jedenfalls. Ich dachte, er würde mich verlassen. Am Ende habe ich mich entschuldigt. Ich versuchte, die Situation herunterzuspielen, aber ich konnte nicht vergessen, daß er mich nicht einfach als ein menschliches Wesen betrachtete.

Rosalinds Status als perfekte Frau schwand durch diese Tränen dahin. Nach Jims Meinung verdiente sie es nicht mehr, von ihm gut behandelt zu werden.

Idealisierung ist ein zweischneidiges Schwert. Es wirkt auf einen schmeichelnd und toll, doch es macht die Frau auch der Tatsache gegenüber blind, daß sie einfach scheitern muß. Es ist unmöglich, auf dem Podest zu leben, auf das der Frauenhasser sie stellt, weil sie nicht den kleinsten Spielraum für einen Irrtum hat. Wenn sie schlechte Laune hat oder sich auf eine Weise verhält, die ihm mißfällt, betrachtet er das als Zeichen für ihre Unzulänglichkeit. Er hat sich eine Göttin zugelegt, und sie entspricht nicht seiner Erwartung. Seine Verachtung und Desillusionierung sind Grund genug, ihr keine Liebe mehr entgegenzubringen und sie zu kritisieren, zu beschuldigen und ihr Vorwürfe zu machen.

Die erste Enttäuschung erfährt der Frauenhasser gewöhnlich am Beginn einer Beziehung. Doch weil alles so romantisch und aufregend ist, wird der Ausbruch unterdrückt. Falls die Frau einen Schock erfährt, ist er nur vergleichbar mit einer kleinen falschen Note in der Symphonie der guten Gefühle.

In der Frühphase gibt es nur sporadische Hinweise auf das Temperament des Frauenhassers. Die Wutausbrüche werden erst zum normalen Bestandteil des Lebens, wenn sich eine feste Bindung entwickelt hat. Dies kann ein Versprechen sein, das Zusammenziehen, Verlobung oder Heirat. Doch dann, wenn er sich ihrer »sicher« ist, verändert sich die Lage drastisch.

3. Wie er Kontrolle erringt – die Waffen

Gegen Ende der Flitterwochen, wenn der Frauenhasser zum ersten Mal versucht, das Selbstbewußtsein seiner Partnerin zu erschüttern, handelt es sich lediglich um einen Test. Wenn er bei diesem ersten Ausbruch nicht auf Widerstand stößt, erteilt ihm ihr Verhalten, ohne daß sie sich dessen bewußt ist, die Erlaubnis, dieses Gebaren fortzusetzen.
Ich sage den Frauen immer wieder, daß man es sich nicht leisten kann, Hitler Polen zu überlassen.

Der Liebesvertrag

In der Frühphase der Beziehung wird eine Menge ausprobiert. Der Frauenhasser legt für sich fest – oftmals, ohne sich dessen bewußt zu werden –, wie weit er gehen kann. Unglücklicherweise glaubt seine Partnerin, daß sie ihre Liebe zu ihm ausdrückt, wenn sie sich ihm nicht widersetzt, oder sein Verhalten in Frage stellt, wenn ihre Gefühle verletzt werden. Viele Frauen tappen in diese Falle. Schon als wir kleine Mädchen waren, hat man uns beigebracht, daß *Liebe alles bedeutet.* Liebe macht alles besser, wir brauchen nur einen Mann, der uns liebt, und das Leben wird gut, und wir bleiben glücklich und zufrieden bis zum Ende. Man hat uns außerdem beigebracht, daß ein bestimmtes Verhalten von uns erwartet wird, damit wir diese Liebe auch bekommen. Dazu gehört »ausgleichend zu wirken«, zurückzustehen, uns zu entschuldigen und »nett zu sein«.

Wie sich herausstellt, handelt es sich genau um die Verhaltensweisen, die den Frauenhasser ermutigen, die Partnerin zu mißhandeln.
Es ist so, als hätten wir mit dem Frauenhasser einen klaren und einen unausgesprochenen Vertrag abgeschlossen. Die klare Verabredung besagt: *Ich liebe dich und will mit dir leben.* Die unausgesprochene Abmachung, die aus unseren tief verwurzelten Bedürfnissen und Ängsten resultiert, wirkt viel bindender und mächtiger.
Ihre Rolle in diesem unausgesprochenen Vertrag lautet: *Meine emotionale Sicherheit hängt von deiner Liebe ab, und damit ich die erringe, werde ich nachgiebig sein und meine eigenen Bedürfnisse und Wünsche verleugnen.* Seine Rolle dabei ist: *Meine emotionale Sicherheit hängt davon ab, totale Macht zu haben.*

Er muß die Macht haben

In allen Beziehungen spielen sich Machtkämpfe ab. Paare streiten sich über Geld, Kindererziehung, wo man die Ferien verbringt, wie oft man die Schwiegereltern besucht, wer die netteren Freunde hat und mit wem man die Freizeit verbringt. Diese Themen rufen vielleicht Konflikte hervor, aber diese können gewöhnlich unter Wahrung von Liebe und Respekt ausgetragen werden.
In einer misogynistischen Beziehung mangelt es dagegen an Diskussionen und Kompromissen. Statt dessen spielt sich die Beziehung auf einem schrecklichen Schlachtfeld ab, auf dem *er* gewinnen und *sie* verlieren muß. Diese ungleiche Verteilung von Macht ist das Hauptthema der Beziehung.
Der Frauenhasser muß die Gedanken, Gefühle und das Verhalten der Partnerin bestimmen, sowie mit wem und wie sie sich beschäftigt. Es ist schon erstaunlich, wie rasch selbst er-

folgreiche, fähige Frauen ihre Talente und ihre Macht verleugnen, um die Liebe und Wertschätzung des Partners zu erlangen.
Totale Macht ist natürlich eine Illusion. Es ist unmöglich, einen anderen Menschen völlig zu kontrollieren. Daher scheitert das Vorhaben des Frauenhassers zwangsläufig. Als Resultat daraus ist er häufig frustriert und wütend. Manchmal schafft er es, seine Feindseligkeit erfolgreich zu maskieren. Doch dann wieder manifestiert sie sich in psychischer Mißhandlung.

Warum »Mißhandlung«?

Gegenwärtig bezeichnet der Begriff »Mißhandlung« in unserem Berufsstand sowohl körperliche als auch psychische Gewaltanwendung. *Eine Mißhandlung bezeichnet jegliches Verhalten, das beabsichtigt, einen anderen Menschen zu beherrschen und zu unterwerfen, und zwar durch die Anwendung von Drohung, Demütigung und verbalen oder körperlichen Angriffen.* Mit anderen Worten, es bedarf keiner Schläge, um mißhandelt zu werden.
Bei körperlichen Angriffen sind die Fäuste die Waffen, bei den psychischen Worte. Der einzige Unterschied besteht in der Wahl der Waffen.
Ich gebrauche den Begriff *Mißhandlung* nicht leichtfertig. Ich benutze in nicht, um gelegentliche schlechte Laune oder das Ausleben wütender Gefühle zu beschreiben, wie sie in jeder Beziehung vorkommen. Ich benutze ihn, um die *systematische Verfolgung eines Partners durch den anderen* zu beschreiben. Verbale Mißhandlung hat noch nicht die verdiente Aufmerksamkeit gefunden, wenn man bedenkt, wie zerstörerisch sie sich nach einer Weile auf die geistige Gesundheit einer Person auswirken kann. Oft sagen Frauen zu mir: »Immerhin schlägt er mich nicht.« Meine Antwort darauf lautet: »Das Ergebnis ist

das gleiche. Sie empfinden die gleiche Angst, fühlen sich ebenso wehrlos und leiden ebensolche Schmerzen. Welchen Unterschied macht es, ob seine Faust die Waffe ist oder seine Worte?«

Machtlos aufgrund von psychischer Mißhandlung

Der Frauenhasser hat ein ausgedehntes Repertoire von einschüchternden Taktiken, Beleidigungen, erniedrigenden Bemerkungen und anderem bedrohlichem Verhalten, damit sich die Partnerin unterlegen und hilflos fühlt.
Bei seinen offensichtlichen Angriffen brüllt er, droht, hat Anfälle, schimpft und nörgelt. Solche Angriffe sind direkt und werden offen ausgetragen. Sie wirken aggressiv und beleidigend.

Versteckte Drohungen

Die versteckte Drohung mit körperlicher Mißhandlung ist eine der angsterregendsten und daher erfolgreichsten Taktiken, die ein Frauenhasser einsetzen kann, um die Macht zu erlangen. Solche Drohungen charakterisieren die Ehe von Lorraine und Nate, Jackies Eltern.
Nate war ein erfolgreicher Geschäftsmann, der von seinen zahlreichen Angestellten aufrichtig geschätzt und respektiert wurde. Lorraine war eine stille Frau, die den Haushalt führte und die beiden Kinder großzog. Im Verlauf ihrer fünfunddreißigjährigen Ehe bediente sich Nate einiger äußerst einschüchternder Taktiken, um Lorraine und den Rest der Familie zu beherrschen – Taktiken, die niemand außerhalb der Familie jemals wahrnahm. Lorraine schilderte es so:

> Seine Schwester wohnte nebenan, und wir verstanden uns sehr gut. Eines Abends gingen wir zusammen ins Kino, und ich trug ein neues Kleid und einen neuen Hut. Auf dem Heimweg verpaßten wir den Bus, und ich kam eine halbe Stunde später nach Hause, als ich Nate gesagt hatte. Als ich ins Haus kam, stampfte er auf und ab. Er gab mir nicht einmal Gelegenheit, mein Zuspätkommen zu erklären. Er riß einfach mein Kleid herunter, nahm den neuen Hut und zerschnitt ihn mit einer Schere. Dann warf er meine schönen neuen Sachen in den Müllschlucker. Ich wollte sterben. Ich hatte solche Angst.

Dieser heftige Ausbruch war kein einmaliger Vorfall. Derartige Szenen ereigneten sich immer wieder, auch wenn Nate nur momentan mit Lorraines Verhalten nicht einverstanden war. Ich will nicht behaupten, daß Männer wie Nate ihre Angriffe bewußt planen. Ein Großteil selbst des grausamsten und demütigendsten Benehmens wird durch Kräfte gesteuert, die außerhalb des Bewußtseins arbeiten. Doch Erwachsene übernehmen gewöhnlich Verantwortung für ihr Benehmen, welche Dämonen auch immer in ihnen toben. Lorraine erzählte mir:

> Ich habe ihn immer angefleht, mich nicht so zu behandeln. Ich hatte Todesangst. Er sagte, er würde nur so reagieren, weil er sich solche Sorgen um mich machte, wenn ich zu spät kam. Er liebe mich einfach zu sehr. Doch eine Woche nach dem Vorfall, bei dem er meinen neuen Hut zerschnitt, ließ ich einen Braten zu lange im Ofen, und er zerbrach sämtliche Gläser in der Küche.

Nates Angriffe auf Lorraine bewegten sich immer kurz vor der Schwelle zu einem körperlichen Angriff. Sie besagten deutlich: »Heute die Gläser, morgen dein Arm.« Er brauchte sie gar nicht physisch zu mißhandeln; die versteckte Drohung reichte, um sie zu beherrschen.

Verbale Angriffe

Nicht alle Angriffe sind so deutlich gewalttätig wie die von Lorraine beschriebenen. Häufig wird gebrüllt, was aufgrund der Lautstärke und der Intensität der Wut sehr einschüchternd wirken kann. Die meisten Menschen finden es schwierig, mit Wut umzugehen, besonders mit der eigenen. Wenn Wut gegen einen gerichtet wird, entsteht eine ungeheuere Spannung. Bei einem Frauenhasser beinhaltet das Gebrüll gewöhnlich einen persönlichen Angriff und Beleidigungen, was die Erfahrung doppelt schmerzhaft macht. Derartige verbale Attacken können ebenso furchterregend und demoralisierend wirken wir versteckte Drohungen mit körperlicher Gewalt.
Für Jackie, die sich abmühte, einen Haushalt zu führen, während sie als Lehrerin arbeitete und sich auf eine Universitätsprüfung vorbereitete, stellten sich Marks Angriffe als sehr schädigend heraus.

> Ich war sehr erschöpft, weil ich versuchte, eine Seminararbeit zu beenden. Wir hatten eine Woche lang ungewöhnlich heftige Regenfälle gehabt, und ohne daß ich es gemerkt hatte, stand die Garage unter Wasser. Ich tippte gerade meine Arbeit, als Mark hereinkam und sagte, er wolle mir etwas zeigen. Ich folgte ihm gehorsam in die Garage und sah, daß das Wasser ein paar Kartons mit Kleidern durchweicht hatte, die ich für das Rote Kreuz gepackt hatte. Er fing an mit: »Du verdammtes, gedankenloses, feministisches Arschloch! Du kannst nichts anderes, als an deiner verfluchten Schreibmaschine sitzen. Einen Dreck kümmerst du dich um das Haus oder um mich oder wie schwer ich arbeite.« Er schrie aus vollem Hals, während ich versuchte, die Kartons aus dem Wasser zu ziehen. Doch er brüllte immer weiter: »Du denkst, dein Arsch sei aus Platin. Findest dich zu schade für Hausarbeit!« Als ich die Kartons ins Trockene gebracht hatte, ging ich ins Haus zurück, doch er folgte mir, wobei er die ganze Zeit schrie

> und tobte. Ich konnte ihm einfach nicht entkommen. Ich war so aufgeregt, daß ich nicht weiterarbeiten konnte, weil meine Hände so zitterten.

Marks verbale Angriffe auf Jackies Charakter wirkten ebenso zerstörerisch wie Nates Angriffe auf Lorraine, auch wenn in Jackies Fall keine körperliche Gewalt angedroht wurde.

Unablässige Kritik

Einige Frauenhasser bedienen sich nicht der offensichtlichen Grausamkeit von Drohungen oder gebrüllten Beleidigungen, um ihre Partnerinnen zu beherrschen. Anstatt zu schreien, zerstören sie sie durch unnachgiebige Kritik und Nörgelei. Dieser Typ psychischer Mißhandlung ist besonders gemein, weil er sich oft darstellt, als würde der Frau nur geholfen, ein besserer Mensch zu werden.
Paula, die Grafikerin aus Kapitel 2, war immer makellos gekleidet, wenn ich sie traf. Sie konnte die einfachsten Sachen so zusammenstellen, daß ihr Aufzug umwerfend wirkte. Trotzdem machte ihr Mann Gerry, der Psychologe, ihren Geschmack und ihre Erscheinung wie auch ihren Charakter ständig herunter. Sie erzählte mir:

> Er haßt es, wenn ich Jeans trage, auch im Haus. Er sagt: »Du weißt nicht einmal, welche Farben zusammenpassen, und du siehst langweilig aus.« Einmal fing ich an zu weinen, als er den ganzen Nachmittag an mir herumgenörgelt hatte, und da fragte er: »Was ist denn los? Ich sage dir das nur zu deinem Besten!« Aber er nörgelt an allem herum. Ich sehe gerne alte Filme, doch er findet das nicht anspruchsvoll genug. Er sagt, ich dächte nicht genug nach, ich läse nicht die richtigen Bücher. Ich helfe nicht genug, unterstütze ihn zuwenig. Ich versuche wirklich, so zu sein, wie er mich will, aber nichts, was ich unternehme, gefällt ihm.

Paula bewunderte Gerrys Intelligenz und Bildung. Am Anfang ihrer Beziehung war sie von der Vorstellung sehr angetan, daß er ihr helfen würde, aus ihr eine intellektuelle und gewandte Frau zu machen, eine würdige Partnerin für ihn. Sie akzeptierte bereitwillig, daß er klüger und gebildeter als sie sei, und der Gedanke, daß er diese Schätze mit ihr teilen wollte, freute sie. Da ein Großteil seiner Ratschläge vernünftig und wertvoll war, wurde ihre Fähigkeit, zu erkennen, wie unnachgiebig er sie kritisierte, noch mehr eingeschränkt.

Der »Professor-Higgins-Typ« von Frauenhassern, der einer Frau anbietet, aus ihr einen besseren Menschen zu machen, indem er sie steuert, übt oft einen beratenden Beruf aus, für den viele Menschen Respekt und sogar Ehrfurcht hegen. Es handelt sich oft um Physiker, Rechtsanwälte, Professoren oder, wie Gerry, Psychologen. Das Prestige ihres Berufes verleiht diesen Männern zusätzliche Glaubwürdigkeit als Kritiker und Mentoren.

Diese Art von Frauenhasser etabliert sich als Lehrer und Guru seiner Partnerin, doch wie sehr sie sich auch seinen Forderungen anzupassen versucht und sich verändert, sie kann es ihm niemals recht machen.

Derartige Kritik wirkt wie Wasser auf einen Stein. Die ersten paar Tropfen richten keinen Schaden an, aber langfristig gräbt es tiefe, dauerhafte Furchen. Auf gleiche Weise frißt die ständige Kritik und Nörgelei des Frauenhassers jegliches Selbstvertrauen und Selbstwertgefühl der Partnerin fort.

Diese Formen seelischer Mißhandlung, die ich gerade beschrieben habe, sind leicht erkennbar, wenn man einmal weiß, auf was man achten muß. Doch es gibt andere, viel subtilere Verhaltensweisen, die ebenso wirksam die Fähigkeit untergraben, klar zu denken und zu urteilen. Diese schwer auszumachenden Manipulationen, die ich *Gaslicht-Techniken* nenne, lassen einen bald an der eigenen Wahrnehmungsfähigkeit und am eigenen Verstand zweifeln.

Gaslicht-Techniken

Wenn Sie gern alte Filme anschauen, kennen sie bestimmt *Gaslicht* mit Charles Boyer und Ingrid Bergman. Boyer spielt einen offensichtlich seiner Frau ergebenen, liebevollen Ehemann, der jedoch ihren Verstand unterminiert, indem er sich einer Reihe heimtückischer Techniken bedient. Er versteckt ihren Schmuck und redet ihr ein, sie habe ihn verloren oder verlegt; er nimmt ein Bild von der Wand und beharrt darauf, daß sie es fortgenommen habe. Mit diesen Angriffen auf den Verstand der Frau gelingt es bald, die Frau zu überzeugen, wahnsinnig zu sein. *Gaslicht-Techniken* bezeichnen genau diese Art von subtilen Manipulationen einer anderen Person. Der Film bietet ein klassisches Beispiel dafür, wieviel Macht ein Partner über einen anderen ausüben kann. Der Mann in dem Film verhielt sich bewußt und methodisch so, um an einen Schatz zu gelangen, der in dem Haus, in dem er mit seiner Frau lebte, verborgen lag. Der Frauenhasser hat jedoch ein anderes Ziel im Auge, und im Unterschied zu Boyers Rolle resultiert sein Verhalten nicht aus einem bewußten Plan. Dadurch ist seine Wirkung allerdings nicht weniger bedrückend.

Ableugnung

Es gibt viele Möglichkeiten, eine Person dazu zu bringen, an der Genauigkeit und Zuverlässigkeit ihrer Erinnerung und Wahrnehmung zu zweifeln. Die primitivste und offensichtlichste ist die *Ableugnung*. Der Frauenhasser redet seiner Partnerin ein, ein Vorfall sei gar nicht passiert.

Erinnern Sie sich noch an Jackies Geschichte über das Wasser in der Garage, und wie Mark sie behandelt hat? Als Mark kurze Zeit später auf meine Bitte hin zu mir kam, fragte ich ihn nach diesem Vorfall. Er antwortete:

Daran kann ich mich nicht erinnern. Ich weiß nicht, was sie damit meint. Ich kann mich ehrlich nicht an diese Episoden erinnern, die ihr offensichtlich wichtiger sind als die schönen Erinnerungen, die wir haben. Wissen Sie, es ist unglaublich, daß sie sich immer nur an unangenehme Dinge erinnert.

Mark war wohl der Meinung, wenn er sich an einen Vorfall nicht erinnerte, dann war er auch nicht geschehen.
Diese Art bequemer Vergeßlichkeit taucht häufig bei einem Frauenhasser auf, der trinkt oder Drogen nimmt, wodurch die Hemmschwellen herabgesetzt und die höfliche Fassade zum Einsturz gebracht wird. Wenn Leute betrunken oder high sind, verhalten sie sich oft grausam und explosiv. Doch sie haben die unheimliche Fähigkeit, alles am nächsten Tag vergessen zu haben. »Mann, ich war gestern abend so betrunken, daß ich mich an nichts erinnern kann«, lautet die Standardfloskel für eine Ableugnung.
Die Ableugnung als Taktik ist besonders unangenehm, weil man nichts mehr in der Hand hat. Man fühlt sich verzweifelt und frustriert. Es gibt keine Möglichkeit, mit jemandem ein Problem zu besprechen, wenn die Existenz bestimmter Vorfälle abgeleugnet wird und der andere darauf besteht, daß das, was man genau weiß, niemals geschah.

Geschichten verdrehen

Bei dieser Taktik wird ein Vorfall nicht abgeleugnet, sondern umgeformt, damit er in das Weltbild des Frauenhassers paßt. Kaum zwei Menschen erinnern sich jemals an einen Vorfall in genau der gleichen Weise, doch der Frauenhasser fügt dramatische, ausgeprägte Veränderungen zu den Fakten, damit seine Version der Geschichte glaubhafter klingt. Laura teilte mir folgenden Vorfall mit, der sich am Abend vor ihrer Hochzeit mit Bob abspielte.

> Wir hatten verabredet, daß ich die letzte Nacht vor der Hochzeit bei unseren Freunden blieb, wo am nächsten Tag die Feier stattfinden sollte. Wir hatten das gemeinsam besprochen, alles war vorbereitet, und unsere Freunde erwarteten mich. Als Bob nach Hause kam und meine Reisetasche sah, fragte er, wohin ich ginge. Ich sagte, ich würde bei Joe und Betty schlafen, wie wir geplant hatten. Er sah mich an, als sei ich verrückt geworden. »Ich habe dem niemals zugestimmt!« sagte er. »Wer hat das beschlossen?« Ich antwortete, wir beide. Dann ging es los: »Ich mache mir wirklich Sorgen um dich, wenn du denkst, ich hätte etwas Derartiges gesagt, weil ich dem nie zugestimmt hätte. Es ist doch unsere letzte Nacht vor der Hochzeit!« Als er alles so verdreht und verbogen hatte, war mir ganz schwindlig. Konnte ich ihn wirklich so völlig mißverstanden haben?

Diese Geschichte erinnert mich an George Orwells Klassiker *1984*. Dort sammelten die totalitären Kräfte alle Geschichtsbücher ein und schrieben sie um, um ihre Version von der Vergangenheit zu stützen. Für Bob, wie für viele Frauenhasser, sind Fakten wie Lehm, den man formen und gestalten kann, um ihren jeweiligen Launen und Bedürfnissen zu entsprechen.

Anderen die Schuld geben

Mit der Gaslicht-Technik geht die Einstellung des Frauenhassers einher, daß er nur auf einen schweren Fehler der Partnerin reagiert, wenn er sich schlecht benimmt. Solche Männer behaupten allen Ernstes und überzeugend, daß ihr unmögliches Verhalten nur eine verständliche Reaktion auf ein entsetzliches Vergehen oder eine Provokation der Partnerin ist. Dadurch vermeidet der Frauenhasser, die Möglichkeit bedenken zu müssen, daß es ihm vielleicht an etwas Wichtigem mangelt. Indem er der Frau die Schuld zuschiebt, schützt er sich gleich dop-

pelt: Er wird das Unbehagen los, seine Rolle bei dem Problem erkennen zu müssen, und er überzeugt die Partnerin, daß deren Charaktermängel der wahre Grund seien, warum es Schwierigkeiten in der Beziehung gibt. Jegliche Kritik oder auch nur Fragen werden unmittelbar als weiterer Beweis von Unzulänglichkeit zurückgewiesen.
Dieser Prozeß der Schuldverlagerung beginnt sehr früh in einer Beziehung und hört niemals auf. Für Bobs Unfähigkeit, eine Arbeitsstelle zu finden, wurde Laura sehr bald die Schuld zugeschoben.

> Als wir ein paar Monate verheiratet waren, verlor er seinen Job und hat lange nicht aktiv nach einer neuen Stelle gesucht. Endlich wurde er zu einem Vorstellungsgespräch eingeladen, das sehr vielversprechend klang. Als er am Nachmittag nach Hause kam, fragte ich: »Hast du die Stelle bekommen?« Er antwortete: »Ja, aber ich habe sie nicht angenommen, weil du eine geldgierige Katze bist und der Job nicht genug gebracht hätte, um dich zufriedenzustellen.« Er meinte, ich legte mehr Wert auf Geld als auf ihn. Selbstverständlich habe ich die ganze Zeit gearbeitet, aber er meinte, ich unterstütze ihn nicht und sei nie für ihn da. Als er endlich fertig war, fühlte ich mich wie in einem alten Joan Crawford-Film.

Bob wurde seine Schuldgefühle los, indem er Laura unglücklich machte. Er brauchte sich nicht unfähig zu fühlen, weil für seine Arbeitslosigkeit nun der Grund galt, daß nichts seiner unzufriedenen, materialistischen Frau gut genug war.
Ein extremes Beispiel von Schuldprojektion geschah auch in Paulas Ehe. Sie entdeckte, daß Gerry immer wieder sexuelle Beziehungen mit seinen Klientinnen hatte, und zwar unter dem Vorwand, daß er ihnen half, sexuelle Verklemmungen zu überwinden. Als ihn eine Klientin schließlich anzeigte, entzog man Gerry die Zulassung. Paula stand jedoch nicht nur zu ihm und ging wieder arbeiten, um die Familie zu ernähren, sie akzep-

tierte sogar die Schuld für sein kriminelles Verhalten. Sie erzählte mir:

> Es war meine Schuld, als man ihm die Zulassung entzog, denn wenn ich weiblicher gewesen wäre, hätte er die anderen nie gebraucht. Ich war einfach nicht warm und liebevoll genug.

Als Paula das von sich gab, glaubte ich, meinen Ohren nicht zu trauen. Gerry hatte sich unmöglich verhalten und vielen Menschen Schaden zugefügt, doch Paula gab sich dafür die Schuld! Natürlich wiederholte sie nur, was Gerry über sie gesagt hatte, aber sie glaubte ihm hundertprozentig.

Rufen wir uns in Erinnerung, daß in einer misogynistischen Beziehung beide Partner der Frau die Schuld daran geben, wenn etwas schiefgeht. Paula akzeptierte Gerrys Schuldprojektion auf sie, weil sie in diesem Bereich – Sexualität – extrem verletzlich und unsicher war und sich selbst haßte. Paula war als Kind von ihrem Vater körperlich und sexuell mißbraucht worden, und diese traumatische Erfahrung hatte bei ihr ein tiefsitzendes Gefühl von Scham und Schuld zurückgelassen. Als Erwachsene betrachtete sie sich als minderwertig und unterlegen. Als der Mann, den sie liebte, sie auf diesem Gebiet angriff und ihr vorwarf, sie sei nicht weiblich genug, war sie vorprogrammiert, diesen Vorwurf zu akzeptieren.

Paula traf ebensowenig Schuld daran, daß Gerry seine Zulassung verlor, wie Laura für Bobs Unfähigkeit verantwortlich war, eine Arbeitsstelle zu finden. Doch sowohl Bob als auch Gerry hatten gelernt, wie sie die jeweiligen verletzlichen Punkte ihrer Frauen zu ihrem Vorteil ausnutzen konnten. Sie verlagerten die Schuld und bewahrten sich so davor, Schwächen bei sich selbst zu erkennen. Unglücklicherweise wurde bei Laura und Paula das Annehmen der Schuld zum »Beweis« ihrer Liebe. In einer solchen Situation wächst sich das zu einem Problem aus: Es gibt keine Möglichkeit, Liebe ausreichend zu beweisen.

Man darf sich nie beklagen

Ein weiterer Liebesbeweis besteht darin, daß man das Recht aufgibt, auf die Handlungen des Partners zu reagieren. Wenn man bei seinen Mißhandlungen weint oder erschüttert reagiert, wird er gewöhnlich nur noch wütender. Er betrachtet diese Reaktion als einen Angriff auf sich selbst und als weiteren Beweis für die Unzulänglichkeit der Partnerin. Nancy, die ehemalige Modeeinkäuferin, der wir in der Einführung begegneten, erzählte mir:

> Wenn er mich wegen etwas anbrüllte, sagte ich: »Bitte, schrei mich nicht so an, ich kann das nicht ertragen.« Und wenn ich anfing zu weinen, wurde er noch wütender und sagte Dinge wie: »Das haben wir gern! Du drehst den Spieß einfach um, als sei ich daran Schuld, damit du dir ja keine Kritik anzuhören brauchst!« Er verdreht alles immer so, daß ich immer noch mehr abbekomme, wenn es mir ohnehin nicht gut geht.

Was Jeff anbetraf, war ein guter Angriff die beste Verteidigung. Jeff drehte den Spieß um, damit Nancy zum Bösewicht und er zum Opfer wurde.

Viele Frauenhasser wenden diese Methode an, um die Schuld von sich abzulenken. Sie sagen: »Du bist zu empfindlich«, »Du kannst aber auch gar keine Kritik vertragen«, oder einfach: »Du bist verrückt.« Sie drehen die Situation um, damit sie niemals die Verantwortung dafür übernehmen müssen, wie sich die Partnerin fühlt. So schwierig das zu akzeptieren ist, es steht jedoch fest, daß der Frauenhasser sich mehr darum sorgt, wie er die Schuld von sich abwenden kann, als zu erkennen, welchen Schmerz er der Partnerin zufügt.

Wenn eine Frau angegriffen wird, weil sie aufgrund der Behandlung durch den Partner traurig oder verletzt reagiert, muß sie ihre normalen Gefühle unterdrücken. Doch Gefühlen muß Raum gewährt und sie müssen ausgedrückt werden. Wenn der direkte Weg dazu versperrt wird, suchen sich diese Gefühle eine andere Möglichkeit der Manifestation – oft unangenehmer und nachteiliger Art, als Krankheit, Kraftlosigkeit, Antriebsmangel und Depression (siehe Kapitel 8).

Macht durch körperliche Mißhandlung

Gewalt zwischen Menschen, die miteinander vertraut sind, neigt wegen der Intensität der Gefühle dazu, brutaler und unvorhersehbarer zu sein als Gewalt zwischen Fremden. Der Frauenhasser kann unter bestimmten Bedingungen brutal werden. Eine der wichtigsten dieser Bedingungen ist Alkohol, der die Kontrollschwelle senkt und das Potential für Aktivität steigert. Trunkenheit stellt darüber hinaus eine Entschuldigung für diese Männer dar, ihre Wut körperlich auszudrücken.

Das Risiko für die Frau, geschlagen zu werden, steigt, wenn sich in der Familie etwas verändert oder etwas Unangenehmes geschieht. Streßträchtige Situationen, die körperliche Gewalt auslösen können, sind eine Schwangerschaft, der Tod eines Elternteils, der Verlust der Arbeitsstelle, ein Umzug, Krankheiten oder eine Veränderung der finanziellen Verhältnisse.

Wenn sich der Frauenhasser bedroht fühlt, etwas für ihn Wichtiges zu verlieren, was er als Demütigung empfindet, schlägt wahrscheinlich das Zünglein an der Waage in Richtung Brutalität aus. Wenn zum Beispiel eine Frau eine Stelle annimmt, nachdem sie jahrelang zu Hause geblieben ist, oder wenn sie ihre Ausbildung wieder aufnimmt und neue Freunde kennenlernt, wodurch er sich bedroht oder ausgeschlossen fühlt, versucht er vielleicht, sie durch Herumkommandieren und Drohungen zu kontrollieren. Gelingt das nicht, greift er vielleicht zu physischer Gewalt, in dem Gedanken, sie enger an sich zu binden, wenn sie Angst vor ihm hat.

Wie weit ist der Weg von seelischer zu körperlicher Mißhandlung?

Extreme Eifersucht und extremes Besitzenwollen bergen immer Gefahr. Wenn Sie beständigen Anschuldigungen ausgesetzt sind, beobachtet, ausspioniert und verhört werden oder Überreaktionen auf Kleinigkeiten wie Zuspätkommen erfahren, müssen Sie auf der Hut sein. Wenn Sie sich auf einer Party mit einem anderen Mann unterhalten und Ihr Partner reagiert mit völlig übertriebener Wut – Achtung! Diese Art von Mißtrauen stellt ein Signal dar, daß die Möglichkeit körperlicher Gewalt besteht.

Gewaltdrohungen, auch wenn tatsächlich noch nichts geschehen ist, sollten immer ernst genommen werden. Vorhaben, etwas an Ihnen zu rächen oder auszugleichen, oder Versuche, Sie mittels Gewaltdrohungen zu beherrschen, sind ein klares Signal für Sie, eine Flucht zu planen. So schwierig es ist, sich zuzugestehen, daß Gewalt droht, man muß einige wichtige Dinge für diesen Notfall vorbereiten:

- Geld, an das man leicht herankommt,
- einen sicheren Ort für Sie und die Kinder
- und eine Möglichkeit, zu jeder Zeit dorthin zu gelangen.

Hoffentlich haben Sie eine Familie oder Freunde, an die Sie sich wenden können. Doch wie immer Ihre Möglichkeiten aussehen, bei diesem Punkt sind sich alle Experten einig: Wenn körperliche Gewalt angewendet wird, *müssen Sie gehen,* auch wenn es bedeutet, ein schönes Heim zu verlassen und in ein Frauenhaus zu ziehen.

Schließlich gibt es noch einen weiteren Kontrollmechanismus, der von der Frau als Liebesbeweis verlangt, daß sie jene Dinge aufgibt, die sie einzigartig machen und die einen wichtigen Teil ihres Selbst darstellen: der Frauenhasser verlangt, daß seine Partnerin ihre Welt verkleinert, um den Frieden zu wahren.

Die Verkleinerung der Welt

Dieser Prozeß beginnt oftmals sehr subtil, indirekt und wohlwollend, so daß man ihn sogar als schmeichelnd empfinden kann. Nehmen wir zum Beispiel einmal an, daß Sie einmal in der Woche abends einen Kursus besuchen. Ihr Partner läßt Sie wissen, daß er die Stunden zählt, bis Sie nach Hause kommen, und wie einsam und unglücklich er ist, wenn Sie fort sind. Das kann sich anhören wie ein Ausdruck echter Liebe – er braucht Sie die ganze Zeit bei sich! Aber es ist nur ein kleiner Sprung von dieser »Ergebenheit«, bis viele Aspekte Ihres Lebens mit Beschlag genommen werden. Natürlich kann man den Kursus aufgeben, doch aller Wahrscheinlichkeit nach gibt es bald irgendeine andere Aktivität, die Ihnen etwas bedeutet, von der er sich aber bedroht fühlt. Wieviel von Ihrer Eigenständigkeit müssen Sie aufgeben, um Ihre Liebe zu beweisen?
Die Liebe des Frauenhassers ist unersättlich und fordernd; wieviel man auch immer gibt oder aufgibt – es ist niemals genug. Er läßt sich niemals überzeugen, daß Sie ihn ebenso lieben wie er Sie. Er erfindet ständig neue Prüfungen für Ihre Liebe. Es ist fast so, als habe man jede Woche ein Schlußexamen für einen Kurs, den man nie erfolgreich absolvieren kann.
Laura fand es toll, als Bob endlich eine ausgezeichnete Stelle fand und anbot, die Familie allein zu ernähren. Sie hatte seit dem neunzehnten Lebensjahr immer gearbeitet und freute sich, zu Hause zu bleiben und sich um die Wohnung zu kümmern.

> Er verdiente jetzt richtig viel Geld und bat mich, meine Stelle aufzugeben. Er wollte einfach, daß ich zu Hause bleibe und mir ein schönes Leben mache, was ich mir noch nie hatte leisten können. Aber bald merkte ich, daß er es nicht mochte, wenn ich meine Freunde besuchte. Er regte sich sogar auf, wenn ich meine Familie anrief. Es war so, als gehörte ich nur ihm, weil er mich jetzt aushielt.

Was im Kostüm von Bobs Liebe und Fürsorge daherkam, erwies sich als Gefängnis, um Laura zu beherrschen.
Der Frauenhasser benutzt entweder direkte oder indirekte Kontrolle, um sein Ziel zu erreichen. Entweder setzt er fest, bittet oder fordert, daß Sie Ihre Arbeit, einen Kursus oder eine Freundschaft aufgeben, oder er greift indirekt jene Bereiche an, durch die er sich bedroht fühlt, und macht Sie so unglücklich, daß Sie diese Dinge lieber aufgeben, nur um den Frieden zu wahren. Aber gleich welche Methode Ihr Partner benutzt, das Ergebnis ist stets das gleiche: *Sie engen Ihre Welt erheblich ein, um seine Bedürfnisse zu befriedigen.*
Nicki, eine Polizistin, war vierundzwanzig, als sie Ed kennenlernte. Ed, ein siebenundzwanzigjähriger Offizier in ihrer Abteilung, fühlte sich angezogen von Nickis Intelligenz, ihrem familiären Hintergrund und ihren Leistungen als Polizistin und als Sportlerin. Nicki fand Eds Machoverhalten und sein gutes Aussehen aufregend. Sie verliebten sich ineinander und heirateten bald. Innerhalb kürzester Zeit wurden Eds Temperament und seine Eifersucht zum Problem. Sie waren zwei Jahre zusammen, als Nicki zu mir kam.

> Er muß alles erfahren, was ich tue. Wenn ich etwas nicht mit ihm vorab besprochen habe, nimmt er das als Beweis, daß man mir nicht vertrauen kann. Er ruft drei-, viermal am Tag im Büro und sogar im Dienstwagen an und kontrolliert mich – wo ich bin und mit wem. Es ist peinlich. Wenn ich nicht da bin, wo er mich erwartet, bekommt er einen Anfall. Letzte Woche bin ich mit einer Kollegin zum Mittagessen gegangen, und als ich zurückkam, stand er neben meinem Schreibtisch, puterrot im Gesicht. Er zerrte mich in einen Nebenraum und begann, mich anzuschreien, daß ich ihn betrogen habe und er mir nie vertrauen könne. Ich habe Todesangst, wenn er sich so verhält.

Nicki fand Eds Ausbrüche so peinlich und angsterregend, daß sie beschlossen hatte, es sei die Sache nicht wert, ihn zu verärgern. Sie gab ihr bißchen Freiheit auf, sogar bei der Arbeit. Diese Art von Eifersucht und Besitzenwollen beschränkt sich nicht auf die traditionelle Angst, daß die Frau sich mit einem anderen Mann einläßt, sie weitet sich vielmehr auf alle Aspekte des Lebens aus. Alles, was sich außerhalb des Machtbereichs des Frauenhassers befindet oder von ihm als Bedrohung betrachtet wird, muß aufgegeben werden.

4. Seine Machtbereiche

Eine dreiundvierzigjährige Frau, die zu mir in die Therapie kam, lieferte mir dafür wohl den ungewöhnlichsten Grund, den ich jemals gehört hatte: Ihr Mann weigerte sich, ihre Zahnarztrechnung zu bezahlen. Während unserer Gespräche schälte sich heraus, daß ihr Mann, ein millionenschwerer Industrieller, ihr die großartige Summe von fünfzehn Dollar in der Woche gab, von der sie eine Zahnarztrechnung von fünftausend Dollar bezahlen sollte. Ich erfuhr außerdem, daß sie ohne Gehalt für die Firma ihres Mannes arbeitete und ständig von ihm vor den anderen Angestellten gedemütigt wurde. Offensichtlich spielte sich eine Menge mehr ab als nur diese Verzögerung, ihre Zahnarztrechnung zu begleichen.

Ich stelle oft fest, daß das Problem, das eine Person zur Therapie treibt, nur die Spitze eines Eisbergs ist. Konflikte über Geld, das Sexualleben, berufliche Instabilität und die Kinder stellen oft nur den Deckmantel für eine schwierige Beziehung dar.

Macht im Schlafzimmer

In keiner sexuellen Beziehung hält sich die Spannung, die in der Zeit der ersten Werbung bestanden hat. Sexuelle Beziehungen bewegen sich ihrer Natur nach wie Ebbe und Flut, während die Personen miteinander älter werden. Beim Frauenhasser jedoch, für den Macht und Kontrolle alles bedeuten, wird der sexuelle Bereich zu einem größeren Konfliktherd.

Beide Partner müssen sich in der Regel Mühe geben, um sexuelle Gefühle und Vorlieben offen auszudrücken. Wenn keine Diskussionen stattfinden können, fehlt gewöhnlich auch die Sensibilität für ein offenes Gespräch über sexuelle Wünsche und Bedürfnisse.

Frauen scheinen besonders zu zögern, ihre sexuellen Wünsche und Bedürfnisse auszudrücken, weil es für sie oft ein emotional befrachtetes Thema ist. Zeit unseres Lebens hat man uns beigebracht, daß ein Großteil unseres Selbstwertgefühls daran gebunden ist, wie attraktiv und einfühlsam wir auf sexuellem Gebiet sind. Die Empfindlichkeit unserer Sexualität macht uns gegenüber misogynistischen Methoden verwundbar. Seine Kritik, seine herabwürdigenden Bemerkungen, beständige Zurückweisung oder Brutalität können Türen auf immer zuwerfen, die wir ohnehin kaum geöffnet hatten.

Wenn die Beziehung über die Flitterwochenphase hinaustritt, meint der Frauenhasser vielleicht, seine Desillusionierung gäbe ihm das Recht, anzugreifen. Was romantisch und sexuell erregend begann, verändert sich vermutlich, sobald er sich von seiner Partnerin »enttäuscht« fühlt. Der einfühlsame Liebhaber der Frühphase kann nicht nur weniger einfühlsam werden, sondern ausgesprochen grausam.

In einer guten Beziehung wird die sexuelle Anziehung von Freundschaft, Respekt und Liebe ergänzt. Auch wenn im Laufe der Zeit die sexuelle Anziehung abnimmt oder sich verändert, besteht immer noch die Antenne für die Gefühle des Partners. Beim Frauenhasser entwickelt sich jedoch genau das Gegenteil: *Je länger die Partnerschaft dauert, um so weniger zärtlich und liebevoll verhält er sich ihren Gefühlen gegenüber, und um so mehr ist er geneigt, ihre Attraktivität als Frau zu kritisieren.*

Kritik im sexuellen Bereich

Wir alle neigen dazu, Kritik ernster zu nehmen als Lob. Eine einzige grausame Bemerkung kann mehr Wirkung zeigen als zwanzig positive. Wir nehmen negative Bemerkungen deutlicher und schärfer wahr als positive und halten sie für wahrer und aufrichtiger. Aus diesem Grund kann selbst die sexuell sichere Frau aus dem Gleichgewicht gebracht werden, wenn ihr Partner beständig abschätzige Bemerkungen über ihr Aussehen und ihr Sexualverhalten von sich gibt oder sie permanent mit anderen Frauen vergleicht.
Nicki, die junge Polizistin, erzählte mir:

> Ich fand mich eigentlich immer ganz gut aussehend, doch dann begann Ed, Bilder aus Illustrierten auszuschneiden und mir als Beispiele dafür zu geben, wie ich aussehen sollte. Er wies mich darauf hin, wie das Haar von diesem oder jenem Fotomodell hübscher als meins aussehe. Oder er sagte mir, er wolle, daß ich wie diese oder jene aussehe, weil ich dann attraktiver und aufreizender für ihn wäre. Bald fühlte ich mich richtig häßlich.

Da Ed ständig an Nicki herumnörgelte, wurde ihre Beziehung sexuell ungleichgewichtig. Er rief sich zum Richter auf, wie Nicki aussehen sollte, was sie automatisch in eine unterlegene Position schob.
Wenn die Angriffe tückischer ausfallen, werden die Wirkungen verstörender. Paula, die Frau des Psychologen, der Beziehungen mit seinen Klientinnen unterhielt, berichtete mir das folgende:

> Gerry sagte, ich könne seine Bedürfnisse unmöglich erfüllen, weil ich nicht blond sei. Und er sagte oft, mein Körper sei häßlich und wabbelig und meine Brüste schlaff. Er deutete auf die Narben, die ich von unseren vier Kindern zurückbehalten habe, und sagte, sie seien so häßlich. Mein

> Hintern sei auch nicht mehr stramm genug. Ich geriet an einen Punkt, an dem ich mich schämte, mich vor ihm auszuziehen. Doch dann sagte er: »Wenn du eine richtige Frau wärest, würde es dir nichts ausmachen.«

Gerry gab Paula das Gefühl, völlig unzulänglich zu sein. Seine verbalen Attacken löschten ihr ohnehin schwaches Selbstwertgefühl völlig aus.

Auch in der besten Beziehung will ein Partner oft einen Aspekt des anderen verändern und abschwächen. Der Unterschied besteht in der Art und Weise, wie solche Wünsche ausgedrückt werden. Wenn Bemerkungen freundlich und gutwillig vorgebracht werden, richten sie keinen Schaden an. Der Frauenhasser handelt jedoch nicht aus gutem Willen, weil er die Veränderung eigentlich gar nicht will. Er will Macht, und daher zögert er nicht, ständig herabsetzend zu kritisieren, um sie zu gewinnen.

Die Intimität von sexuellem Kontakt, in der beide Partner körperlich und emotional nackt sind, macht uns für Angriffe besonders verwundbar. Unsere Schranken sind gefallen. Wir zeigen unsere verborgensten Körperteile. Das ist nicht der Zeitpunkt, bei dem wir uns vor Bemerkungen über unser Sexualverhalten schützen können. Jackies Mutter, Lorraine, hatte das Gefühl, jedesmal einer Prüfung unterzogen zu werden, wenn sie und Nate miteinander schliefen. Sie erzählte mir:

> Ich weiß, ich bin nicht von der leidenschaftlichen Art, aber ich versuche, mich auf ihn einzustellen und so zu sein, wie er mich will. Doch jedesmal sagt er irgend etwas, das mich umwirft, wie: »Selbst eine Zweidollarhure zieht eine bessere Show ab als du.« Ich erstarre dann einfach.

Lorraine und Nate bewegten sich in einem Teufelskreis: Je mehr er sie herabsetzte, desto verschlossener wurde sie sexuell, was weitere Kritik bei ihm auslöste und weiteres Zurückziehen bei ihr. Nate glaubte, wie so viele Frauenhasser, daß Kritik an seiner Frau nicht nur sein Recht sei, sondern auch seine Pflicht. Sein fester Glaube, er müsse sie »auf Zack bringen«, stellte die einzige Rechtfertigung für sein Verhalten dar, auch wenn es gegen ihn arbeitete und ihr offensichtlich nicht half.

Sexueller Egoismus

Sexualverkehr mit einem Frauenhasser findet nur dann statt, wann und wie er es will. Ist er sexuell egoistisch, werden nur seine Bedürfnisse eine Rolle spielen, und zugelassen werden nur jene Formen des Liebesspiels, die ihm gefallen.

Viele Frauen berichten, die erste Veränderung in der Beziehung habe darin bestanden, daß der Verkehr mechanisch wurde; die Aufmerksamkeit und Zärtlichkeit, die am Beginn dazugehörten, verschwanden. Der Frauenhasser gibt der Partnerin keine Zeit mehr, Lust zu entwickeln, und ihre Freude am Berühren, Umarmen und Küssen nimmt ab. Nancy beschrieb es so:

> Wir waren noch nicht so lange zusammen, als Jeff einfach alles unterließ, was man unter »Vorspiel« zusammenfaßt. Er sprang einfach auf mich, kam und wälzte sich wieder herunter. Ich wußte nicht, was ich dazu sagen sollte. Er hatte sich am Anfang ausgiebig darum gekümmert, wie ich mich fühlte, doch nach kurzer Zeit war das alles vorbei.

Nancys Erfahrung ist nicht ungewöhnlich. Jeff betrachtete wie viele Frauenhasser Zärtlichkeit und Streicheln als Zeitverschwendung und unnötig, wenn die Frau einmal »erobert« war. Das Vorspiel wurde zu etwas, das man hinter sich bringen mußte, um Nancy auf die Hauptsache vorzubereiten – die Penetration. Für Jeff spielte der Rest keine Rolle. Für Nancy war das Vorspiel jedoch die Hauptsache.

Man hat den Frauen ein unerfreuliches Erbe hinterlassen, das besagt, es gäbe nur *eine richtige* Art, einen Orgasmus zu haben,

und zwar durch Penetration. Erst in den letzten Jahren hat die Forschung bewiesen, was viele von uns schon lange wußten: Daß die Mehrheit der Frauen manuelle und/oder orale Stimulierung braucht, um zum Orgasmus zu gelangen. Der Frauenhasser ist fähig, den Mythos von der »Befriedigung allein durch Penetration« für sich und gegen seine Partnerin auszunutzen.
Als Rosalind versuchte, Jim mitzuteilen, was sie sexuell von ihm wünschte, griff er sie verbal an. Ihren Worten nach war das so:

> Er hatte keine Ahnung von Frauen, wie sie gebaut sind, nichts. Ich versuchte, es ihm zu erklären, doch er war beleidigt. Daß ich etwas anderes als Penetration von ihm wollte, empfand er als Zurücksetzung. Etwas anderes würde er nicht tun. Wenn ich ihn bat, mich zu streicheln, bis ich kam, verließ er das Zimmer. Das sei ekelhaft, sagte er. Ich bekam dadurch das Gefühl, mein Körper sei unrein.

Jim benutzte Rosalinds sexuelle Wünsche als Waffe gegen sie. Er nannte sie »ekelhaft«, weil sie von seinen Bedürfnissen abwichen. Dadurch verhinderte er, daß sie etwas von ihm erbat, das er nicht geben wollte. Vorwürfe und Bestrafungen sind die Standardreaktionen eines Frauenhassers auf sexuelle Vorlieben, die von den seinen abweichen.
Auch Paula mußte feststellen, daß ihr Mann ihre sexuellen Wünsche als abstoßend und ihn überfordernd empfand. Gerry ließ sie das auf grobe und grausame Weise wissen:

> Bei der Erwähnung von oralem Sex zog er eine Grimasse. Er sagte: »Sieht häßlich aus, riecht unangenehm und schmeckt unangenehm.« Ein andermal sagte er: »Deine Vorstellung von einer heißen Nummer ist, wenn ich die ganze Nacht meinen Kopf zwischen deine Beine stecke.«

Aufgrund von Gerrys Verachtung und Ablehnung fühlte sich Paula körperlich und sexuell ungeheuer gehemmt. Aber Gerrys Bemerkungen haben noch eine andere Bedeutung als die Partnerin herabzusetzen: Sie verraten eine tiefe Abneigung gegenüber dem weiblichen Körper. Gerrys Unwilligkeit, oralen Sex zu praktizieren, ist an sich noch kein Hinweis auf einen Frauenhasser. Haß und Ekel in seinen Bemerkungen sind die wichtigen Signale, nicht seine sexuellen Präferenzen.

Andere Frauenhasser schlagen einen weniger direkten Weg ein, um ihre Feindseligkeit auszudrücken und Macht zu erlangen. Dabei handelt es sich um die *sexuellen Verweigerer,* die ihre Partnerinnen bestrafen, indem sie sie herabsetzen und demütigen, wenn diese sexuellen Kontakt wünschen. Rosalind machte diese Erfahrung:

> Jedes Mal, wenn wir Streit hatten, faßte er mich zwei oder drei Wochen danach nicht an. So bestrafte er mich. Wenn ich irgend etwas in dieser Richtung versuchte, nannte er mich aggressiv und sagte, ich benähme mich wie ein Tier. Er sagte, immer wolle ich bumsen, und daß es nichts Abstoßenderes gäbe, als eine Frau, die immer nur Sex verlange.

Jim gab Rosalind die Schuld an seinen immer wieder vorkommenden Phasen von Impotenz. Er übernahm keinerlei Verantwortung für seine sexuellen Probleme, auch nicht, obwohl er sie lange vor Rosalind gehabt hatte. Er vertrat die Meinung, die sexuellen Probleme nur zu haben, weil sie sich falsch verhielt.

Beide Partner können sexuelle Probleme in eine Beziehung hineintragen, doch in der misogynistischen Beziehung werden diese Probleme, ob sie nun bei ihr oder ihm ihren Ursprung haben, ständig als Waffen eingesetzt, mit denen die Frau gedemütigt und als Schuldige abgestempelt wird. Sexualtherapeuten haben schon vor längerer Zeit erkannt, daß im Fall sexueller Probleme eines Partners beide der Hilfe bedürfen, wenn eine Behandlung erfolgreich sein soll. Vorwürfe, offene Wut und Strafen verschlimmern jedoch bereits bestehende Probleme.

Jedoch sind Vorwürfe, Strafen und Wut die Standardtaktiken des Frauenhassers, wann immer seine Partnerin nicht mit seinen Vorstellungen übereinstimmt. Auf diese Weise geriert er sich als der einzige, der weiß, was im Schlafzimmer »richtig« und »falsch« ist.
Ein Standardsatz des Frauenhassers lautet: »Sag mir ja nicht, was ich tun soll.« Was Ed, den Polizisten, anging, so erstreckte sich sein Recht zu herrschen, sogar auf Nickis Körper. Wenn sie auf seine Annäherungsversuche nicht voll reagierte, sah er darin eine Zurückweisung. Nicki erklärte es so:

> Wenn ich versuchte, ihm zu sagen, was ich sexuell gern hätte oder wollte, sagte er immer: »Selbst im Bett versuchst du zu gewinnen.« Wenn ich auf seinem Schoß saß und einfach nah bei ihm sein wollte, faßte er sofort meine Brüste an, und wenn ich dann sagte: »Ich will jetzt nicht so berührt werden, ich will dich nur umarmen«, wurde er wütend und belehrte mich: »Das ist mein Spielzeug, und damit kann ich machen, was ich will.«

Viele Frauenhasser benutzen die vermeintliche Zurückweisung als Rechtfertigung für weitere Mißhandlungen. Nate übertrug die Einschüchterungstaktiken, die er in anderen Bereichen ihres Lebens anwendete, auch ins Schlafzimmer. Lorraine hatte anfänglich positiv auf Nates sexuelle Aufmerksamkeiten reagiert, doch mit den Jahren entfremdete sie seine Grobheit. Sie sagte:

> Wenn ich nicht so reagierte, wie er es sich wünschte, nannte er mich einen Kühlschrank. Dann brüllte er: »Raus, geh raus!« und trat mich mit den Füßen aus dem Bett.

Auch eine sexuell initiative Frau wird schließlich von einem Partner abgeblockt, der egoistisch ist und sich nicht um ihre Gefühle und Bedürfnisse kümmert.

Bei all diesen beschriebenen Situationen hat man keine Chance. Wenn eine Frau sich zurückzieht, weil sie dazu gebracht wurde, sich sexuell nicht mehr gleichwertig zu fühlen, wird sie als »abweisend« beschimpft. Wenn sie sich sexuell verschließt, weil sie schlecht behandelt wurde, nennt man sie vielleicht »Verweigerin«, »frigide«, »Prinzessin« oder »Schwanzfopperin«. Wenn die Frau hingegen versucht, die sexuelle Begegnung anzuregen, endet sie mit dem Etikett »herausfordernd«, »unersättlich«, »animalisch«, »zu aggressiv« oder »Nymphomanin«.

Sexuelle Brutalität

Andere Frauenhasser zeigen ihre Feindseligkeit gegenüber Frauen im Sexualbereich noch deutlicher und brutaler. Nancy erzählte uns folgendes Beispiel:

> Ich fühlte mich eines Abends sehr abgespannt. Ich bat Jeff, meinen Rücken zu massieren. So etwas machten wir immer füreinander. Ich lag auf dem Bauch, doch plötzlich und ohne Warnung schob er seinen Penis in meinen Anus. Es tat wirklich weh. Ich verlor die Beherrschung und riß mich von ihm los. Darauf rollte er sich auf den Rücken und starrte gegen die Decke. Er ballte die Fäuste und schob das Kinn vor. Und mit zusammengebissenen Zähnen stieß er hervor: »Wie kannst du das jemals wieder gutmachen?«

Jeff reagierte auf Nancys Schmerzreaktion, indem er die Rolle des Opfers spielte. Er mißachtete die Tatsache, daß er ihr weh getan hatte, wurde wütend und schob ihr die Schuld zu.

Dieser Vorfall war nur einer von vielen, bei denen Jeff Nancy sexuell brutal behandelte. Es waren keine vereinzelten Geschehnisse aus Gedankenlosigkeit, sondern Teil eines allgemeinen Stils, sich auf verletzende, feindselige Weise zu verhalten.

Andere Frauenhasser lassen ihrer Feindseligkeit freien Lauf, indem sie beim Verkehr körperlichen Schmerz bereiten. Sie kneifen, beißen oder stoßen fest zu, mit der Absicht, der Frau wehzutun. Ich spreche hier nicht von Praktiken, an denen beide Partner Spaß haben. Ich beziehe mich auf sexuelle Aktivitäten, die für die Frau unangenehm sind, auf denen der Frauenhasser aber besteht, und zwar trotz der Tatsache, daß sie Unbehagen, Schmerz oder ein Gefühl von Erniedrigung hervorrufen. Es ist, als wollten sie sagen: »Dieser Körper existiert allein zu meinem Vergnügen, und ich erwarte, daß du alles mitmachst, was ich bestimme.« Jede Frau, die sexuelle Aktivitäten zuläßt, die für sie entweder abstoßend oder schmerzhaft sind, die es zuläßt, daß sie im Sexualverhalten zur Rolle des Opfers gezwungen wird, wobei die Bedürfnisse des Partners Vorrang vor ihren haben, wird unvermeidlich den Spaß am Sex verlieren.

Sexaholics

In einer sexuellen Beziehung pflegt in der Regel ein bestimmter Stil vorzuherrschen. Das bedeutet, wenn Sie mit einem zurückhaltenden Partner zusammenleben, wird das vermutlich so bleiben; sein Stil wird nicht plötzlich fordernd werden.
Einige Varianten des Sexualverhaltens sind bedrückend, besonders, wenn der Mann ständig sexuelle Forderungen stellt, die die Frau erschöpfen und schließlich lustlos machen. Ich spreche nicht von jenen kostbaren Zeiten in einer Beziehung, wenn beide Partner sich ständig nach dem Liebesakt sehnen. Ich rede von einem Muster, bei dem der Mann ständig und selbstverständlich von seiner Partnerin verlangt, ihm für Sex zur Verfügung zu stehen, manchmal zwei- bis dreimal am Tag. Das war der Fall bei Laura und Bob:

> Ich war am Anfang verrückt danach, mit ihm zu schlafen, aber es wurde bald zur Qual! Es war einfach eine Verpflichtung. Nie hatte ich Gelegenheit, spontan auf ihn zu

reagieren. Wenn man zwei- bis dreimal am Tag miteinander schläft und dann noch die ganze Zeit gedrängt wird, wann kann man dann überhaupt das Bedürfnis danach entwickeln? Es wurde mir ständig aufgezwungen. Er war ein toller Liebhaber, aber das spielte nach einer Weile keine Rolle mehr.

Bobs sexuelle Gier verdarb bald diesen für Laura besonderen Teil ihrer Beziehung. Bob brauchte Sex, um seine Ängste und Spannungen zu lösen, so wie andere Leute Drogen oder Alkohol brauchen. Dieses zwanghafte Verhalten einer getriebenen, unersättlichen Sexualität wurde vor kurzem als ernsthafte emotionale Störung erkannt und Sexsucht (Sexaholism) genannt.
Ein Sexaholic unterscheidet sich grundsätzlich nicht von anderen Suchtabhängigen: Er benutzt Sexualität, um tiefsitzende Ängste zu betäuben. Sie verschafft ihm momentane Erleichterung von diesen Spannungen. Lorraine stellte fest, daß dies auch auf ihren Mann Nate zutraf:

Er sagte zum Beispiel: »Ich habe heute morgen eine wichtige Versammlung, daher brauche ich das.« Es hatte nichts mit mir zu tun. Manchmal kam er, griff mich und fing einfach an, wobei er Dinge sagte wie: »Ich hatte einen harten Tag und brauche das.«

Nate betäubte seine Ängste lieber zeitweise mit Sexualität, anstatt seine Probleme auf reife, direkte Weise anzugehen.
Das beste Beispiel dafür, wie ein Süchtiger die Sexualität dazu benutzt, um sich der Frau zu vergewissern und Kontrolle auszuüben, spiegelt sich in der Bemerkung, die Bob mehrere Male gegenüber Laura machte: »Nur, wenn ich in dir bin, habe ich wirklich das Gefühl, dich zu besitzen.« Diese Bemerkung verdeutlicht das verzweifelte Bedürfnis des Sexaholic.
Charlie, ein Ingenieur von Anfang vierzig, der nach drei Ehen und mehreren Beziehungen zu mir in die Therapie kam, erzählte mir:

> Ich habe mit drei, vier Frauen am Tag geschlafen, entweder weil ich einen schwierigen Morgen gehabt hatte oder aus ähnlichen Gründen. Mir fällt das sehr schwer zuzugeben, aber ich habe gemerkt, daß ich sie wie Spielzeug betrachtete. Sie waren Spielzeug, das mir half, mich weniger schlecht zu fühlen.

Wenn sich eine Frau gegen die Häufigkeit von Charlies sexuellen Forderungen wehrte, wurde er wütend auf sie, nannte sie frigide oder verklemmt, warf ihr vor, sich ihm zu verweigern, und beschuldigte sie, ihn nicht wirklich zu lieben. Er erklärte:

> Wir hatten vielleicht schon zehnmal in der Woche miteinander geschlafen, aber wenn sie beim elften Mal nein sagte, fühlte ich mich zurückgestoßen und wurde verrückt. Ich weiß jetzt, daß das nicht fair war, aber damals konnte ich es nur so sehen, als ob mir meine »Spritze« vorenthalten würde.

Wenn Sie eine Beziehung mit einem Sexaholic eingehen, werden Sie sich bald wie ein Objekt fühlen, nur dazu da, ihn zu erleichtern. Der sexuelle Kontakt hat nur wenig mit Ihrer Person zu tun. Laura stellte fest, daß außer Bobs Trieb nach sexueller Erfüllung alles zweitrangig für ihn war, wie immer ihre eigenen Bedürfnisse aussahen. Sie berichtete den folgenden Vorfall:

> Mein Großvater war gestorben, und ich war wirklich traurig. Bob und ich gingen zusammen zur Beerdigung, und während der Predigt drängte er mich die ganze Zeit zum Gehen. Es war, als hätte der Mann seit zwanzig Jahren mit keiner Frau mehr geschlafen! Er drängte darauf, »aus einem bestimmten Grund« nach Hause zu gehen. Ich wußte genau, was er wollte. Er wurde so zudringlich, daß ich ihn hätte umbringen können. Aber ich habe mit ihm die Beerdigung verlassen. Ich hatte eine solche Wut auf mich selbst, weil ich ihn nur, indem ich »es machte«, dazu brin-

gen konnte, mich in Ruhe zu lassen. Anschließend gingen wir zum Haus meiner Tante, und ich haßte mich dafür, nachgegeben zu haben. Ich mußte die Beerdigung meines Großvaters mitten in der Predigt verlassen! Es war ekelhaft, aber ich wollte einfach nicht mehr hören, was er über seine »Bedürfnisse« zu sagen hatte.

Manchmal geben Frauen den Forderungen ihrer sexsüchtigen Partner nur nach, weil der sexuelle Kontakt eine Atmosphäre von Ruhe und Offenheit schafft, die außerhalb des Schlafzimmers einfach nicht existiert. Laura erklärte das so:

Wir konnten nur im Bett miteinander reden. Das war der einzige Ort, an dem ich das Gefühl hatte, mir wird zugehört. Ich gab bald nur nach, damit er mir zuhörte. Aber dann machte mich verrückt, daß er, wenn wir Dinge im Bett diskutiert hatten, die mir wichtig waren, anschließend die ganze Unterhaltung wieder vergaß. Es war, als habe sie nie stattgefunden.

Laura schob ihr Gefühl, benutzt zu werden, und ihre Abneigung gegenüber Bobs unablässigen Forderungen beiseite, zugunsten der wenigen Augenblicke echter Nähe, die sie beim Liebesakt erfuhr. Doch Bobs Momente der Zärtlichkeit und Offenheit dehnten sich nicht auf den Rest ihres Lebens aus. Ihre Beziehung außerhalb des Bettes wurde immer noch von seinen Wutanfällen und seinen Vorwürfen verwirrt.

Ein gutes Sexualleben als Maske

Je größer der Unterschied zwischen dem Verhalten des Frauenhassers im Schlafzimmer und außerhalb, um so stärker die Verwirrung der Partnerin. Sie fragt sich: »Wenn er mich so begehrt, muß es doch zwischen uns stimmen?« Bei einigen Frauen, die mit einem Frauenhasser leben, stellt die Sexualität das einzige Gebiet dar, auf dem der Partner sie nicht mißhandelt oder kontrolliert. Jackie erzählte:

> Mark war im Bett so liebevoll, wie konnte er dann so schlimm sein? Er war nie brutal, selten nicht einfühlsam, und niemals war es eine schnelle Nummer. Ich konnte einfach nicht glauben, daß jemand, der im Bett so wunderbar und großzügig war, sich außerhalb so unmöglich verhalten konnte. Ich glaube, wenn wir immer im Bett geblieben wären, hätten wir keine Probleme bekommen.

Hätte es Spannungen und Konflikte in ihrer sexuellen Beziehung gegeben, hätte Jackie leichter erkennen können, wie inakzeptabel Marks Verhalten ihr gegenüber war. Doch aufgrund seiner Leidenschaft war sie überzeugt, sie hätten eine phantastische Beziehung. Sie betrachtete die lustvolle Intensität ihrer sexuellen Beziehung als Barometer ihrer Ehe.

Wenn man eine gute sexuelle Beziehung zu einem Partner unterhält, der sich auf anderen Gebieten beleidigend verhält, fragen Sie sich vielleicht: *Ist er im Schlafzimmer wirklich immer nett zu mir?*

In einer befriedigenden sexuellen Beziehung können Frauen leicht ignorieren, wie schlecht sie die übrige Zeit behandelt werden. Ein ausgezeichnetes Sexualleben kann eine starke Anziehung ausüben und die Frauen zu dem falschen Schluß verleiten, ihre Beziehung sei liebevoll, auch wenn andere Faktoren ihnen sagen, daß das nicht stimmt.

Sexualität ist nur ein Teil der Partnerschaft. Vielleicht ist es der Teil, mit dem Sie zufrieden sind. Doch wenn Sie es mit einem Frauenhasser zu tun haben, kann man sicher sein, daß sich sein Bedürfnis nach Kontrolle und Herrschaft auf anderen Gebieten zeigt.

Finanzielle Kontrolle

Geld kann eine ungeheuer starke emotionale und symbolische Bedeutung haben. Oft zeigt es den Grad der Vertrautheit in einer Beziehung an, wie Geld gehandhabt wird, weil derjenige, der es verdient, es verteilt und darüber beschließt, wie es ausgegeben wird, gewöhnlich derjenige ist, der die Macht innehält. Geld ist weit mehr als nur ein Tauschmittel oder eine Währungseinheit. Geld kann Kompetenz, Ebenbürtigkeit und Freiheit bedeuten. In einer Beziehung kann es auch ein Gradmesser für Liebe sein, weil das Geben oder Verweigern von Geld eine Parallele zum Austeilen oder Verweigern von Zuneigung sein kann. Ich habe oft den Satz gehört: »Wenn er viel Geld für mich ausgibt, zeigt das, wie sehr er mich liebt.« Viele Leute denken, ihre Liebens-Würdigkeit sei dadurch definiert, wieviel jemand ihnen gibt oder für sie ausgibt.

Haltungen und Gefühle gegenüber Geld entwickeln sich in der frühen Kindheit. Sie werden von unseren Eltern beeinflußt und geformt, und wenn wir erwachsen werden, tragen wir sie in unsere Erwachsenenbeziehungen hinein, wobei wir manchmal zulassen, daß sie die Quelle für Unzufriedenheit und Konflikte bilden.

Manche Eltern gehen nicht offen mit Geld um, weil es ein emotional so befrachtetes Thema sein kann. Sie zögern oft mehr, Geldprobleme zu diskutieren als sexuelle Probleme. Daher finden es viele Menschen schwierig, ihre finanziellen Probleme zu äußern und in diesem Gebiet Rat und Hilfe zu suchen.

Es gibt grundsätzlich zwei verschiedene Typen von Frauenhassern, wenn es um Geld geht, den »guten Ernährer«, der finanziell stabil ist, und den »tragischen Helden«, der sich als unschuldiges Opfer der Schikanen anderer Leute betrachtet und eine ausgedehnte Geschichte von Arbeitslosigkeit und finanziellem Chaos aufweist. Oft muß er von der Partnerin unterstützt werden. Doch ob der Frauenhasser den Großteil des Einkommens verdient, beide gleich dazu beitragen oder die Frau ihn unterstützt, *er* wird die Kontrolle darüber übernehmen, wie das Geld ausgegeben wird!

Der »gute Ernährer«

»Ich arbeite schwer und bringe das Geld nach Hause. Ich habe eine Menge Streß und Verantwortlichkeit, daher bin ich der Boss, und was ich bestimme, geschieht.« Diese traditionelle Haltung vertreten viele Männer, und wieder ist es der Grad an seelischem Mißbrauch, der den Frauenhasser ausmacht. Er weiß, wie er seine Finanzkraft als Waffe einsetzen kann, um seine Partnerin zu kontrollieren.

Lorraine hatte nie eine Arbeitsstelle außer Haus. In ihrem fünfunddreißigsten Jahr mit Nate erledigte er alles, was mit Geld zu tun hatte. Und das geschah auf die gleiche mißachtende Weise, wie er andere Aspekte ihres Lebens regelte. Lorraine erklärte:

> Ich mußte mich bei allem an ihn wenden. Wenn ich mir etwas Anzuziehen kaufen wollte, mußte ich mir zuerst die Genehmigung dafür und das Geld bei ihm abholen. Ich mußte ihm sagen, wo ich es kaufen wollte, was es kostete und ihm anschließend die Rechnung zeigen. Ich fühlte mich wie ein unmündiges Kind. Außerdem hielt er mich durch seine uneinschätzbaren Reaktionen auf unwichtige Käufe immer in Unsicherheit. Ich erinnere mich, wie ich einmal ausging und ohne Erlaubnis drei Hüte auf einmal kaufte. Ich hatte Angst, er würde einen Anfall bekommen, aber er sagte kein Wort, sondern lächelte nur. Ich war sehr überrascht. Doch zwei Tage später, als ich eine neue Hundeleine kaufte, explodierte er. Ich wußte nie, was auf mich zukam.

In welchem Ausmaß der Frauenhasser Kontrolle über Geld haben muß, wurde mir beim Anruf einer Frau klar, die in einer meiner Radiosendungen ihr Problem schilderte:

> Ich hatte eine gute Arbeitsstelle, doch als wir heirateten, drängte er mich, sie aufzugeben, was ich auch tat. Das ging sechs Monate lang gut, doch dann merkte ich, daß ich keinen Zugang zum Geld hatte. Ich war wie eine Gefangene. Er ist Chirurg und verdient viel Geld, aber seine Honorare gehen alle auf ein separates Konto, für das ich keine Vollmacht habe. Er zahlt alle Rechnungen und die Lebensmittel, aber ich habe keine fünfundzwanzig Cent in der Tasche. Schließlich nahm ich das bißchen Geld, das ich vor der Ehe gespart hatte, und eröffnete damit ein kleines Geschäft. Es geht so einigermaßen, aber wenn ich eine Strumpfhose brauche, sagt er: »Du hast doch dein Geschäft. Kauf sie dir selbst.« Es ist lächerlich. Er unterstützt mich in keiner Weise bei dem Geschäft. Im Gegenteil, er macht sich immer lustig darüber. Natürlich kann ich ihn nicht um Hilfe bitten, wenn ich mal einen schlechten Monat habe. Ich bin so frustriert. Ich liebe ihn. Er ist ein guter Mensch, aber er kontrolliert mich dermaßen, daß ich fast bereit bin, das Silber zu klauen und zu versetzen!

Der Mann dieser Anruferin hatte die Macht übernommen, indem er sie dazu brachte, ihre Stelle aufzugeben, und manipulierte sie, indem er sein Portemonnaie so fest geschlossen hielt wie nur möglich. Sie verdiente ein wenig Geld, doch es reichte nicht, um ihr genügend finanzielle Freiheit von der Herrschaft ihres Mannes zu gewähren.

Das unterschwellige Mißtrauen des Frauenhassers scheint von der Angst herzurühren, daß »Frauen darauf aus sind, zu kriegen, was sie nur bekommen können«. Er glaubt, wenn er sich derartig verhält, schützt er sich lediglich vor der angeborenen Gier seiner Partnerin. Zu diesem Zweck hält er nicht nur mit dem Geld zurück, sondern auch mit Informationen über Geld.

Er macht ein Geheimnis aus seinem Gehalt oder seinem Vermögen oder versteckt vielleicht Geld auf geheimen Konten. Als Rechtfertigung für solches Verhalten erzählt er vielleicht, wie er von einer Exfrau oder Freundin behandelt wurde, die ihn ausnahm und nicht vertrauenswürdig war.

Während der Frauenhasser der Partnerin Geld verweigert, kann er es sehr gut und großzügig für sich selbst ausgeben. Seine Partnerin darf dies aber nicht in Frage stellen. Nancy erzählte mir:

> Jeff gab mir keinen Pfennig, aber er gab eine Menge für sich selbst aus – ein Boot, neue Skier, neue Autos, die besten Tennisschläger, die besten Joggingschuhe, Maßanzüge und Maßhemden. Ich fuhr derweil ein altes Wrack von einem Auto. Wenn ich neue Schuhe brauchte, ging er hoch und schrie, ich würde ihn arm machen. Ich dachte immer, er müßte sich doch schämen, wenn mich jemand in diesem alten Auto sah, doch er schob mir die Schuld dafür zu und sagte, ich hätte mich nicht ordentlich darum gekümmert.

Jeffs doppelter Maßstab verstärkte noch seine Herrschaft über Nancy, weil sein Verhalten besagte: »Ich bin ein guter Mensch, und darum verdiene ich diese Dinge, und du bist kein guter Mensch, daher verdienst du sie nicht.«

Aber nicht alle Frauenhasser sind Geizkragen. Viele gehen recht großzügig mit Geld um, so lange *sie* darüber bestimmen.

Der »tragische Held«

Dieser Mann hat eine verzerrte Wahrnehmung von sich selbst als ehrenwert, schwer arbeitend und edel. Er kann nicht erkennen, wie er seine Katastrophen selbst herbeiführt, und betrachtet die Frau, die ihn finanziell unterstützt, als seine Feindin. Dieser Mann hatte Zeit seines Erwachsenenlebens finanzielle

Probleme und geht mit Geld, ob es nun seins ist oder ihres, wie ein Heranwachsender um. Häufig und gern erklärt er, daß seine Schwierigkeiten nur daraus resultieren, was andere Leute ihm angetan haben. Auf seiner »Feindesliste« stehen vielleicht seine Eltern, die ihm nie genug gaben, ein Geschäftspartner, der »ihn ausnahm wie eine Weihnachtsgans«, oder ein Chef, der ihn ohne Grund feuerte. Es ist nur eine Frage der Zeit, wann der Partnerin dieses Frauenhassers die Schuld an der finanziellen Lage zugeschoben wird.

Als ich mit Jackies Mann Mark sprach, war es ihm in sieben Jahren nicht gelungen, einen Geschäftsabschluß zu tätigen. Aus seiner Sicht gab er sein Bestes, trotz widriger Umstände, darunter eine nörgelnde Frau. Er sagte:

> Ich bin es leid, den ganzen Tag zu schuften, um diese Immobilien unterzubringen. Sie hört nie damit auf! Ich sage ihr immer wieder, ich brauche nur einen Abschluß, und der Damm bricht, und dann geht es uns gut, aber ich habe das Gefühl, ich muß gegen die ganze Welt und besonders gegen sie ankämpfen! Sobald ich durch die Tür trete, geht es los: »Wir haben zuviel überzogen. Heute haben drei Leute wegen offener Rechnungen angerufen. Hast du immer noch nichts abgeschlossen?« Nur Genörgel. Sie läßt mich nie vergessen, daß sie das Geld verdient. Sie weigert sich einfach, zu akzeptieren, daß ich diese Deals niemals zustandebekomme, wenn ich nicht ab und zu etwas investiere. Ich muß doch aussehen, als hätte ich ein paar Mäuse auf der Kante, aber Sie sollten mal ihr Gesicht sehen, wenn ich für einen potentiellen Kunden mal Schulden mache. Sie ist wie alle Frauen. Sie lieben dich, wenn es gut geht, aber sobald ein paar Probleme auftauchen, Junge, dann wird man plötzlich behandelt wie ein Kind.

Was Mark ein paar Probleme nannte, waren sieben streßerfüllte Jahre, in denen er unfähig war, Geld zu verdienen. In diesem Zeitraum hatten seine spekulativen Unternehmungen die

Familie an den Rand des Ruins gebracht, doch er weigerte sich immer noch, seinen Teil der Verantwortung für ihre finanziellen Probleme anzuerkennen.

Jackie hatte während dieser sieben Jahre für Mark und ihre beiden Kinder gesorgt und mußte Mark oft bei seinen diversen finanziellen Katastrophen unter die Arme greifen. Doch er betrachtete sie immer noch als geizig und nannte sie mißtrauisch und zu anspruchsvoll, wenn sie seine Pläne in Frage stellte.

Einige Paare entscheiden gemeinsam, daß die Frau den Großteil des Familieneinkommens verdient, während der Mann andere Rollen und Verantwortlichkeiten übernimmt. In einer misogynistischen Partnerschaft wird die Frau jedoch für ihre Rolle bestraft; daß sie die Familie unterhält, wird zur weiteren Waffe im Arsenal des Frauenhassers. Ihn erfüllen Wut und Ablehnung gegen ihre Bemühungen, und wieder schreibt er die Geschichte um, verzerrt die Realität und schiebt ihr geschickt die Schuld an seinem Versagen zu.

Rosalind fühlte sich bei ihren anfänglichen Versuchen, Jim zu helfen, stark, fähig und großzügig, doch dies sah nach einigen Jahren ganz anders aus. Sie erklärte es:

> Im ersten Jahr unserer Beziehung lief mein Antiquitätengeschäft sehr gut, so daß ich zehntausend Dollar von der Bank leihen konnte, um neue Ware zu kaufen, und sie ohne Probleme am Ende des zweiten Jahres abbezahlt hatte. Ich war sehr stolz auf mich. Dann drängte mich Jim am Ende des zweiten Jahres, zwanzigtausend zu borgen. Ich wußte, daß das Geschäft nie so viel abwerfen würde, um so viel zurückzuzahlen, aber er wollte am Laden teilhaben und bestand darauf. Doch dann tat er nichts. Er konnte Möbel restaurieren, und ich dachte, schön, daß wir zusammen arbeiten können. Ich ließ meinen Laden hinten ausbauen, damit er dort arbeiten konnte, aber er tat immer noch nichts. Ich eröffnete einen zweiten Laden, um mehr Umsatz zu erzielen, aber dabei rieb ich mich auf. Er wollte nicht im Laden sitzen oder an den Möbeln arbeiten,

daher mußte ich jemanden einstellen, der sich um den anderen Laden kümmerte. Dann fing Jim an, Geld aus der Kasse zu nehmen. Als ich ihm sagte, er könne nicht einfach so Geld aus der Kasse nehmen, ging er in die Luft und nannte mich egoistisch. Ich begriff nicht, warum nichts klappte, warum er nicht tat, was er gewollt hatte. Inzwischen war ich fast bankrott, und je schlechter es ging, um so mehr Vorwürfe bekam ich zu hören. Ich hatte zwei Läden, machte die Einkaufsreisen, Ausstellungen, plus Kochen und Putzen und kümmerte mich um ihn, meinen Sohn und seine beiden Kinder. Und er übte immer nur an seinem Schlagzeug oder hing am Telephon. Ich fühlte mich wie erstickt, in der Falle. Ich hatte ungeheure Schulden, und mein Kredit bei der Bank war dahin. Noch ehe ich es recht gewahr wurde, stand mein Geschäft am Rand des Bankrotts.

Was immer Rosalind auch tat, es reichte nie, um Jim zufriedenzustellen.
Der typische »tragische Held« verhält sich auf infantile, destruktive Weise. Er lügt ohne Hemmung. Er erzählt der Partnerin, er habe die Rechnungen bezahlt, wenn das nicht stimmt. Er häuft Unsummen an Kreditzinsen an, die weder er noch seine Partnerin bezahlen können. Wenn man ihn zur Rede stellt, schlägt er zurück, weil seine Partnerin an ihm zweifelt. Er erwartet immer, daß ihn jemand auffängt, wenn er fällt. Und dieser Jemand ist unweigerlich die Frau, die ihn liebt.
Gleich in welchem Stil, der Frauenhasser übernimmt immer den finanziellen Bereich als Urquelle von Macht und Kontrolle. Der Machtkampf in dieser Arena kann sich intensivieren, wenn die Frau außerhalb des Hauses arbeitet und als einzige ein Einkommen hat. Nicht seine Fähigkeit, Geld zu verdienen, sondern die Fähigkeit, seine Partnerin zu manipulieren, bestimmt seine Macht.

Kontrolle der Außenkontakte

Der Frauenhasser muß die Gedanken, Gefühle, Meinungen und das Verhalten der Partnerin unter Kontrolle haben. Daher werden nur jene Freunde oder Familienmitglieder im gemeinsamen Leben willkommen sein, die seine Sehweise und seine Version der Realität unterstützen. Jeder, der der Frau eine andere, abweichende Ansicht vermitteln könnte, wird vermutlich nicht von ihm akzeptiert.
Der Frauenhasser benützt eine Vielzahl verschiedener Taktiken, um die Welt der Partnerin zu begrenzen und einzuengen. Eine Methode besteht darin, sich einen so unangenehmen Freundeskreis zuzulegen, daß sie lieber zu Hause bleibt. Nancy beschrieb, wie Jeff das erreichte:

> Wenn wir mit anderen Leuten ausgingen, verbrachte er die ganze Zeit damit, mein Verhalten zu überprüfen. Ich war bald ein Nervenbündel. War er wütend auf mich, weil ich etwas Bestimmtes gesagt hatte? Wenn wir dann nach Hause kamen, fielen Sätze wie: »Du hast wieder geschwätzt.« Das war sein Begriff für eine normale Unterhaltung oder alles, mit dem er nicht einverstanden war. »Mein Gott, was hast du wieder für einen Blödsinn von dir gegeben«, sagte er auch oft. Es war, als hätte ich unter einem Mikroskop gesessen.

Eine weitere Kontrolltaktik besteht darin, die Partnerin zu beschimpfen und zu beleidigen, um sie zu zwingen, den Kontakt zu Leuten aufzugeben, in deren Gegenwart er sich unbehaglich fühlt. Jackie erzählte mir, daß Mark sich besonders unhöflich gegenüber ihren Freundinnen verhielt.

> Ich ging mit einigen Freundinnen auf eine Konferenz, und er beschuldigte mich, eine latente Lesbierin zu sein! Er

war auf meine Freundinnen so eifersüchtig, daß er mich in aller Öffentlichkeit demütigte. Er nannte meine Freundinnen Heulsusen und Flittchen.

Die meisten Paare haben Freunde beiderlei Geschlechts und unternehmen getrennt voneinander etwas. Sie freuen sich, wenn sie zusammen sind, aber es besteht keine Atmosphäre von erstickender und bedrückender Nähe. In einer misogynistischen Beziehung muß jedoch jede Art von Trennung vermieden werden.

Paula stellte fest, daß ihr Kampf gegen Gerry, um allein Freunde zu haben und etwas zu unternehmen, sie so viel Anstrengung kostete, daß sie einfach aufgab.

Es entwickelte sich so, daß ich irgendwann niemanden mehr außer ihm sah. Wenn ich sagte, ich wolle meine Freundinnen besuchen, reagierte er erstaunt. Warum wollte ich Zeit mit diesen dummen Frauen verbringen, wo er doch so intelligent sei? »Ich habe dir so viel zu bieten, und wir können uns so wunderbar unterhalten«, sagte er dann, oder er erwiderte, heute sei *sein* Abend, und er sei an der Reihe. Ich mußte jedesmal kämpfen, wenn ich jemand anderen sehen wollte. Nach einer Weile gab ich einfach auf.

Viele Frauen lassen sich auf diesen Kompromiß ein, um den Hausfrieden zu wahren. Gelegentlich nachzugeben oder zurückzustecken ist Teil des notwendigen Kompromisses in jeder funktionierenden Beziehung. Aber wenn eine Frau wiederholt ihrem Partner gegenüber nachgibt, so daß ihre Bedürfnisse immer erst an zweiter Stelle stehen, kann sich ihr Selbstwertgefühl nicht behaupten. Viele Frauen geben den Kampf um eigene Aktivitäten und Freunde auf, weil sie sich durch die wichtigeren Kämpfe in der Beziehung zu ausgelaugt fühlen. Es scheint der Mühe nicht wert. Doch dieser Kampf ist wichtig und der Mühe wert, weil es sich um eine der subtileren Methoden handelt, die Frau zu isolieren. Subtil ist sie, weil die Frau sich anfangs geschmeichelt fühlt. Es scheint, als sei der Partner so in sie verliebt, daß er sie mit niemand anderem teilen will. In Wirklichkeit zwingt er sie allmählich dazu, die Menschen und Tätigkeiten aufzugeben, die wichtig für sie sind.

Wenn das Paar zusammen ausgeht, macht der Frauenhasser wieder eine schwere Prüfung daraus. In der Öffentlichkeit verhält er sich vielleicht betriebsam und charmant, doch sobald er mit der Partnerin allein ist, beginnen seine Tiraden über ihre lächerlichen Freunde. Er bezeichnet ihre Freundeswahl als weiteren Beweis für ihre persönliche Unzulänglichkeit. Wenn die Frau schließlich bei jedem gesellschaftlichen Anlaß mit der Kritik und der Wut des Partners konfrontiert wird, findet sie vielleicht bald, daß das Ausgehen mit ihm mehr Unannehmlichkeiten als Freude bringt.

Eine weitere Taktik des Frauenhassers, seine Partnerin zu isolieren, besteht darin, sie ausgiebig in der Öffentlichkeit zu demütigen. Rosalind stellte fest, daß Jim viele der beleidigenden und herabsetzenden Verhaltensweisen, die er ihr gegenüber privat an den Tag legte, auch nach außen trug. Sie erzählte mir:

> Ich begann, Freunde auf Distanz zu halten, weil ich nie wußte, wie er sich verhalten würde. Er beleidigte mich vor allen Leuten und sagte Dinge wie: »Hört doch nicht auf sie. Sie ist dumm.« Er demütigte mich so oft, daß ich es einfach zu schwierig fand, Freunde einzuladen. Ich schämte mich, daß sie sahen, wie ich so etwas einsteckte.

Rosalinds Selbstbewußtsein war von Jims Angriffen, wenn sie allein waren, bereits erschüttert. Wenn er aber ihren Charakter und ihre Intelligenz vor den Freunden beleidigte, wurde sie nicht damit fertig. Wenn sich solche Dinge häufig ereignen, suchen viele Frauen, wie Rosalind, nach Möglichkeiten, nicht mehr als Paar auszugehen.

Einige Frauenhasser beleidigen ihre Partnerinnen, indem sie offen vor ihnen mit anderen Frauen flirten. Dieses Verhalten zielt darauf ab, zu verletzen, zu strafen und zu demütigen. Wenn ein Mann gesellschaftliche Anlässe dazu benutzt, anderen Frauen sexuelle Avancen zu machen, während er seine Partnerin offensichtlich vernachlässigt, drückt er Feindseligkeit aus. Seine Partnerin fürchtet sich bald verständlicherweise davor, überhaupt mit ihm auszugehen.

Kontrolle der Familienkontakte

Wenn für den Frauenhasser die Freunde und außerhäuslichen Aktivitäten seiner Partnerin schon ein Problem darstellen, so wird die Familie als noch größere Bedrohung betrachtet. Vielleicht hat er das Gefühl, ihre starken emotionalen Bindungen an die Familie könnten vielleicht seine Kontrolle über sie untergraben. Nicki stellte fest, daß dies auf ihren Mann, Ed, zutraf.

> Er überprüfte immer die Telefonrechnung, um festzustellen, ob ich meine Familie angerufen hatte. Sie wohnten in einem anderen Staat, und wenn er es herausfand, bekam er einen von seinen Wutanfällen und warf mir alle möglichen schlimmen Dinge vor. Nach einer Weile hatte ich sogar Angst, wenn ich einen Brief von meiner Mutter bekam, weil er vielleicht explodierte.

Nickis Angst vor Eds zunehmend gewalttätigen Ausbrüchen war so groß, daß sie den Kontakt mit ihrer Familie abbrach, anstatt ihn offen auf dieses Thema hin anzusprechen.

Eine andere Weise, auf die der Frauenhasser den Kontakt der Frau zu ihrer Familie erschwert, besteht darin, die Verwandten herabzusetzen, was eine Beleidigung zweiter Hand darstellt. Gerry erinnerte Paula ständig daran, daß ihre Familie und ihre soziale Stellung der seiner Familie unterlegen war. Er sagte,

weil sein Vater ein Professor sei und ihrer ein Elektriker, stamme sie aus der Unterklasse und er nicht. Er hielt es nicht aus, Umgang mit ihrer Familie zu pflegen, weil es »so ungebildete, ignorante Leute« seien. Da er sie in enger Verbindung mit Paula sah, stellte dies eine weitere Methode dar, sie herabzusetzen und zu demütigen.
Fast alle sind wir empfindlich und defensiv, wenn es um unsere Familien geht, ob wir nun engen Kontakt pflegen oder nicht. Genau wie der Frauenhasser die Freundschaften und Aktivitäten seiner Partnerin einengt, macht er den Kontakt mit ihrer Familie schwierig.

Wie die Kinder eingesetzt werden

Manche Frauenhasser betrachten die Kinder als mächtige Rivalen um die Zuneigung der Frau. Es macht keinen Unterschied, ob es sich um Kinder aus einer früheren Beziehung der Frau handelt, um seine Kinder oder gemeinsame. Er ist eifersüchtig auf ihre Beziehung zu den Kindern und lehnt sie ab, ebenso, wie er etwas dagegen hat, daß sie ihre Zeit bei einer Arbeit, mit Freunden oder bei anderen Interessen und Aktivitäten verbringt, von denen er ausgeschlossen ist.
Seine Anmaßung, die Kinder bei seinem Versuch einzusetzen, die totale Kontrolle zu erlangen, beruht auf der Überzeugung, daß er in seinem Haus tun und lassen kann, was er will, ungeachtet, wie sein Verhalten auf andere wirkt.
Wie viele Kinder auch zu der Familie gehören, er sorgt dafür, daß er Kind Nummer eins wird.

Eifersucht auf die Kinder

Paula stellte fest, daß Gerry auf ihre gemeinsamen Kinder vom Augenblick der Geburt an sinnlos eifersüchtig war. Als das erste Kind noch ein Säugling war, warf ihr Gerry vor, wieviel Zeit und Energie sie dafür aufwendete. Später, als sie mehr Kinder hatten, wurden seine eifersüchtigen Wutausbrüche immer häufiger, bis ihm bald der kleinste Anlaß genügte.

> Ich hätte nie gewagt, seinen Lieblingskäse, eine bestimmte Sorte Cracker und seinen Lieblingswein nicht im Haus zu haben, weil dann die Hölle los gewesen wäre. Eines Abends kam er früher nach Hause, und es war kein Käse da. Er begann zu toben. Meine Mutter, die gerade bei uns war, konnte es nicht glauben. Sie sagte: »Gerry, du schreist wegen eines Käses!« Da begann er, mich zu verfluchen: »Diese Hure hat nie etwas im Haus, das ich mag. Alles ist nur für die Kinder. Um nichts anderes kümmert sie sich als diese gottverdammten Kinder. Es ist ihr völlig egal, ob ich müde von der Arbeit komme, wo ich mich für ihre faulen Ärsche krumm schufte, und keinen Käse vorfinde!«

Gerry betrachtete die Kinder nicht als abhängige, hilflose Wesen, die Schutz sowohl von seiner Frau als auch von ihm brauchten, sondern als Rivalen um Paulas Zuwendung. Die Zeit, die Paula mit ihnen verbrachte, wurde als Beweis angesehen, daß sie Gerry nicht genug liebte.
Die traurige Wahrheit aber lautet, daß es nie genug ist. Es gibt niemals genug Liebe, genug Fürsorge, genug Unterstützung für einen Frauenhasser. Er ist ein unersättliches Faß ohne Boden. Nie kann er genug haben. Der Glaube, man könne ihn irgendwann einmal zufriedenstellen oder ihm Sicherheit verleihen, ist eine Phantasie.

Kritik an der Frau als Mutter

Die meisten Frauen sind empfindlich, wenn es um ihre Rolle als Mutter geht. Wenn der Frauenhasser das Gefühl hat, seine Partnerin verrät ihn um der Kinder willen, greift er ihre Fähigkeit als Mutter an. Doch ihre mütterlichen Eigenschaften sind selten das wahre Thema. Die Kinder dienen lediglich als Sündenböcke für seine Wut. Er beutet bloß die *Angst* der Partnerin vor Unfähigkeit auf diesem Gebiet aus, um sie dazu zu zwingen, seine Forderungen zu erfüllen. Jackie erzählte mir, wie Mark ihre beiden Kinder als Auslöser benutzte, um sie anzugreifen:

> Ich lag nach einer Operation krank im Bett, und am Weihnachtsmorgen wurden die Kinder früh wach und rannten nach unten, um ihre Geschenke auszupacken. Es war das erste Weihnachten, das Mark bei uns verbrachte, und er begann eine Tirade, die den ganzen Tag andauerte. Er brüllte, wie egoistisch sie seien, wie gierig, daß sie an niemanden dächten als an sich selbst. Wohlgemerkt, er sprach über Kinder, die acht und zehn waren! Sie hätten Weihnachten für ihn verdorben, schrie er. Er wollte nicht nach oben kommen, um mich zu sehen, der würde erst wieder mit mir reden, wenn ich gelernt hätte, wie man diese verdammten Bälger erzieht. Was für eine Mutter ich nur sei, daß ich zwei solche Tiere ohne Manieren großgezogen hätte. Sie hätten keine Disziplin, wären unkontrollierbar. Er brüllte mich immer weiter von unten herauf an. Uns allen hat er den Weihnachtstag verdorben, doch am Ende habe ich mich bei ihm entschuldigt, wie immer.

Mark hatte herausgefunden, daß Jackie immer sofort kapitulierte, wenn er ihre Kinder angriff. Wenn sie sich entschuldigte, versuchte sie zu verhindern, daß seine Wut sich gegen die Kinder richtete. Sie dachte, sie würde die Kinder vor seinen Ausbrüchen schützen, doch sie erteilte ihm vielmehr die Erlaubnis, sie in seinem Krieg gegen ihre Mutter einzusetzen. Indem sie nachgab und sich entschuldigte, belohnte sie ihn noch für seine Ausbrüche. Sie lenkte die Wut nicht von den Kindern ab, sondern beschwor sie geradezu herauf.

Dreiecksverhältnisse

Wenn eine Frau die Konflikte mit dem Ehemann nicht lösen kann, versichert sie sich manchmal der Sympathie der Kinder und benutzt sie als Vertraute und Verbündete. Auf diese Weise werden Kinder direkt in den Krieg zwischen den Eltern hineingezogen.

Nachdem mir Jackie über Mark und die Kinder erzählt hatte, erinnerte sie sich, wie überfordert sie sich durch die Geständnisse ihrer eigenen Mutter gefühlt hatte, als sie noch klein war:

> Meine Mutter hat sich immer bei mir über meinen Vater beklagt. Sie erzählte mir, daß sie ihn eigentlich nicht liebte, und ich geriet in Panik, weil ich dachte, die Familie sei irgendwie bedroht. Wenn sie ihn nicht liebte, was bedeutete das für mein Leben? Ich machte mir Sorgen, daß sich alles plötzlich verändern könnte. Ich wollte gar nicht wissen, daß sie ihn nicht liebte, weil ich dann Partei ergreifen mußte. Meine Loyalität war plötzlich gespalten. So grausam er war, tat er mir jetzt leid. Ich hatte Träume, wie ich ihn rettete. Ich malte mir alle möglichen Phantasien aus, wie ich meine Mutter bewegen könnte, ihn wieder zu lieben, damit wir alle glücklich zusammenbleiben könnten. Dann wäre ich in Sicherheit.

Jackie wurde mit dem Geheimnis belastet, was ihre Mutter für ihren Vater fühlte. So wurde sie Teil eines ungesunden Dreiecks, das ihr Gefühl von Sicherheit bedrohte. Sie wurde in eine Erwachsenenverschwörung verstrickt. Eine solche Situation erzeugt Spannung und Schuldgefühle bei einem kleinen Kind. Außerdem schadet es den Beziehungen zu beiden Elternteilen.

Auch Väter verwickeln Kinder zuweilen in ein ungesundes Dreiecksspiel. Mancher Frauenhasser versucht, die Kinder gegen die Mutter einzunehmen, indem er ihnen erzählt, wie unfähig, egoistisch und lieblos sie sei. Er zieht sie als Verbündete hinzu, um die Mutter herabzusetzen, wie Paulas älteste Tochter berichtete:

> Eines Tages fuhren Mama und ich die Auffahrt hoch, wo Papa den Rasen sprengte. Er richtete den Schlauch im Spaß auf den Wagen und fing an zu lachen. Wir hatten einen langen Tag mit Besorgungen hinter uns und waren beide erschöpft. Wir kurbelten also die Fenster hoch, damit wir nicht naß wurden. Da begann er zu schreien. Er sagte, sie sei die häßlichste, schmutzigste Hure, die er jemals gesehen habe. Er sagte zu mir: »Deine Mutter sieht aus wie eine Achtzigjährige. Sieh sie dir nur an. Was für eine Sau!« Es war mir so peinlich, denn er schrie immer weiter, so daß alle Nachbarn ihn hören konnten. Er sagte, wie froh er sei, ein paar Tage fortzufahren, damit er nicht ihr häßliches Gesicht sehen müsse, und so weiter. Er versuchte, mich auf seine Seite zu ziehen, aber ich sprang einfach aus dem Wagen und rannte ins Haus.

Gerry hatte, wie viele Frauenhasser, Spaß daran, seine Frau vor den Kindern lächerlich zu machen. Das versetzt ein Kind in eine schreckliche, ausweglose Situation. Wie immer es reagiert, es wird eine der beiden wichtigsten Personen in seinem Leben verraten.

Physische Brutalität

Unglücklicherweise kann nicht verhindert werden, daß manche Frauenhasser ihre Kinder körperlich brutal behandeln. Kinder tragen vermutlich von einem gelegentlichen Klaps auf den Po keinen Schaden davon, wenngleich ich persönlich jede körperliche Strafe ablehne. Doch fortgesetzte Strafen, die mit körperlichen Schmerzen verbunden sind, sowie emotionaler Terror wirken *immer* schädigend. So hält der Tyrann die Kontrolle über die gesamte Familie aufrecht.

In den letzten zehn Jahren habe ich mich auf die Arbeit mit Erwachsenen spezialisiert, die als Kinder Opfer von Mißhandlungen in irgendeiner Form waren. Ich habe festgestellt, daß kein anderes Ereignis im Leben das Selbstbewußtsein so beeinträchtigt oder größere emotionale Schwierigkeiten im Erwachsenenleben fördert.

Als ich zuerst auf diesem Gebiet arbeitete, fand ich zu meinem Erstaunen heraus, daß Menschen, die von ihren Vätern oder Vaterfiguren körperlich mißhandelt worden waren, zwar wütend auf diese waren, aber weitaus wütender auf die Mütter, weil sie sie nicht geschützt hatten und zuließen, daß die Mißhandlungen fortgesetzt wurden. Sie betrachteten sich selbst als Opferlämmer und die Mutter als passiv, schwach und nicht bereit, sich für die Kinder gegen den Mann durchzusetzen.

Viele Frauen in dieser Situation trösten sich mit dem Satz: »Ich habe doch nichts getan; wie kann ich da schuldig sein?« Wenn eine Frau aber danebensteht oder den Blick bewußt abwendet, wenn ihre Kinder mißhandelt werden, wird sie zum schweigenden Mittäter bei dieser Handlung. Ihre Kinder betrachten sie als Komplizen des Verbrechens, das an ihnen begangen wird. Und jede körperliche Gewalt gegenüber Kindern ist ein Verbrechen.

Die Wirkung auf die Kinder

Kinder in misogynistischen Familien erleben eine Unmenge an schrecklicher Wut, Spannung und Frustration. Wenn sie sehen, wie ihre Mutter entweder seelisch oder körperlich zum Opfer gemacht wird, werden sie ängstlich und wütend. Unglücklicherweise haben sie für ihr Wut nicht mehr Ausdrucksmöglichkeiten als die Mütter selbst.

Typischerweise drücken solche Kinder ihre Gefühle defensiv aus: psychosomatische Beschwerden, Schulschwierigkeiten und Depressionen. Jüngere Kinder reagieren häufig mit Bettnässen und Alpträumen. Ein älteres Kind wird seine Gefühle vielleicht los, indem es sich mit Altersgenossen prügelt, durch wahllose sexuelle Aktivität, Mißbrauch von Drogen oder Alkohol oder durch anderes antisoziales Verhalten. Wenn das Kind zudem Opfer von körperlicher und/oder sexueller Mißhandlung wird, zeigen sich die Angstsymptome noch deutlicher.

Kinder in einer misogynistischen Ehe bekommen eine Menge an Schuldvorwürfen und Angriffen unter Erwachsenen mit. Sie erfahren niemals, daß sich Erwachsene mitfühlend oder respektvoll behandeln. Daher werden diese Kinder später in ihren eigenen Beziehungen vermutlich das gleiche Familiendrama inszenieren.

Die Kontrolle des Frauenhassers über seine Partnerin breitet sich aus wie die Wurzeln einer Pflanze. Sie verzweigt sich in viele Bereiche ihres Lebens. Ihre Arbeit, ihre Interessen, ihre Freunde, ihre Kinder und selbst ihre Gedanken und Gefühle können von seiner Kontrolle betroffen werden. Ihr Selbstbewußtsein und ihr Selbstwertgefühl nehmen vielleicht solchen Schaden, daß sich ihre Gefühle sich selbst gegenüber und ihr Verhalten gegenüber der Welt drastisch verändern. Doch trotz solcher bedeutsamen Einschnitte bestehen viele Frauen weiterhin darauf, ihre Beziehung sei in Ordnung. Im nächsten Kapitel untersuchen wir die starken emotionalen Fesseln, die dieses paradoxe Überzeugung möglich machen.

5. Was hält die Frauen so gebunden?

Wann immer mir eine Klientin berichtet, ihr Partner mißhandele sie, frage ich: »Warum lassen Sie sich das gefallen?« Und oft lautet die Antwort: »Weil ich ihn liebe« oder: »Weil ich Angst habe, ihn zu verlassen.« Einige fragen schlicht zurück: »Was denn?« und verraten damit, daß sie keinen Zusammenhang zwischen ihrem Unglücklichsein und dem Verhalten des Partners sehen. Jackie sagte zum Beispiel nach zehnjähriger Ehe: »Ich weiß, er brüllt mich manchmal an, aber eigentlich sind wir immer noch verrückt aufeinander.« All diese Antworten deuten auf eines hin: Die Frau ist abhängig von dieser Beziehung, in der sie mißhandelt wird.

Eine Beziehung mit einem Frauenhasser ist sehr intensiv und verwirrend. Es sind viele starke emotionale Kräfte am Werk, die es der Frau erschweren, klar zu erkennen, was eigentlich geschieht. Wenn wir allerdings erst herausfinden, um was für Kräfte es sich handelt und wie sie die Frau binden, werden die Gründe, warum sie die schlechte Behandlung durch den Partner toleriert, verständlicher.

Das Band der Liebe

Jackie verniedlichte Marks Ausbrüche, weil ihre Beziehung ansonsten immer noch zufriedenstellend für sie war. Sie schliefen immer noch miteinander, konnten zusammen lachen, waren vertraulich miteinander und fühlten sich einander nahe. Ihre

Gefühle für Mark waren die intensivsten, die sie je kennengelernt hatte.
Doch die guten Gefühle, wie stark auch immer, sind nur eine Seite der Medaille. Die dunkle Seite einer misogynistischen Beziehung besteht darin, daß eine Frau ziemlich viel Unangenehmes aushalten muß, um schöne Phasen zu erleben. Jede Frau, die in einer emotional schädigenden Beziehung steckt, aber aufgrund ihrer starken Gefühle aushält, ist von der Liebesbeziehung abhängig geworden.

Das Band von Liebe und Abhängigkeit

Liebe kann ebenso zur Sucht werden wie Alkohol, Drogen, Spielen oder Essen. Es besteht ein zwanghaftes, getriebenes Bedürfnis nach der anderen Person. Eine Frau in einer liebessüchtigen Beziehung erlebt intensiven Schmerz und leidet, wenn ihr der Partner versagt wird. Sie hat das Gefühl, ohne ihn nicht leben zu können. Eine solche Beziehung ruft ein »High« hervor, dem nichts anderes gleichkommt – und um diese Highs zu bekommen, duldet sie es, schlecht behandelt zu werden.
Eine derartige Sucht macht die Frau total abhängig vom Partner. Je stärker sie ihn als primäre Quelle ihrer positiven Gefühle betrachtet, um so mehr braucht sie ihn als Mittelpunkt ihres Lebens. Rufen wir uns ins Gedächtnis, daß seine Eifersucht und sein Besitzenwollen ihre Welt bereits ernsthaft eingeschränkt haben, was seine Bedeutung für sie noch größer macht. Es ist ein Teufelskreis. Je abhängiger sie wird, um so wichtiger wird er. Je wichtiger er ist, um so mehr ist sie bereit, für ihn aufzugeben, und somit gibt es weniger in ihrem Leben, das nichts mit ihm zu tun hat. Das hält sie fest gebunden.

Das Paradox der starken Frau

Viele Frauen, die von ihren misogynistischen Partnern emotional abhängig sind, wirken in anderen Bereichen des Lebens extrem unabhängig. Als ich Rosalind nahelegte, sie sei von Jim viel zu abhängig, wurde sie sehr wütend auf mich. »Ich bin nicht abhängig«, antwortete sie. »Ich habe zwei Läden und verdiene sämtliches Geld zu Hause. Ich ernähre ihn und unsere drei Kinder.« Aber Rosalind war dennoch von Jim abhängig – von seinen Launen hing ab, daß sie sich gut fühlte. Wenn er wütend auf sie war, löschte er all ihre Gefühle von Kompetenz und Tüchtigkeit aus.
Diese Art Abhängigkeit bringt die Frau zu der Überzeugung, daß sie ohne die Liebe des Partners emotional nicht überleben würde. Ihr Selbstwertgefühl ist an seine Einschätzung gebunden, was immer sie sonst im Leben auch erreicht hat. Laura stellt ein gutes Beispiel für dieses Paradox dar:

> Es war schon unglaublich, wie unterschiedlich ich mich bei der Arbeit und zu Hause fühlte. Bei der Arbeit respektierten mich die Leute, und ich war mir meiner Intelligenz und Fähigkeiten sehr sicher. Doch sobald ich durch unsere Haustür trat, brach alles zusammen. Plötzlich konnte ich nichts richtig machen. Bob legte immer gleich los, was ich alles falsch gemacht hätte, wie unfähig und dumm ich sei. Ich bekam allmählich furchtbare Angst, durch diese Tür zu gehen. Ich suchte immer häufiger nach Ausreden, um länger bei der Arbeit bleiben zu können.

Eine Frau wird gegenüber Mißhandlungen zu Hause empfänglich, wie gut sie außerhalb auch zurechtkommt, weil sie glaubt, die Liebe des Partners sei das Wichtigste in ihrem Leben. Die Verlockungen von Erfolg, Geld, Status und Prestige verblassen im Vergleich zu diesem Bedürfnis. Außerdem treten unsere wahre Natur und unsere Schwächen allgemein nur in einer intimen Beziehung offen zutage. Die Masken, die wir vor der Außenwelt tragen, haben vielleicht nur wenig mit dem zu tun, wie wir uns selbst sehen, wie wir behandelt werden wollen und was wir von unserem Partner akzeptieren.

Süchtige Liebe und Mißhandlungen

Die meisten Menschen erwarten, daß sich eine Frau von ihrem Partner trennt, wenn sie von ihm mißhandelt wurde. In einer misogynistischen Beziehung geschieht jedoch genau das Gegenteils. *Nichts bindet eine Frau stärker und abhängiger an einen Frauenhasser als sein Schwanken zwischen Liebe und Mißhandlung.*

Viele von uns haben schon einmal vor einem Glücksspielautomaten gestanden. Erinnern Sie sich, wie schwer es war, aufzuhören? Einer der Gründe dafür ist die Überzeugung, daß man jeden Moment alles zurückgewinnen wird. Diese Antizipation erzeugt Spannung und Erregung. Gelegentlich gewinnt man auch, unterschiedlich viel, doch es geschieht oft genug, um die Hoffnung aufrechtzuerhalten. Die gleiche Wirkung wird durch das Auf und Ab in einer misogynistischen Beziehung erreicht. Manchmal ist er nett, und manchmal ist er schrecklich. Das Nichtwissen, wann man Liebe bekommt und wann schlechte Behandlung, hält eine Frau gebunden und bringt sie aus dem Gleichgewicht.

Ich möchte noch einmal wiederholen, was ich schon in der Einführung sagte: Ich rede hier nicht über weiblichen Masochismus. Jedes Mal, wenn es um Liebe und Leid geht, wie in diesen Beziehungen, erhebt sich die Frage: »Findet sie nicht doch Gefallen daran? Ist es nicht eigentlich genauso, wie sie gern leben will?« Die Antwort lautet: *Nein.* Es gibt unzählige Beweise, daß die Frau nach Wegen sucht, ihren Mann liebevoller und freundlicher zu stimmen. Masochismus wird als Zustand definiert, in dem eine Person Lust an Schmerzen empfindet. Frauen, die von einer misogynistischen Beziehung abhängig sind, versuchen hingegen panisch, Schmerzen zu vermeiden.

Die Suche nach dem Zaubermittel

Das Auf und Ab des Frauenhassers erzeugt bei seiner Partnerin die Meinung, es sei *ihre* Aufgabe, alles recht zu machen. Ohne es zu merken, hat sie begonnen, um Liebe und Zuneigung des Partners zu feilschen. Nicki, die Polizistin, erzählte mir:

> Manchmal habe ich das Gefühl, ich kann vorhersagen, wie er mich behandeln wird, wenn ich mich so verhalte, wie er mich will, und tue, was er mir sagt.

Nicki hatte sich auf die Suche nach dem Zaubermittel gemacht: Die richtige Verhaltensweise, so daß Ed ständig liebevoll zu ihr sein würde. Sie glaubte, wenn sie allem zustimmte, was er wollte, würde sie ihn bei guter Laune halten und die schlechten Phasen vermeiden. Ed unterstützte, wie alle Frauenhasser, diese Überzeugung: Er erinnerte sie oft daran, daß er immer nett zu ihr wäre, wenn sie nur dieses tun oder jenes lassen würde.
Doch unglückseligerweise gibt es kein Zaubermittel. Die Wutausbrüche wie auch die Zärtlichkeitsphasen des Frauenhassers haben im allgemeinen nur wenig damit zu tun, wie sich die Partnerin verhält. Er wird von seinen eigenen inneren Dämonen getrieben. (Dies untersuchen wir ausführlicher in Kapitel 6.) Daher gibt es keine Möglichkeit, seine gute Laune zu garantieren oder seine schlechten Phasen zu vermeiden.
Nancy erzählte mir:

> Ich saß oft im Schlafzimmer und probte, wie ich ihm etwas beibringen wollte, damit er nicht wieder verrückt spielte. Ich übte den gleichen Satz in zehn, zwölf verschiedenen Versionen, bis ich überzeugt war, ich hätte genau die Art getroffen, über die er sich nicht aufregen würde.

Nancy stellte allerdings fest, daß es keine Rolle spielte, wie sie Jeff etwas mitteilte; es war ebenso wahrscheinlich, daß er wütend wurde, wie, daß er sie küßte.

Auch Paula glaubte an ein Zaubermittel und war bereit, ihre Würde bei dem Versuch aufs Spiel zu setzen, den Mann liebevoller zu stimmen:

> Gerry sagte zu mir: »Wenn du mich nur ab und zu ein wenig bittest und weinst, brülle ich dich nicht mehr an.« Ich habe es wirklich versucht, zu betteln und zu flennen, aber das klappte auch nicht.

Wenn eine Frau glaubt, daß es ein Zaubermittel gibt, wird sie vermutlich sämtliche Energie in die vergebliche Aufgabe stekken, es zu finden. Während dieses Prozesses gibt sie ihr Recht auf gute Behandlung auf. Sie verliert ihre Fähigkeit, in ihrem eigenen besten Interesse zu handeln, sicher zu sein und auf ihre Entscheidung zu vertrauen, weil ihr emotionales Wohlbefinden an die quecksilbrigen Launen ihres Partners gebunden ist.

Das Band der Hoffnung

Jede Frau in einer misogynistischen Beziehung hofft fiebrig, daß *etwas passiert und er sich verändert.* Es gibt die Phantasie, daß er sie in den Arm nimmt: »Ich weiß, ich habe dich schrecklich behandelt. Bitte verzeih mir. Ich liebe dich und werde dich nie wieder anschreien. Von jetzt an wird alles anders.« Die Frau nimmt den schmalsten Silberstreifen am Horizont zum Anlaß, um diese Hoffnung zu nähren.

Laura erinnerte sich an derartige Gefühle nach dem Kampf mit Bob am Abend vor der Hochzeit:

> Er rief mich um sechs Uhr am nächsten Morgen an und entschuldigte sich. Er sagte, er stünde unter Streß, und es würde nie wieder geschehen. Er sagte, wie sehr er mich liebe und brauche, wie bekümmert er sei, sich so benom-

men zu haben, daß er einen Fehler gemacht habe. Er entschuldigte sich so nett und war so liebevoll und wunderbar, daß ich einfach dahinschmolz. Ich war überzeugt, daß das Schlimmste nun vorbei sei und von jetzt an alles zwischen uns gut und schön würde.

Im Verlauf ihrer Ehe ließ dieses Verhaltensmuster von Streit und Versöhnung Lauras Hoffnungen immer wieder aufflammen. Bobs Ausbrüchen folgten gewöhnlich Entschuldigungen, Blumen und Tränen. Das war für Laura nicht nur ungeheuer aufregend, sondern sie erlebte es auch als Beweis, daß sich Bob wirklich veränderte. Natürlich dauerten diese Veränderungen nie lange an.

Derartige Entschuldigungen stellen ein mächtiges Band dar: Sie nähren die Hoffnung, daß in Zukunft alles anders sein wird. Doch die Hoffnung muß auf etwas gerichtet werden, wo sie wirksam sein kann. Es ist vergeblich, darauf zu vertrauen, daß ein Frauenhasser sich ändern wird (siehe Teil II, wie man lernt, seine Hoffnungen umzuleiten von *seiner* Veränderung zur Veränderung der *Beziehung*).

Die Hoffnung, er würde sich verändern, die Suche nach dem Zaubermittel und die Intensität ihrer Liebe vereint versetzen die Frau in eine sehr verwundbare Position. Weil sie seine Beleidigungen, Demütigungen und Angsttaktiken akzeptierte, hat er eine ungeheure Macht über sie gewonnen: Er kann nun ihr Verhalten und ihre Gefühle kontrollieren, indem er einfach die Laune wechselt. Das kann für sie eine sehr unangenehme Position sein.

Das Band der Angst

Angst in einer intimen Beziehung operiert auf verschiedenen Ebenen. Auf einer Ebene handelt es sich um die *Überlebensangst* – die Furcht, es allein finanziell nicht zu schaffen, Angst vor Armut, Angst, allein finanziell und emotional für die Kinder verantwortlich zu sein –, die Frauen davor zurückschrecken läßt, die schlechte Beziehung aufzugeben. (Siehe in Kapitel 15 die Diskussion dieser Ängste und wie man mit ihnen umgehen lernt.) Doch Angst besteht in einer misogynistischen Beziehung schon lange, ehe die Frau ans Fortgehen denkt. Die Angst resultiert einfach aus der Interaktion zwischen der Frau und ihrem Partner.

Angst vor seiner Behandlung

Wenn der Frauenhasser seine Partnerin anschreit, versteht sie das so, daß sie in diesem Moment seine Liebe verloren hat. Wenn er ihr seine Liebe entzieht, glaubt sie, ihre Welt zerfalle in Scherben, weil ihr emotionales Wohlbefinden von seiner Liebe und seinem Lob abhängig ist. Rosalind beschrieb es so:

> Wenn Jim schlechte Laune hat und sich von mir zurückzieht, wird zuerst mein Bauch, dann mein ganzer Körper heiß. Meine Haut spannt sich und juckt, und meine Knie werden weich. Ich habe das Gefühl, ich kann nicht einmal mehr allein gehen. Mir wird übel. Ich zittere, mein Kopf hämmert, und mein Herz rast. Es ist das Schlimmste, das ich je erlebt habe. Es ist der nackte Terror.

Derart eingreifende Angstgefühle sind bei Frauen in misogynistischen Beziehungen nicht ungewöhnlich. Körperliches und emotionales Unbehagen als Resultat dessen, daß man den Un-

willen des Frauenhassers hervorgerufen hat, kann so schlimm ausfallen, daß die Frau praktisch alles tut, um es zu vermeiden, unter anderem toleriert sie daher das unsinnige Verhalten des Frauenhassers.
Es ist wichtig, im Auge zu behalten, daß der Partner ihr Leiden immer als ihren eigenen Fehler betrachtet, wie schlimm sich die Frau auch fühlen mag. Sie darf niemals »Au!« sagen, wenn ihr etwas wehtut, besonders dann nicht, wenn der Schmerz ein Resultat seines Verhaltens ist.

Die Angst vor dem, was er tun könnte

Verbunden mit der Angst der Frau, die Liebe des Partners zu verlieren oder emotional verletzt zu werden, ist die Furcht, was er tun *könnte,* wenn sie ihn wirklich aus der Fassung bringt. Frauenhasser können sehr furchterregend wirken, wenn sie wütend sind, und es besteht immer die Angst, daß ihre Wut in körperliche Mißhandlungen eskalieren kann, auch wenn sie zuvor ihre Partnerinnen nie geschlagen haben. Lorraine beschrieb, wie es Nate gelang, sie einzuschüchtern und in ständiger Angst zu halten:

> Nates Gesicht wurde tiefrot, die Halsadern schwollen an, und sein Ausdruck verzerrte sich. Immer zerbrach er etwas, wenn er brüllte. Ich hatte schreckliche Angst vor ihm.

Nate hat Lorraine nie wirklich geschlagen, aber sein Temperament war so cholerisch, daß die Luft zwischen ihnen immer mit potentieller Gewalt aufgeladen war.
Zu der Drohung, den Partner körperlich zu mißhandeln, tritt manchmal diejenige, den Kindern oder sich selbst etwas anzutun. Vielleicht droht er, allen den Geldhahn zuzusperren oder sich jemand anderen zu suchen und seine Partnerin zu verlassen, wenn sie nicht tut, was er verlangt. Je mehr die Frau diesen

Drohungen und Einschüchterungen nachgibt, um so weniger Macht hat sie in einer Beziehung. Wenn sie sich erst einmal hilflos fühlt, werden ihre Ängste allmählich immer bedrohlicher.
Manche Frauen beginnen sehr komplexe psychologische Manöver, um zu vermeiden, in diesem Zustand schmerzhafter, intensiver Angst zu leben. Da das emotionale Wohlbefinden der Frau auf der guten Laune des Partners basiert, kann sie es sich nicht leisten, ihn grausam und unvernünftig zu erleben. Sie muß ihn als liebevoll empfinden. Dazu muß sie ihre Meinungen über sich selbst verändern sowie ihre Wahrnehmung von ihm, so daß sie keinen Fehler in der Beziehung erkennen kann. Der nächste Schritt – und das ist der gefährlichste – besteht darin, *sich selbst davon zu überzeugen, daß sie seine schlechte Behandlung verdient.*

Das Band des Einverständnisses – die Kollusion

Die Bande der Liebe und der Angst wirken zwar als starke psychologische Fesseln, doch eine Frau hat vielleicht ihre Fähigkeit bewahrt, deutlich zu erkennen, was mit ihr geschieht. Die Bemerkung: »Ich weiß, er behandelt mich gemein, aber ich liebe ihn«, zeigt, daß sie die Realität nicht verzerrt. Sie erkennt, wie schlimm ihr Partner sich verhält, akzeptiert es aber als unangenehme Bedingung seiner Liebe. Auf ähnliche Weise weiß die Frau, die sagt: »Ich finde mich mit seinem schlechten Benehmen ab, weil ich Angst vor ihm habe«, daß sie mißhandelt wird; sie wird aber von ihren Ängsten gelähmt.
Unglücklicherweise kennt der Frauenhasser andere Taktiken, um seine Partnerin zu binden, und ein Band besteht darin, daß er sie davon überzeugt, sie sei schuld an allem, was bei ihnen schiefgeht.
Wenn sie diese Version von der Beziehung einmal akzeptiert

hat – daß er »gut« ist und sie »schlecht«, er »recht« hat und sie nicht, daß ihre Unzulänglichkeiten der Grund für seine Ausfälle sind und er sich nur so verhält, um ihr zu helfen, ein besserer Mensch zu werden – dann ist sie in die gefährliche Grauzone der verzerrten Wahrnehmung getreten. Wenn sie seine Version von der Realität akzeptiert, muß sie ihre aufgeben. Jetzt wird Alice im Wunderland gespielt. Sie weiß vielleicht immer noch, daß sie mißhandelt wird, aber sie erfindet »gute Gründe«, um es zu rationalisieren. Dieser Übergang ist um so destruktiver für sie, da sie nun begonnen hat, *ihm zu helfen, sie selbst zu mißhandeln.* Sie gibt ihren gesunden Menschenverstand auf, hilft ihm bei ihrer eigenen Verfolgung und findet auch noch Erklärungen, um sein Verhalten zu rechtfertigen. Ich nenne diesen Prozeß *Kollusion* (einverständliches Verhalten zur Verschleierung einer Tat, A. d. Ü.). Die Kollusion verstärkt und bekräftigt alle anderen Bande.

»Er ist gut, und ich bin schlecht«

Eine Frau, die in meiner Radiosendung anrief, begann mit den Worten: »Ich möchte etwas gegen meine Eifersucht unternehmen.« Als ich sie befragte, stellte sich heraus, daß ihr Mann, der sie der Eifersucht bezichtigt hatte, sie auf Partys immer vernachlässigte. Er flirtete mit jeder Frau und benahm sich, als sei er nicht verheiratet. »Etwas gegen Ihre Eifersucht unternehmen?« fragte ich sie. »Warum nicht gegen sein unmögliches Verhalten?« Sie versicherte mir, was er täte, sei recht; *sie* habe das Problem. Er hatte ihr eingeredet, wenn sie nicht mehr so eifersüchtig und besitzergreifend wäre, würde alles anders sein. Sie wußte, daß ihr sein Verhalten nicht gefiel, aber um ihm einen Sinn zu verleihen, mußte sie sich selbst als den Bösewicht darstellen. Sie nahm die Schuld an dem schlechten Benehmen ihres Partners auf sich. In Wirklichkeit hatte sie jeden Grund, eifersüchtig zu sein und ihn daraufhin anzusprechen. Er behandelte sie in der Öffentlichkeit demütigend und beleidigend.

Aber sie hatte schon vor langer Zeit die Rolle der »Bösen« in ihrer Ehe angenommen. Aus vergangener Erfahrung hatte sie gelernt, daß es *ihre* Schuld war, wenn sie sich miserabel fühlte. Keine andere Schlußfolgerung wurde zugelassen. Wie viele Frauen in einer misogynistischen Beziehung fand sie es leichter, sich selbst die Schuld zu geben, als den Partner anders als liebevoll zu sehen.

»Er macht das nur, damit ich ein besserer Mensch werde«

Wenn eine Frau ihren Partner verteidigt, indem sie behauptet, er brächte ihr bei, ein besserer Mensch zu werden, indem er sie anbrüllt, sie ständig kritisiert und beschimpft, rationalisiert sie. Jackie tappte mehr als einmal in diese Falle von Mark:

> Er sollte eine größere Summe für einen Vertrag bekommen, den er abgeschlossen hatte, aber wie so oft, schaffte er es einfach nicht, es schriftlich niederzulegen. Anstatt der zehntausend Dollar, die verabredet gewesen waren, zahlte ihm sein Partner ein Wochenende für uns beide in irgendeinem zwielichtigen Badeort. Als man uns die Zimmer zeigte, wurde mir schlecht. Ich sagte, es sei furchtbar, und daß dieser Bursche Mark reingelegt hätte. Mark drehte sich um und sah mich an, als sei ich gerade erst aus dem Urwald gekommen. Dann hielt er einen Vortrag, wie undankbar, gierig und anspruchsvoll ich sei. Er sagte, ich hätte überhaupt kein Vertrauen in Menschen, es mangele mir an einer geistigen Basis, und wenn ich nur lernte, weniger materialistisch zu sein, würde aus mir noch mal ein anständiger Mensch. Als er fertig war, hatte er mich überzeugt. Ich war eine schreckliche Person und ohne Geist. Ich war zudem sicher, nur Mark könne mir zeigen, wie man ein guter Mensch werden könne, auf den er stolz sein konnte.

Der Frauenhasser kann es vermeiden, die Verantwortung für sein beleidigendes Verhalten zu übernehmen, indem er ein Ideal aufstellt, wie seine Partnerin sein soll. In Jackies Ehe ging es immer wieder um ihre Charaktermängel. Mark hatte sich zum obersten Richter über ihr Verhalten aufgeschwungen. Für Jackie war das sehr destruktiv, weil sie seine negative Meinung über sie zu glauben begann. Danach lag es an ihr, sich so zu verändern, daß sie seinen Ansprüchen genügte. Nachdem Mark Jackie erst angegriffen hatte, ging es nicht mehr um sein schlechtes geschäftliches Urteilsvermögen.
Bemerkungen wie: »Ich versuche, mich zu bessern«, »Er hilft mir nur, damit ich mich besser benehmen kann«, »Er versucht, mich auf meine Fehler aufmerksam zu machen«, und »Ich versuche, seinen Ansprüchen zu genügen«, verraten, daß die Angriffe des Partners die Wahrnehmung der Frau verzerrt haben. Sie verteidigt nicht nur sein schlimmes Verhalten, sondern gibt sich selbst zudem die Schuld dafür.

Das Stockholm-Syndrom

Menschen, die einem eigentlich Schaden zufügen, gute Eigenschaften zuzuschreiben, bleibt nicht auf misogynistische Beziehungen begrenzt. Soziologen haben dieses Verhalten zum ersten Mal nach einem Banküberfall in Schweden analysiert und danach das Stockholm-Syndrom genannt. Anstatt die Männer zu hassen, von denen sie als Geiseln festgehalten wurden, begannen die Gefangenen, sie zu verteidigen. Sie projizierten positive Motive auf ihre Wächter, um in einer feindseligen lebensbedrohlichen Situation Sicherheit zu finden. Einige der Geiseln legten eine Mischung aus Liebe und Mitleid gegenüber den Bankräubern an den Tag. Dieses Phänomen wird mit dem Ansteigen des internationalen Terrorismus häufiger beobachtet und diskutiert.

Ich bin überzeugt, daß für viele Frauen in misogynistischen Beziehungen das Stockholm-Syndrom in Kraft tritt.
Es zeigt sich meistens dann, wenn Eifersucht und Besitzgier im Spiel sind. Es ist, als ob der Mann über die Freiheit der Partnerin verfügt und sie in kleinen Stückchen austeilt, wie er es gerade als angemessen betrachtet. Bestimmt traf dies auf Carol zu, die zu mir kam, nachdem sie mit ihrem Mann Ben bei einem Eheberatungs-Wochenendseminar gewesen war und gemerkt hatte, daß sie nach siebenundzwanzigjähriger Partnerschaft Probleme hatte. Carol sprach über Ben wie über einen gutmütigen Gefängniswärter:

> Ich wollte so gern diesen Ikebana-Kurs besuchen. Das wollte ich schon immer machen, aber er läßt mich nicht, weil er es nicht ertragen kann, mich nicht um sich zu haben. Letztes Mal, als ich einen Kurs besuchen wollte, hatte ich beschlossen, es einfach zu tun, was immer er auch sagen würde. Doch da wurde er wütend und nahm mir die Autoschlüssel ab. Aber ich sollte mich vielleicht nicht beklagen. Er verhält sich nur so, weil er mich so sehr liebt.

Carol hatte unbewußt begonnen, sich mit ihrem sie unterdrükkenden Mann zu identifizieren. Sie verteidigte nicht nur sein sinnloses Besitzenwollen, sondern deutet seine Kontrolle auch noch um als »liebevolles« Verhalten.
Von all den unwirksamen Maßnahmen, die eine Frau bewußt oder unbewußt ergreift, um die Partnerschaft weniger unangenehm für sie zu gestalten, ist die *Kollusion* wohl die subtilste und destruktivste. Wenn eine Frau sich erst einmal mit dem Partner einverständlich erklärt, *muß* sie aus dem Auge verlieren, was sich wirklich zwischen ihnen abspielt. Wenn sie die Realität verzerrt, damit diese den Ansichten ihres Partners entspricht, dann ist ihre Wahrnehmungsfähigkeit vermutlich stark eingeschränkt.

6. Wie Männer lernen Frauen zu hassen

Bislang habe ich meiner Meinung über den Frauenhasser nachdrücklich Ausdruck verliehen. Ich habe ihn unsensibel, beleidigend, inakzeptabel und grausam genannt. Das alles trifft zu – doch nun ist es an der Zeit, daß wir ihn vollständiger beschreiben. Wenn wir die Kräfte genauer betrachten, die den Frauenhasser bewegen, werden wir feststellen, daß ein Gutteil seines beleidigenden Verhaltens nur ein Deckmantel für seine ungeheure Angst vor Frauen ist. Er steckt in dem Konflikt zwischen seiner Sehnsucht nach der Liebe der Frau und seinen tiefsitzenden Ängsten vor ihr.

Dieser Typ Mann braucht es, wie wir alle, sich emotional aufgehoben zu fühlen, geliebt zu werden und Sicherheit zu spüren. Als Erwachsene befriedigen wir diese Sehnsucht durch körperliche Nähe, emotionale Teilnahme und in elterlicher Fürsorge. Der Frauenhasser findet diese Bedürfnisse jedoch sehr beängstigend. Sein normales Bedürfnis, einer Frau nahe zu sein, vermischt sich mit der Furcht, daß sie ihn emotional vernichten kann. In ihm steckt die verborgene Überzeugung, daß eine geliebte Frau die Macht hat, ihn zu verletzen, zu berauben, zu verschlingen und zu verlassen. Wenn er sie erst mit diesen ehrfurchtgebietenden und mythischen Kräften ausgestattet hat, wird sie für ihn zu einer angsteinflößenden Figur.

Bei dem Versuch, diese Ängste zu beschwichtigen, begibt sich der Frauenhasser gewöhnlich unbewußt daran, die Frau in seinem Leben zu entmachten. Er operiert mit der heimlichen Überzeugung, daß er sie von ihm so abhängig machen kann, wie er von ihr ist, wenn er sie ihres Selbstbewußtseins beraubt. Wenn er sie so schwach macht, daß sie ihn nicht mehr verlassen kann, beruhigt er seine ureigene Angst, verlassen zu werden. Diese intensiven, im Konflikt zueinander stehenden Gefühle machen die Partnerin des Frauenhassers nicht nur zum Objekt von Liebe und Leidenschaft, sondern auch zum zentralen Angriffspunkt seiner Wut, seiner Panik, seiner Ängste und schließlich seines Hasses.

Ich bin mir bewußt, daß mein Gebrauch des Wortes *Haß* im Kontext einer intimen Beziehung sowohl explosiv als auch kontrovers ist. Es ist ein Wort, das die meisten Menschen nicht gern benutzen. Doch es ist das einzige Wort, das die Kombination aus Feindseligkeit, Aggression, Verachtung und Grausamkeit zureichend beschreibt, die der Frauenhasser in seinem Verhalten gegenüber der Partnerin an den Tag legt.

Wenn wir uns die Kindheitserfahrungen ansehen, die zu den unterschwelligen Ängsten des Frauenhassers führten, begreifen wir allmählich, warum er sich später so verhält. Aufgrund der Beziehung der Eltern zueinander und zu ihm gewinnen wir wichtige Einsichten, warum und wie er zu einem Frauenhasser wurde.

Die Bedeutung des Gleichgewichts zwischen Mutter und Vater

Beide Elternteile arbeiten zwar bei der Erziehung des Sohnes zusammen, doch sie haben getrennte Aufgaben. Mutter ist die Nährerin und Urquelle des Jungen für Zärtlichkeit, während Vater ihm hilft, sich von Mutter zu lösen, damit er nicht zu abhängig von ihr wird. Bei den Familien von Frauenhassern vollzieht sich jedoch genau das Gegenteil. Der Vater ist entweder zu furchteinflößend oder zu passiv, um den Jungen von der Mutter zu lösen, so daß der Junge keine andere Wahl hat, als die Mutter zum Mittelpunkt seines Universums zu machen. Beide Elternteile führen gleichermaßen diese Situation herbei.

Die Mutter versucht vielleicht, anstatt die Bedürfnisse des Sohnes nach Zärtlichkeit und Nahrung zu befriedigen, den Sohn dahin zu bekommen, daß er *ihre* Bedürfnisse befriedigt. Frauen in schwieriger Beziehung versuchen häufig, ihre Probleme durch die Kinder zu lösen. Ob eine Frau dies durch das Extrem überforderter Ansprüche, durch strenge Zurückweisung oder erdrückende Kontrolle versucht, das Ergebnis bleibt das gleiche: Der Junge wird zu abhängig von ihr.
Ohne sich dessen bewußt zu sein, überträgt er als Erwachsener diese Abhängigkeit wie auch die damit verbundenen Konflikte und Ängste auf die Frau in seinem Leben. Der Frauenhasser empfand seine Mutter als Person mit der Macht, ihn zu frustrieren, ihm Liebe zu verweigern, ihn zu erdrücken, ihn sich schwach fühlen zu lassen oder unersättliche Ansprüche an ihn zu stellen – und jetzt betrachtet er seine Partnerin, als verfüge sie über die gleiche Macht.
Der Vater, der seinem Sohn nicht die Alternative zum mütterlichen Einfluß bietet, überläßt den Jungen seinen Ängsten und seinen panischen Gefühlen von Verletzlichkeit und Bedürftigkeit.

Wenn Vater ein Frauenhasser ist

Als Nicki mit der Absicht in die Beratung kam, ihre Ehe mit Ed zu retten, sagte ich ihr, wir könnten rascher und wirksamer arbeiten, wenn Ed bereit sei, an der Therapie teilzunehmen. Ed zeigte großen Widerstand; er betrachtete das Bedürfnis nach Therapie als Zeichen von Schwäche. Seine Angst, Nicki schließlich zu verlieren, behielt aber die Oberhand. Im Verlauf der Therapie stellte sich heraus, daß Ed mit Nicki die gleiche Art von Beziehung wiederholte, wie sein Vater, ein hoher Militär, und seine Mutter.
Eds Mutter war ein schüchternes Mädchen aus einer Arbeiter-

familie im Süden. Sie hatte Eds Vater kennengelernt, als er auf einem Armeestützpunkt in der Nähe ihrer Heimatstadt stationiert war. Sie heirateten nach kurzer Zeit, und von Anbeginn an war Eds Vater äußerst besitzergreifend und dominierend seiner Frau gegenüber. Er hatte strikte Ansichten über Frauen- und Männerrollen. Ed erinnerte sich, daß der Lieblingssatz seines Vaters lautete: »Jemand muß den Befehl innehaben, und dieser Jemand bin ich.«

»Du bist nur sicher, wenn du wie Vater bist«

Ed, der ältere von zwei Söhnen, wuchs mit dem ausgeprägten Empfinden auf, daß sein Vater die unbestrittene Autorität zu Hause war. Sein Vater mißhandelte sowohl seine Frau wie auch die beiden Söhne körperlich. Er war ein Reinlichkeitsfanatiker und inspizierte jeden Abend, wenn er nach Hause kam, alles aufs genaueste. Ed erinnerte sich:

> Gott, war er streng! Er kam nach Hause, und wenn irgendwo Dreck, Staub oder Asche lag, gab es Krach. Niemand entging seiner Strafe, nicht einmal Mutter. Wenn etwas unordentlich war, schlug er sie. Niemand gab ihm Widerworte oder stellte ihn in Frage. Man tat einfach, was man gesagt bekam. Er war schlimm, doch er schaffte es, daß alles sich so abspielte, wie er es wollte... Es gab nur eine Art, etwas zu tun: Seine. Es gab keine Diskussionen, etwa über eine Idee oder sonst etwas, weil er alles zu wissen schien, auch, was wir in der Schule lernten. Wenn ich mit irgendeiner gerade aufgeschnappten Idee über Politik nach Hause kam, machte er mich sofort nieder.

Eds einzige Sicherheit als Kind lag darin, daß er seinen furchterregenden Vater in jeder Hinsicht nachahmte. Er versprach sich: »Wenn ich groß bin, werde ich jeden anschreien und anbrüllen und die Leute so behandeln, wie *ich* es will, denn so benimmt man sich als Mann.«

Wie so viele Kinder von tyrannischen Vätern konnte Ed nur zwei Möglichkeiten sehen: Er konnte wie seine Mutter sein, nämlich schwach, hilflos und ein Opfer (Eds jüngerer Bruder verhielt sich so: Er war ein äußerst schüchternes, kränkelndes Kind, fand nie Arbeit und lebt, inzwischen Mitte Dreißig, immer noch bei seiner Mutter), oder er wurde wie sein Vater und verfügte über Macht und Kontrolle. Ed wählte die letztere. Indem er sich mit seinem Vater identifizierte, lernte er, Menschen zu tyrannisieren und zu mißhandeln.

»Es geht nur so, wie Vater es macht«

Ein Junge, der in einer solchen Familie aufwächst, erfährt die Welt nur durch das engstirnige, starre System des Vaters. Man bringt ihm nicht bei, neue Ideen zu verfolgen, noch wird ihm zugestanden, einfach Fehler zu machen. Als Ed versuchte, ein Selbstbewußtsein zu entwickeln, das von dem seines Vaters abwich, wurde er schwer bestraft. Wenn er von der Linie seines Vaters abwich, bedeutete das, er war *schlecht.* Der Vater betrachtete jede Abweichung seines Sohnes als nichts Geringeres als Verrat. »Du wirst es schon erfahren...«, Ed erinnerte sich an die Worte seine Vaters, »ich werde gewinnen. Ich bin ein besserer General. Ich kämpfe besser und habe die bessere Strategie.«

Ein tyrannischer Vater errichtet eine Minidiktatur, in der allein er sich ausdrücken darf. Und ein Großteil dieses Ausdrucks besteht vermutlich aus Wut und Strafe gegenüber jedem in seinem Reich, der es wagt, mit ihm nicht einer Meinung zu sein. Ein Kind hat dann einfach nicht den Freiraum, seine Gedanken und Gefühle auszudrücken, wenn sie auf irgendeine Weise von denen des Vaters abweichen. Diese Art von Unterdrückung erzeugt unvermeidlich große Wut in einem Kind. Diese Wut wird aufgestaut.

»Frauen kann man nur kontrollieren, indem man sie mißhandelt«

Eng verbunden mit dem strengen Verbot von Wut oder Abneigung ist das Rollenvorbild des tyrannischen Vaters, wie Männer mit Frauen umgehen. Ed erzählte mir:

> Meine arme Mutter kam einfach nicht gegen ihn an. Wenn er irgend etwas wollte, hatte es zu geschehen. Und wenn sie sich nicht fügte, schlug er sie. Einmal hat er sie hinausgeworfen. Mir tat sie immer leid, weil sie ihm einfach nicht gewachsen war.

Ed erhielt als Kind die Botschaften: *Mißhandlung von Frauen ist akzeptabel, und Männer sind mächtig und Frauen hilflos.* Es war für Ed schlimm, zusehen zu müssen, wie sein Vater seine Mutter mißhandelte, aber er entwickelte auch heimliche Verachtung für sie, weil sie sich nicht verteidigen und durchsetzen konnte.

Ein Mann, der bei einem misogynistischen Vater aufwächst, absorbiert die väterliche Verachtung von Frauen schon sehr früh. Der Junge lernt, daß ein Mann immer die Kontrolle über Frauen haben muß, und daß er, um diese Macht zu erlangen, die Frauen einschüchtern, verletzen und herabsetzen muß. Zugleich lernt er, daß er nur die Anerkennung seines Vaters erringt, wenn er sich wie er verhält.

Wenn Mutter zum Opfer wird

Eine Frau, die sich der schlechten Behandlung des Mannes unterwirft, lebt in der Rolle des Opfers und benimmt sich nicht anders als ein hilfloses Kind. Sie übereignet alle Erwachsenengebiete dem Mann und läßt den Kindern somit nur einen Elternteil, der für sie zuständig ist: Vater. Wie wir gesehen haben, kann Vater eine sehr furchteinflößende Person sein. Wenn Mutter von ihrer Erwachsenenrolle abdankt, entzieht sie ihren Kindern nicht nur die starke Mutterfigur, sondern sie läßt sie auch ohne Schutz vor dem Vater zurück.

»Frauen haben überzogene Ansprüche«

> Ich erinnere mich, wie sie neben mir kniete und an meiner Brust schluchzte. Ich war nicht älter als sechs oder sieben. Sie weinte immer weiter, wie gemein Vater sie behandelt habe und wie unglücklich sie sei. In mir zerriß etwas. Sie sagte zu mir, ich sei ihr Lebensinhalt und der einzige, der sie wirklich liebte. Ich schwor bei mir, daß ich alles tun würde, um sie glücklich zu machen.

Eds Bericht verdeutlicht, wie seine Mutter die Rollen mit ihm *tauschte.* Sie wurde zum bedürftigen, ängstlichen Kind, und von Ed wurde erwartet, zum fürsorglichen Elternteil zu werden.

Aber wie konnte der kleine Junge wohl mit den Erwachsenenproblemen fertig werden, die seine Mutter auf ihn übertrug? Er versuchte, wie es jedes Kind tun würde, so zu sein, wie seine Mutter ihn wollte. Er entwickelte großartige Phantasien, in denen er sie von diesem schrecklichen Leben errettete. Und als er ihr Leiden nicht verringern konnte, fühlte er sich unendlich schuldig und als Versager. Angesichts der überwältigenden Bedürftigkeit seiner Mutter konnte Ed sich nur als Versager fühlen.

Indem eine Mutter mit dem Sohn die Rolle tauscht, vermittelt sie ihm, daß er sie nun trösten, beschützen und sich um sie kümmern muß. Das drückt sie dem Kind gegenüber vermutlich auf viele verschiedene Weisen aus: Sie leidet märtyrerhaft stumm, verdeutlicht aber dem Kind, daß sie sich gefangen und unglücklich fühlt; vielleicht erzählt sie dem Sohn, daß sie allein nicht zurechtkommt und ohne seine Liebe nichts hat, wofür sie leben sollte. Vielleicht erkrankt sie häufig oder hat chronische Depressionen, trinkt viel oder verhält sich auf andere Weise selbstzerstörerisch. Wie immer sie ihr Unglück ausdrückt, das Ergebnis ist das gleiche: Der Junge meint, verantwortlich dafür zu sein, daß sie glücklich wird. Er glaubt, es würde von ihm erwartet, seine Mutter zu retten. Wenn eine solche Mutter den Sohn in eine Rolle drängt, die er nicht ausfüllen kann, trägt sie zur Bildung starker Vorwürfe bei, die sich später als Wut auf Frauen frei äußert.

»Mutter kann ohne mich nicht leben«

Ed kümmert sich immer noch um seine abhängige, hilflose Mutter. Sein Vater ging ein anderes Verhältnis ein, als Ed zwölf war. Dies verursachte für die Familie eine starke emotionale und finanzielle Belastung und zwang Ed in die Rolle, die sein Vater aufgegeben hatte. Bis zum heutigen Tag verläßt sie sich auf Ed, sie und den jüngeren Bruder zu retten. Ohne sich dessen bewußt zu sein, ließ Ed mich wissen, wie wütend er auf sie war:

> Irgend jemand muß sich ja um sie kümmern. Wenn mein Vater nicht alles so im Stich gelassen hätte, wäre vieles anders gelaufen, aber sie ist nie darüber hinweggekommen. Daher muß ich ihr helfen. Mich ärgert aber, daß sie nicht einmal die einfachsten Dinge lernt, wie zum Beispiel, mit Geld umzugehen. Ich muß immer dafür sorgen, daß man ihr nicht den Strom abstellt. Oder die Bank ruft mich an und sagt, schon wieder seien Schecks von ihr nicht gedeckt, und dann muß ich hingehen und mich darum kümmern.

Ed übertrug zwar einen Großteil seiner Wut auf die Mutter auf Nicki, doch er wehrte stark ab, als ich vorschlug, ob nicht der wahre Grund seiner Wut seine Mutter sei. Wenn er dies zugestanden hätte, hätte er sich sehr schuldig gefühlt. Es war sicherer, wütend auf Nicki zu sein. Nicki bestätigte dies:

> Ich habe immer Angst, wenn er sie besucht, denn innerhalb einer Stunde nach seiner Rückkehr haben wir den größten Krach über irgend etwas. Natürlich darf ich nicht erwähnen, daß er in Wirklichkeit wütend auf sie und nicht auf mich ist oder daß er sie ihren Problemen einfach überlassen soll, denn dann geht der Krach noch stundenlang weiter.

Ed fühlte sich als Kind, wie als Erwachsener, wichtig und mächtig, weil er der Retter seiner Mutter war. Indem er jeden kontrollierte, seine Frau eingeschlossen, fand er einen Weg, seine tiefsitzenden Gefühle von Unterlegenheit und Hilflosigkeit zu kompensieren.

Wenn eine Mutter sich so auf einen Sohn verläßt, wird er im späteren Leben von den Bedürfnissen einer Frau überfordert und verschreckt. Wenn eine Frau auf irgendeine Weise Leid ausdrückt oder ein Bedürfnis an ihn stellt, reagiert er vermutlich mit Ablehnung, Wut und Verachtung, weil sie ihn an die überbedürftige Mutter erinnert, der er sich unterlegen fühlt.

»Keine Frau kann mich jemals genug lieben«

Da ein Großteil der Energie einer fordernden Mutter in ihr eigenes Leid gesteckt wird, hat sie für die Bedürfnisse der Kinder nur wenig übrig. Ihr Sohn erhält nicht die ständige mütterliche Unterstüzung, Fürsorge, Schutz, Führung und Anerkennung, die er braucht.

Alle Kinder sehnen sich danach, sich von den Eltern geliebt und beschützt und sicher zu fühlen. Sie brauchen aber auch die Erlaubnis, erwachsen und zu unabhängigen Menschen zu werden. Paradoxerweise können *Leute nur zu unabhängigen Er-*

wachsenen werden, wenn ihr Bedürfnis nach Abhängigkeit in der Kindheit gestillt wurde. Wenn diese Bedürfnisse nach Abhängigkeit nicht befriedigt wurden, entsteht eine schmerzhafte Leere, und dieses Gefühl wird ins Erwachsenenleben mitgenommen.

Anfänglich betrachtete Ed wie jedes Kind seine Mutter als einzig mögliche Quelle aller Fürsorge. Er erwartete von ihr, all seine Bedürfnisse zu befriedigen. An seinen Vater konnte er sich nicht wenden, weil er eine zu einschüchternde Person war. Als Ed von beiden Eltern nicht bekommen konnte, was er brauchte, schob er die Bedürfnisse nicht einfach beiseite: Er nahm sie mit in sein Erwachsenenleben, besonders aber in seine Beziehungen mit Frauen. Als Erwachsener erwartete er von Frauen, sein verzweifeltes Bedürfnis zu stillen, so bemuttert zu werden, wie er es als Kind nicht erlebt hatte.

Aber es besteht keine Möglichkeit, daß Nicki – oder eine andere Frau – Ed genug gibt, um diese alten Bedürfnisse abzudecken. Doch weil sein emotionales Wachstum verkümmert war, konnte er das nicht begreifen und wurde wütend, frustriert und enttäuscht. Diese Gefühle rechtfertigten seiner Ansicht nach einen Großteil seines beleidigenden Verhaltens ihr gegenüber.

Eine noch dunklere Seite des Verhaltens einer hilflosen, opferbereiten Mutter besteht darin, daß sie ihren Sohn vielleicht als Opferlamm benutzt. Sie versäumt es nicht nur, ihn vor dem mißhandelnden Vater zu schützen, sondern schiebt ihn absichtlich zwischen sich und den Mann, um einen Teil seines Zorns umzulenken.

Die Entstehung eines Frauenhassers

Charlie kam nach dem Scheitern seiner dritten Ehe in die Therapie. Er und seine drei Geschwister waren im östlichen Tennessee groß geworden. Sein Vater war ein zielstrebiger, ehrgeiziger Mann, der sich vom Schreiner zum Teilhaber in einer erfolgreichen Baufirma hochgearbeitet hatte. Charlies Mutter, in einer sehr armen Familie in einem ländlichen Gebiet aufgewachsen, hatte es geschafft, zwei Jahre College zu absolvieren. Sie wurde Buchhalterin, gab die Arbeit aber auf, als sie heiratete. Sie hatte Angst vor ihrem Mann, der sie wie ein Kind behandelte. Im Verlauf der Jahre wurde sie immer verstörter und begann, ihre Kinder als Schutzschild vor den Angriffen das Mannes zu benutzen.

»Man kann Frauen nicht trauen«

Mein Vater war sehr brutal. Er saß zum Beispiel am Eßtisch und hatte einen Besenstiel in Reichweite, und wenn man nicht tat, was man gesagt bekam, schlug er einem den Besenstiel ins Gesicht. Schlimmer aber war, wenn er Mutter sagte, wir sollten etwas Bestimmtes tun, und sie vergaß es. Vater kam nach Hause und wollte wissen, warum diese Dinge nicht erledigt seien. Wir antworteten, wir hätten nichts davon gewußt. Dann wandte er sich an Mutter und fragte: »Hast du es ihnen gesagt?« Und sie antwortete: »Natürlich habe ich das.« Dann schlug er uns, weil wir es nicht erledigt hatten und obendrein unsere Mutter eine Lügnerin nannten. Sie hat mich richtig verraten. Sie hat mich dazu bestimmt, von ihm mißhandelt zu werden, und mich nie beschützt. Später, als ich arbeitete, hat sie mir Geld gestohlen, weil sie Angst hatte, Vater würde wütend, wenn sie nicht mit dem Haushaltsgeld auskam. Sie war wie ein hilfloses Kind. Ich war für sie eher wie ein Elternteil als umgekehrt.

Charlie mußte sich nicht nur um die kindische und instabile Mutter kümmern, sie verriet ihn zudem. Sie log, um sich selbst zu schützen, und bewirkte dadurch viele körperliche Mißhandlungen Charlies durch die Hand seines Vaters. Daraus leitete er die Botschaft ab: *Frauen sind verräterische, hilflose Wesen, denen man nicht trauen kann.* Er spürte ihr gegenüber tiefe Ablehnung und hatte ein unendliches Reservoir aufgestauter Wut.

Kinder erwarten von jedem Elternteil etwas anderes. Traditionellerweise rechnet man damit, daß die Mutter die Kinder beschützt und verteidigt, während Vater als Haushaltsvorstand, als Brotverdiener und Disziplinierer betrachtet wird – Rollen, die oft Respekt und Verehrung zu fordern scheinen, wie immer er sich auch verhält. Viele Kinder geben der Mutter die gleiche oder sogar stärkere Schuld an den erlittenen Mißhandlungen als dem Vater. Einem Jungen fällt es wegen der Identifikation zusätzlich schwer, seinen Vater zu kritisieren, auch wenn dieser sich brutal verhält. Doch der Junge fühlt sich frei, wütend auf Mutter zu sein, wenn sie ihn nicht vor den Mißhandlungen schützt, weil sie eine immerwährende Quelle von Liebe und Zuneigung sein muß.

Charlie fühlte sich als Erwachsener von hilflosen, elfengleichen Frauen angezogen, die seiner Mutter sehr ähnlich waren. Ohne sich dessen bewußt zu werden, versuchte er als Erwachsener zu erreichen, was er als Kind nicht vermochte: Seine unterlegene, verstörte Mutter zu retten. Sein Bedürfnis, zu retten, wurde jedoch von einem ebenso starken Bedürfnis begleitet, die Ungerechtigkeiten heimzuzahlen, die seine Mutter ihm als kleinem Jungen zugefügt hatte. Als Erwachsener konnte er seinen verborgenen Wunsch erfüllen, »sich besser auszudrücken«, denn er konnte die Frau jetzt nicht nur retten, sondern auch noch beherrschen:

> Als ich meine dritte Frau kennenlernte, war sie 1,60 Meter groß und wog vielleicht hundert Pfund. Sie war nervös, ängstlich und zitterte fortwährend. Ich dachte, sie braucht

nur ein bißchen Selbstbewußtsein, dann wäre sie schon okay. Das wollte ich ihr geben. Ich wollte sie retten, und dann wäre sie dankbar und würde mich immer lieben, und das Leben wäre schön.

Charlies tiefsitzende Wut und seine Ablehnung gegenüber der Mutter wurden, verbunden mit seiner Hilflosigkeit, auf die Frauen übertragen, mit denen er sich einließ. Diese ambivalenten Gefühle stiegen immer an die Oberfläche, wenn eine Frau drohte, sich von ihm zu lösen:

> Wenn sie nicht tat, was ich von ihr erwartete, oder versuchte, sich von mir zu trennen, wollte ich ihr Schuldgefühle eingeben, indem ich sagte: »Ich habe das alles in dich investiert, hab' dir geholfen. Wie kannst du da von mir fortgehen, du dumme Gans!« Ich haßte sie dann richtig. Ich sagte: »Ich habe alles für dich getan, und du bist verdammt undankbar. Du bist ein schniefendes kleines Würstchen.« Ich habe sie nicht geschlagen, aber ich wußte, wo ich sie angreifen konnte und wo ihre wunden Punkte waren. Ich kenne alle Schwachstellen, wo ich sie verletzen und niederzwingen kann. Ich weiß, wie ich es schaffe, daß eine Frau sich klein und hilflos fühlt, damit sie nicht von mir fortgeht.

Charlie war überzeugt, jede Frau, die er brauchte, habe die gleiche Macht wie seine Mutter, ihn zu verletzen, zu verraten und sich ihm zu versagen, und fühlte sich daher gerechtfertigt, jede Methode anzuwenden, die Frau anzugreifen und seine Kontrolle über sie zu festigen. Sein Vater hatte eine grobe Verzerrung männlichen Verhaltens an den Tag gelegt. Charlie beschrieb es so:

> Als ich achtzehn war und zum ersten Mal heiratete, dachte ich, in einer Ehe verhielten sich die Männer mächtig und brutal, während die Frauen jammerten, alles versprachen und Forderungen stellten.

Die erdrückende Mutter

Man kann leicht begreifen, wie aus einem Jungen ein Frauenhasser wird, wenn der Vater sich entsprechend verhält. Interessanterweise können sich jedoch auch Jungen aus Familien, in denen der Vater passiv und die Mutter dominant und beherrschend ist, zu Frauenhassern entwickeln. Das Beispiel des Vaters stellt nicht den einzigen Weg dar, wie ein Junge lernt, sich Frauen gegenüber verächtlich zu verhalten. Genauso wahrscheinlich wird er zum Frauenhasser, wenn seine Mutter ihn mit ihrer Übermacht und ihrem Schutz erdrückt.

Während die Opfermutter dem Kind nicht genug Schutz gewährt, gibt die erdrückende Mutter davon zuviel. Diese Art Frau muß in ihrer Familie alles und jedes beherrschen. Das gelingt ihr, indem sie sich in alles einmischt und jeden davon überzeugt, daß nur sie weiß, wie man mit Problemen umgeht oder sie löst. Sie kann ihre Kinder nicht loslassen, auch nicht als Erwachsene. Aller Wahrscheinlichkeit nach bleibt sie auch in deren Erwachsenenleben gegenwärtig und mischt sich ein, wie Bens Mutter. Ben, Carols Mann, ist ein erfolgreicher Steuerberater Anfang Fünfzig. Sein Vater, ein Schnittmusterschneider in der Bekleidungsindustrie, war ein ruhiger, eher depressiver Typ. Die Mutter war mit Abstand die mächtigste Figur in Bens frühen Jahren. Da sie von ihrer eigenen Ehe enttäuscht und bitter war, mischte sie sich ins Leben ihres Sohnes ein. Sie versuchte, ihn bis ins mittlere Alter zu kontrollieren, damit er sich nicht von ihr löste. Carol erzählte mir:

> Sie rief jeden Tag mindestens einmal an, manchmal aber drei oder vier Mal. Sie erwartete uns jeden Sonntag bei sich zu Hause, und irgendwie erfährt sie alles, was in unserem Leben passiert. Ben sagt ihr nie, sie solle sich raushalten.

Im Unterschied zu einem Mädchen, das bei der Suche nach der eigenen Identität der Mutter nahe bleiben kann, muß sich ein Junge von der Mutter lösen, damit er zu einem gesunden Erwachsenen reifen kann. Elternliebe ist die einzige Art von Liebe, bei der das letztendliche Ziel Trennung heißen *muß*. Eine Mutter, die das Unabhängigkeitsstreben des Sohnes schätzt und ihn ermutigt, sich von ihr zu lösen, gibt ihm damit wichtige Werkzeuge an die Hand, mit denen er das weitere Leben angehen kann. Wenn die Mutter gewillt ist, den Sohn seine eigene Identität aufbauen zu lassen, indem sie ihm erlaubt, Risiken einzugehen und Fehler zu machen, während sie zugleich für ihn da ist, falls er sie brauchen sollte, hilft sie ihm, zu einem Mann zu werden, der sich seiner selbst und seiner Fähigkeiten bewußt ist.

Die erdrückende Mutter hingegen hemmt und begrenzt die Entwicklung ihres Sohnes, indem sie ihn zu stark kontrolliert und ihm damit ein Gefühl von Unterlegenheit und Hilflosigkeit vermittelt.

»Bei einer starken Frau fühle ich mich unterlegen«

Mark kam auf meinen Wunsch zu mir, während ich mit seiner Frau Jackie arbeitete. Er berichtete, seine Beziehung zu seiner Mutter sei ein einziger Kampf um Unabhängigkeit und Freiheit gewesen. Marks Vater, ein Ingenieur, war oft geschäftlich auf Reisen, und Marks Mutter widmete sich ausgiebig dem kleinen Sohn. Er erklärte:

> Als ich noch klein war, konnte ich kaum atmen, ohne daß sie mir sagte, das ginge besser, wenn ich es auf *ihre* Weise machte. Sobald ich aus der Schule kam, mußte ich Geige üben. Wenn ich draußen spielen wollte, war es entweder zu heiß oder zu kalt. Wenn ich aber mal hinausging, folgte sie mir die ganze Straße entlang und winkte mit einem

Pullover oder Handschuhen hinter mir her. Es war für mich die Hölle, so peinlich war es. Ich höre immer noch ihre Stimme: »Marky, du hast deinen Pullover vergessen. Marky, du hast noch nicht geübt, Marky, Marky, Marky«, überall, wo ich war.

Nach ein paar Gesprächen mit Mark wurde mir klar, daß seine Mutter mehr war als nur ein besorgter Elternteil oder eine harmlose Nörglerin. Sie war in jeden Lebensbereich ihres Sohnes eingedrungen und versuchte, sein Leben für ihn zu leben. Wenn Mark Freunde zum Spielen mit nach Hause brachte, bestand die Mutter darauf, die ganze Zeit über anwesend zu sein und ihre Spiele zu organisieren. Sie schwebte über ihnen und beobachtete jede Bewegung. Sie bestimmte zudem, was Mark anzog, was er aß, wer seine Freunde waren und welche Bücher er lesen sollte. Sie traf alle Entscheidungen in seinem Leben, bis er das Elternhaus verließ, um aufs College zu gehen. Wann immer Mark versuchte, etwas gegen den Wunsch seiner Mutter zu tun, begegnete er langen Vorträgen oder märtyrerhafter Ablehnung:

Sie sagte dann: »Du undankbarer Junge. Ich habe schließlich alles für dich getan.« Sie war nicht nur ein Fall von »Mutter weiß es besser«, sondern von »Mutter weiß alles«.

Indem Marks Mutter ihren Sohn derart kontrollierte, verhinderte sie die Entwicklung des Gefühls, sein Leben beherrschen zu können. Er bekam nie die Gelegenheit, sich als fähig und tüchtig zu sehen, weil seine Mutter all diese Chancen verhinderte, indem sie hinzueilte und alles übernahm.
Selbst sehr kleine Kinder brauchen den Freiraum, Fehler zu machen, neue Erfahrungen auszuprobieren und die Welt ringsum in ihrem eigenen Tempo zu erforschen. Das Ergebnis der mütterlichen Dominanz bei Mark bestand in einem schwachen Selbstbewußtsein. Als Erwachsener betrachtete er alle Frauen

als Angst einjagende und bösartige Wesen, die ihn kontrollieren und seiner Männlichkeit berauben wollten. Folgerichtig waren seine Beziehungen zu Frauen ausschließlich Machtkämpfe.

»Ich erhebe den Anspruch, daß alles nach meiner Pfeife tanzt«

Frustrationen sind ein unvermeidlicher Teil des Lebens, und wenn wir lernen, mit überschaubaren Dosierungen davon fertig zu werden, hilft uns das, ein solides Gefühl von uns selbst und der Wirklichkeit zu entwickeln. Unsere Eltern bringen uns bei, wie man mit Frustrationen umgeht, indem sie uns auf vernünftige Art begrenzen. Das befähigt uns, die magische Erwartung aufzugeben, daß jeder Wunsch und jedes Bedürfnis allzeit erfüllt werden. Wenn ein Kind enttäuscht wird und seine Eltern sagen ihm, daß das »Leben voller Enttäuschungen ist, doch wir alle müssen damit leben lernen«, hilft das dem Kind, mit der Realität fertig zu werden.

Die erdrückende Muter, die immer bereit steht, alles im Leben ihres Sohnes zu regeln, beeinträchtigt diesen Lernprozeß. Der Junge kann nicht die Dosis Frustration erfahren, die ihn befähigt, später mit den größeren Enttäuschungen im Leben fertig zu werden. Mark erzählte mir bei einem unserer Gespräche:

> Meine Mutter sagte immer: »Es ist nicht deine Schuld, du hast nichts falsch gemacht«, noch ehe sie die Geschichte gehört hatte. Sie sprang immer gleich hinzu und sagte: »Was haben sie getan? Die anderen haben angefangen, nicht wahr?« Ich glaube, wenn ich jemanden erschossen hätte, sie hätte behauptet, es sei dessen Fehler, weil er in der Schußbahn gestanden hätte.

Wenn einem Kind nicht zugestanden wird, allein mit seinen Frustrationen fertig zu werden – zum Beispiel zu weinen, dann

die Situation zu beherrschen, um dann weiterzuspielen – weil seine Mutter sich immer einmischt und ihn vor jeder unangenehmen Regung bewahrt, wird er als Erwachsener unfähig sein, selbst die geringsten Rückschläge zu meistern.
Die Mutter, die ihren Sohn immer vor den kleinen Unannehmlichkeiten des Lebens bewahrt, gibt ihm die folgenden Botschaften:

- Du brauchst Frustrationen nicht auszuhalten.
- Wenn etwas schiefgeht, ist immer jemand für dich da, der es regelt.
- Du hast ein Recht auf ein Leben ohne Irritationen.

Ungesunde, egozentrische Botschaften wie diese vermitteln einem Jungen einen ungeheuren Anspruch. Er wird erwarten, daß er immer alles bekommt, was er will und wann er es will.
Dieser Muttertyp klingt vielleicht so, als wirke er auf das Kind positiv, doch in Wirklichkeit ist er sehr angsteinjagend. Wenn die Mutter das Kind an sich bindet, indem sie es übcrkontrolliert und ständig rettet, errichtet sie in ihm den Glauben, er könne ohne eine Frau nicht leben. Das erzeugt in dem Jungen ein starkes Gefühl von Abhängigkeit. Im späteren Leben sieht er in der Partnerin die gleiche Macht, ihn zu frustrieren, ihm ihre Liebe zu verweigern, ihn zu erdrücken und, was am wichtigsten ist, ihm ein Gefühl der Hilflosigkeit und Abhängigkeit zu geben.
Wenn ein Junge eine starke, tüchtige Vaterfigur hat, an der er sich ausrichten kann, entwickelt er vielleicht das Selbstbewußtsein, sich sogar von einer sehr dominanten Mutter zu lösen, doch wir wissen, daß dominante Frauen dazu neigen, sich mit passiven, schwachen Männern zu verbinden, die nur selten den Söhnen eine Alternative zu Mutters Herrschaft bieten können.

Wenn Vater passiv ist

Genau wie der tyrannische Vater den Sohn in die Arme der Mutter treibt, weil er ihn einschüchtert, schickt der passive Vater den Sohn zurück zur Mutter, indem er zurückgezogen und für ihn unerreichbar ist. Beide Vatertypen können dem Sohn nicht die Hilfe bieten, die er bei der schwierigen Aufgabe braucht, sich von Mutter zu lösen.
Der passive Vater versucht, mit dem Hintergrund des Gefühlslebens der Familie zu verschmelzen, und zieht sich beim ersten Anzeichen von Problemen in seine eigene Welt zurück.

»Männer kommen gegen Frauen nicht an«

Als Mark acht war, gab sein Vater die häufigen Geschäftsreisen auf. Mark freute sich darauf, mehr mit ihm zu unternehmen, weil er öfter zu Hause sein würde. Als jedoch klar wurde, daß sein Vater immer noch nicht mehr Zeit für ihn hatte, war Mark bitter enttäuscht und verletzt.

> Entweder arbeitete er die ganze Zeit oder war allein oben in seinem Zimmer. Ich glaube, mindestens einmal am Tag hat er sich dorthin zurückgezogen. Mutter griff ihn wegen irgend etwas an, und er gab auf und ging nach oben. Manchmal verbrachte er den ganzen Abend dort. Wenn sie wieder an ihm herumgenörgelt hatte, sprach er mit niemandem.

Indem Marks Vater sich bei jedem Konflikt mit seiner Frau entzog, gab er dem Sohn die Botschaft: *Wenn Frauen dominieren, kommen Männer nicht dagegen an.*
Ich spreche hier nicht von jenem Typ Mann, der von Grund auf still und reserviert ist; selbstverständlich kann ein Mann sanft

und leise sein und dennoch engen emotionalen Kontakt mit seiner Familie haben. Ich beschreibe hier jene Passivität, wenn der Mann eine schattenhafte, entrückte Figur ist; er interagiert nicht mit den anderen Familienmitgliedern und zieht sich vor jedem Konflikt mit seiner starken Frau zurück. Eine derartige Passivität und Zurückhaltung wirken nicht so positiv, wie man vielleicht denken könnte. Passivität kann ein Weg sein, mit Wut fertig zu werden. Der passive Vater empfindet häufig starke Wut auf seine Frau, doch anstatt sie auf gesunde Weise auszudrücken, straft er sie und oftmals den Rest der Familie, indem er schweigt, sich verweigert und entzieht. Diese Taktiken schützen die passive Person sehr wirksam, während sie die anderen Familienmitglieder verletzen. Indem er den Kontakt verweigert, frustriert der passive Mann die Person, die versucht, mit ihm zu kommunizieren, und bringt sie in Wut.

Ein Junge mit einer erdrückenden und überkontrollierenden Mutter richtet sich unvermeidlich an den Vater, um zu lernen, wie man mit ihr umgeht. Wenn der passive Vater sich weigert, sich seiner dominierenden Frau zu stellen, gibt er nicht nur seine Rolle in der emotionalen Entwicklung seines Sohnes auf, sondern verstärkt noch die Überzeugung, daß Frauen herrschsüchtig und angsterregend sind. Der kleine Junge denkt: »Wenn nicht einmal Daddy sich gegen Frauen durchsetzen und sich verteidigen kann, wie soll ich das können?«

Diese Botschaft, verbunden mit der Tatsache, daß der Junge sich ohnehin bereits unterlegen und abhängig fühlt, beeinträchtigt seine erwachsenen Beziehungen zu Frauen noch stärker. Bei Mark wie bei Ben bedrohte jedes Zeichen von Stärke an ihren Frauen ihre Sicherheit als Männer. Sie erfuhren selbst die geringsten und unwichtigsten Abweichungen in deren Meinung als Versuche, die Macht zu übernehmen und sie zu kontrollieren.

Vielleicht mag man denken, der Mann mit einer erdrückenden Mutter, der das Bedürfnis hat, Frauen zu kontrollieren, würde sich von einer Partnerin angezogen fühlen, die das genaue Gegenteil seiner Mutter darstellt. Dieser Typ Mann wird jedoch

häufig magnetisch von einer starken Frau angezogen und versucht, sie zu schwächen. Er versucht, den Familienroman noch einmal zu schreiben, um alles besser zu machen. Wenn er eine starke Frau beherrschen kann, beweist er sich selbst, ein besserer Mann zu sein als sein Vater. Er wird den Kampf gewinnen, den sein Vater zu führen zu ängstlich war.
Diesen Familienkonstellationen – passiver Vater/erdrückende Mutter und tyrannischer Vater/Opfer – bin ich bei den familiären Hintergründen von Frauenhassern am häufigsten begegnet. Es gibt jedoch noch andere Elterntypen, die stark beeinflussen, wie ein Junge sich später gegenüber Frauen verhalten wird.

Wenn Mutter mißhandelt

Eine Mutter, die ihren Sohn mit Mißhandlungen, Kälte und strengen Strafen terrorisiert, vermittelt ihm ein Gefühl von Hilflosigkeit, Unterlegenheit und Angst.

»Wenn du eine Frau wirklich brauchst, wird sie dich verletzen«

Lorraine erinnerte sich an Nates Schilderungen, wie seine Mutter ihn als Kind mißhandelte:

> Er sprach immer wieder von dem Vorfall, als seine Mutter mit einem Messer nach ihm warf, weil er die Beine auf ein Möbelstück gelegt hatte. Er erwähnte auch, daß sie ihn einmal ohne jeglichen Grund mit einem Gürtel verprügelt hat. Er bekam Schläge, wenn er ein Buch auf dem Boden liegen ließ oder seinen Pullover in der Schule vergaß. Ich hatte den Eindruck, daß er die ganze Kindheit in ständigem Schrecken vor ihr verbracht hat.

Wie grausam Nates Mutter ihren Sohn auch behandelte, er hing dennoch an ihr, um seine kindlichen Bedürfnisse zu befriedigen. Wie bei jedem mißhandelten Kind wurde er durch die Grausamkeit der Mutter nicht zurückgestoßen, sondern eher in einer panischen Suche nach ihrer Liebe und Zuneigung an sie gebunden.
Genau wie Vater der erste Mann im Leben eines Mädchens ist, ist Mutter die erste Frau im Leben eines Jungen. Wenn diese wichtige, dringend gebrauchte Person eine Quelle des Schrekkens darstellt, wie bei Nate, wird er sowohl tiefen Haß auf Frauen als auch ein intensives Bedürfnis nach ihnen entwikkeln.

Die ablehnende Mutter

Die ablehnende Mutter, zugleich kalt und sich verweigernd, ist das Gegenteil der erdrückenden Mutter, doch die Wirkung dieser beiden Extreme ist ähnlich. Die erdrückende Mutter erlaubt ihrem Sohn nicht, Frustration zu erfahren, daher ist er nicht fähig, später im Leben mit Enttäuschungen fertig zu werden. Die ablehnende Mutter frustriert ihren Sohn so unerträglich, daß auch er mit Frustrationen nicht umgehen kann, wenn er das Erwachsenenalter erreicht.
Paula schilderte mir sehr einfühlsam den familiären Hintergrund ihres Mannes:

> Gerry war ein kränkliches Kind. Bis er fast erwachsen war, hatte er oft Lungenentzündung und Asthma. Er erzählte mir, daß er oft lange Phasen im Bett liegen mußte, einmal über ein Jahr lang. Er brauchte besonders viel Fürsorge und Zuwendung, doch seine Mutter gab ihm nur gelegentlich, was er brauchte. Er sagte, er habe oft so lange allein im Bett gelegen, daß er sich die Gewohnheit zulegte, zu phantasieren, daß seine Mutter hereinkäme, ihn rettete,

ihm etwas Besonderes brächte, ihm vorlas und so weiter. Er sagte immer, wie wunderbar sie gewesen sei und wie sehr sie ihn geliebt habe, aber das paßte einfach nicht zu der Frau, die ich kennenlernte. Sie war entsetzlich kalt, auch gegenüber ihrer Enkelin. Ich konnte mir nicht vorstellen, daß sie die Frau war, die er beschrieben hatte. Er schwankt auch hin und her zwischen ihrer Romantisierung und Haß auf sie, weil sie ihm nicht gab, was er wollte. In diesem Moment schreit er mich an: »Du bist eine kalte, ablehnende Frau, genau wie meine Mutter«, und im nächsten erzählt er mir, wie sie ihm Sonntag morgens immer eine besondere Art Waffeln buk. Schließlich erzählte er mir, daß sie daneben gestanden hätte, als sein Vater ihn bei einem Wutanfall im Alkoholrausch verprügelte. Sie hatte nicht versucht, ihn zu schützen. Als er fünfzehn war, wurde seine jüngere Schwester geboren, und sie beanspruchte nun alle Aufmerksamkeit der Mutter. So empfand es Gerry jedenfalls. Er sagt, er wüßte nicht, wie oder warum er die Liebe seiner Mutter irgendwann verloren hätte. Er versuchte, sie zurückzugewinnen, aber sie verhielt sich so kalt und desinteressiert, daß sie ihm zum Universitätsabschluß nicht einmal eine Glückwunschkarte schickte. Ich weiß, daß ihn das sehr verletzt hat.

Gerrys Phantasiemutter vermischte sich mit den wirklichen Erfahrungen seiner Kindheit. Als Erwachsener sah er Frauen als kalt, verräterisch und ablehnend, während er sie zugleich als gut, rettend und tröstend idealisierte. Die »gute« Frau war eine, die einem alle Aufmerksamkeit widmete. Wenn es sich nicht um totale Hingabe und Aufmerksamkeit handelte, brachte das seine alten Gefühle der Hilflosigkeit und des Mangels zum Vorschein.

Wenn Paula in ihrer Ehe versuchte, ihre eigenen Bedürfnisse und Wünsche zu erfüllen, fühlte sich Gerry extrem bedroht. Wenn sie sich selbst Aufmerksamkeit widmete, bedeutete es, daß sie sie ihm versagte. Paula erzählte mir:

> Ich war seit fünf Jahren nicht mehr zu Hause gewesen, und meine Mutter lud mich ein. Sie wollte sogar meine Reise bezahlen. Gerry schrie mich den ganzen Weg zum Flughafen an: »Du verläßt mich! Du weißt, wie ich mich fühle, wenn ich verlassen werde. Du weißt, daß meine Mutter mich als kleinen Jungen immer allein gelassen hat und ich Angst hatte, aber dir ist ja egal, wie mir zumute ist.« Ich fühlte mich so schuldig, daß ich doch noch abgesagt habe.

Wie wir in Kapitel 4 erfahren haben, war Gerry zudem sehr eifersüchtig auf Paulas Aufmerksamkeit den Kindern gegenüber.
Gerry war aufgrund seiner überwältigenden Sehnsucht als Kind als Erwachsener nicht in der Lage, selbst die kleinsten Frustrationen auszuhalten.

> Alles brachte ihn in Wut, und immer war es meine Schuld. Einmal ging er hinaus, um das Auto anzulassen, und es klappte nicht. Er kam wieder herein, warf mit den Schlüsseln nach mir und kreischte: »Du Schlampe! Das ist deine Schuld! Du hast dich nicht ordentlich um das Auto gekümmert.« Doch ich fuhr das Auto nie. Es war seins.

Gerrys Wut hatte nur wenig mit dem Auto zu tun. Vielmehr handelte es sich um den Zorn, den er gegen seine Mutter verspürte, weil sie ihn in der Kindheit durch das Versagen ihrer Liebe so extrem enttäuscht hatte.

»Verletzlich zu sein ist eine Schande«

Eine kalte, abweisende Mutter wird den Sohn, abgesehen davon, daß sie ihm ihre Liebe verweigert und ihn dadurch enttäuscht, oft bestrafen, nur weil er normale Ansprüche an sie stellt. Er erhält dadurch die Botschaft: *Hilflosigkeit ist inakzeptabel und eine Schande.*

Vielleicht versucht er, seine Verletzlichkeit zu verstecken, wann immer er es vermag. Viele Frauenhasser legen ein aggressives Machtverhalten gegenüber Frauen an den Tag, um sich vor diesem inakzeptablen Gefühl der Verletzlichkeit zu schützen.

Daraus folgt die unglückselige Logik, daß die Bedürfnisse seiner Partnerin ebenso inakzeptabel sind wie die eigenen, weil sie ihn zu deutlich daran erinnern. Daher muß er sie ableugnen. Dies erklärt zum Teil, warum so viele Frauenhasser auf den emotionalen und sogar den körperlichen Schmerz der Partnerin so unempfindlich reagieren.

Bei der ablehnenden wie bei der mißhandelnden Mutter kommt es zu offener Grausamkeit und Schmerzen, die die gesamte Kindheit des Jungen mit Hilflosigkeit, Wut und Demütigung überziehen. Dieser Typ Mutter kann als direkte Ursache von Frauenhaß betrachtet werden. Falls starke Väter vorhanden sind, um das strafende Verhalten dieser Frauen auszugleichen, kann das Resultat anders ausfallen. Doch das ist gewöhnlich nicht der Fall. Nates Vater war ein zurückgezogener Mann, der mit seinem Sohn fast nichts zu tun hatte; Gerrys Vater war ein gewalttätiger, instabiler Alkoholiker. Gerry und Nate wuchsen mit einem schmerzhaften Gefühl von Leere auf. Als Erwachsene suchten sie beständig nach den guten, liebevollen Müttern, die sie nie gehabt hatten.

Wütende Jungen, wütende Männer

Wenn man Gefühle verleugnet oder unterdrückt, wird man sie nicht los. Anstatt dessen werden sie verlagert oder aufgestaut. Charlie konnte später sehr direkte Verbindungen zwischen der Wut feststellen, die er als Kind seiner Mutter gegenüber empfunden hatte, und seinen explosiven Ausbrüchen als Erwachsener bei Frauen:

Meine Mutter war auf ziemlich verrückte Weise überbeschützend. Ich erinnere mich, daß ich stundenlang ohne eine Bewegung auf einem Stuhl sitzen mußte. So konnte sie auf mich aufpassen. Sie sagte dann: »Wag es ja nicht, aufzustehen.« Wenn ich durch die Haustür ging, schrie sie: »Ich will nicht, daß du mir aus den Augen gehst.« So saß ich also auf diesem Stuhl, und mein Magen krampfte sich zusammen, als sei er aus Beton, und mein Kopf hämmerte so stark, daß ich dachte, er würde abfallen.

Charlie richtete seine Wut gegen sich selbst und verwandelte sie in körperliche Reaktionen. Für ihn war es weitaus akzeptabler, Kopf- oder Bauchschmerzen zu haben, als seine Wut auf die Mutter zuzugeben. Als Erwachsener hatte er weiterhin körperliche Reaktionen, wenn er in Wut geriet. In der Frühphase der Therapie fand Charlie ganz aufgeregt den Zusammenhang zwischen den körperlichen Warnsignalen und seinem Verhalten heraus:

Es ist immer das gleiche Gefühl in mir: Mein Bauch verspannt sich, und dann kommt das altbekannte Hämmern im Kopf. Genauso habe ich es als Kind schon gespürt. Das ist mein Signal, daß die Dämonen herauskommen und ich entweder etwas Schlimmes über die Frauen sage, sie anschreie oder etwas tue, um meine Macht über sie zu festigen, und ihr zeige, wer der Herr im Haus ist.

Wenn Charlie auf seine jeweilige Partnerin wütend wurde, griff er sie einfach an, wie er es gern bei seiner Mutter getan hätte. Er kämpfte eine alte Schlacht gegen einen neuen, falschen Gegner.
Der Frauenhasser glaubt aufrichtig, daß er auf die Partnerin so wütend ist, weil sie so viele Fehler hat. Er findet es leichter, sie anzugreifen, als sich mit den wahren Quellen seiner Wut zu konfrontieren. Teils rechtfertigt er dies mit seiner Erfahrung als Kind, doch ein Teil entspricht auch direkt unserer Kultur.

Der gesellschaftliche Hintergrund für männliche Aggression gegenüber Frauen

Unsere Gesetze und Institutionen, die Frauenrechte und männliche Privilegien zum Gegenstand haben, verändern sich, doch viele Männer glauben immer noch, daß ihr maskulines Image von ihrer Fähigkeit abhängt, Frauen zu beherrschen und zu kontrollieren.

Unsere Gesellschaft verstärkt diesen Gedanken, indem sie Frauen als angemessene Ziele für männliche Feindseligkeit darstellt. In der Literatur, im Kino und im Fernsehen werden Frauen von Männern als Schilde, Geiseln oder als Hintergrund benutzt. Mit erschreckender Regelmäßigkeit werden sie vergewaltigt, geschlagen und erschossen. Pornographie impliziert, daß die angeborene Verfügbarkeit der Frau jeden sadistischen und/oder sexuellen Akt rechtfertigt, den ein Mann gegen sie begehen will.

Dem Frauenhasser, der voller Angst vor Frauen und emotionsgeladen ins Erwachsenenleben eintritt, scheinen diese Botschaften der ihn umgebenden Gesellschaft weiteres Anrecht zu geben, sich grausam zu verhalten. Eine Kultur, die von der Bibel an Frauen als böse, verdorben und heimtückisch schildert, gibt dem Frauenhasser noch mehr Gründe, Frauen zu hassen, zu fürchten und zu verachten. Die Analytikerin Karen Horney stellte fest: »Der Mann wird es nie überdrüssig, Ausdrücke für die gewalttätigen Kräfte zu finden, von denen er sich zur Frau hingezogen fühlt, und, damit verbunden, für die Angst, daß er durch sie vielleicht sterben wird oder Schaden erleidet.«

Neben dem Bild der schlechten Frau steht das unmögliche Modell der Männlichkeit, das Jungen ausstrahlen sollen. Dieses Ideal verlangt, daß Männer mächtig, unabhängig, unverletzlich und gefühllos sind und das Sagen haben. Dieser Typ muß gewiß niemals Angst vor Frauen haben oder von ihnen abhängig sein. Kein Mann kann dieses Vorbild erreichen, weil es keinen

Raum für normale menschliche Gefühle und Bedürfnisse bietet. Besonders unrealistisch ist es für den Mann, dessen Kindheit ihm eine verzweifelte Sehnsucht nach der Liebe einer Frau vermittelt hat.

Außereheliche Beziehungen

Als Gerry erwachsen wurde, zeigte sich sein Hunger nach der Aufmerksamkeit einer Frau in sehr destruktivem und unmoralischem Verhalten. Bei seiner Arbeit als Psychologe konnte er über viele weibliche Patienten Macht und Kontrolle erlangen, indem er sexuelle Beziehungen mit ihnen unterhielt. Das war sein Versuch, mit der Sehnsucht nach der Fürsorge einer Frau fertig zu werden.

Auf vergleichbare Weise unterhalten viele Frauenhasser bei ihrer nie endenden Suche, das zu bekommen, was ihnen als Kindern versagt wurde, außereheliche Beziehungen.

Daß die Partnerin begreift, warum der Frauenhasser Affären hat, tröstet sie kaum. Nicki entdeckte, daß Ed eine außereheliche Beziehung hatte, weil sie in der Tasche seines Regenmantels eine Quittung für teure Unterwäsche fand. Sie erzählte mir:

> Er war so wahnsinnig eifersüchtig auf alles, was ich tat, auf jeden, den ich kannte, und dann fand ich heraus, daß er eine andere Beziehung hatte. Das brachte das Faß zum überlaufen. Ich packte meine Koffer. Ich wollte nicht einmal mehr mit ihm reden.

Eds Eifersucht und sein Besitzenwollen sind typisch. Viele Frauenhasser mit außerehelichen Beziehungen nehmen an, daß ihre Partnerinnen das gleiche tun. Je schuldiger sich der Mann fühlt, um so mehr muß er diese Schuld auf die Partnerin projizieren. Dadurch stempelt er sie als die »Sünderin« ab. Au-

ßerdem wird er so die Verantwortung für sein Verhalten los, weil er sie ebenfalls für schuldig hält.
Diese Beziehungen verändern aber gewöhnlich nicht das verzweifelte Bedürfnis des Frauenhassers, sich an seine Partnerin zu klammern.

> Als Ed nach Hause kam und sah, wie ernst ich es meinte, brach er zusammen. Nicht in sechs Millionen Jahren hätte ich mir träumen lassen, diesen Zwei-Meter-Bullen vor mir heulen und schluchzen zu sehen. Er bettelte und flehte wie ein kleines Kind. Und allmählich tat er mir leid. Er schwor, er würde die andere Beziehung abbrechen, wenn ich nur bliebe, wenn ich ihm noch eine Chance gäbe. Darauf habe ich mich eingelassen. Ich blieb.

Ed sah in Nicki immer noch seine Mutter. Er konnte die Frau nicht gehen lassen, die er als Urquelle aller Liebe und Fürsorge betrachtete.
Ed tat sein Möglichstes, um seine Affäre vor Nicki geheimzuhalten, doch andere Frauenhasser geben sich nicht soviel Mühe. Nate zum Beispiel unterhielt sehr offen und prahlerisch Beziehungen zu seinen weiblichen Angestellten. Lorraine erzählte mir:

> Ich haßte es, mit ihm zu Betriebsfeiern zu gehen, weil ich immer so tun mußte, als würde ich nicht merken, wie er sich für seine jeweilige »Favoritin« fast ein Bein ausriß. Er ließ mich vor allen anderen allein sitzen, während er mit diesen Frauen tanzte und direkt vor meinen Augen offensichtliche Annäherungsversuche unternahm. Es war entsetzlich demütigend.

Nate setzte seine außerehelichen Beziehungen ein, um seine Frau zu strafen und zu demütigen, und um seine sexuellen und emotionalen Bedürfnisse zu befriedigen.
Andere Frauenhasser betrachten Affären als mögliche Garan-

tie dafür, daß sie niemals allein sein werden. Sie schaffen sich immer eine Rückzugsposition, damit sie ja keine Sorgen zu haben brauchen, jemals ohne eine Frau zu sein.
Viele Faktoren bestimmen den komplexen Bereich der Untreue, und nicht alle Frauenhasser gehen fremd. Doch für jene Männer, die andere Beziehungen unterhalten, stellen diese oft ein weiteres Gebiet dar, auf dem sie ihre Kindheitsängste, -bedürfnisse und -konflikte abarbeiten.

Abhängigkeit und die Angst vor dem Verlassenwerden

All diese beschriebenen Männer treten mit zutiefst ambivalenten Gefühlen ins Erwachsenenleben, die in großem Maße darauf basieren, wie die Beziehung zu ihren Müttern aussah. Wir haben auch gesehen, wie sie diese Gefühle auf die Frauen übertragen, mit denen sie sich einlassen. Wenn ein Mann das geschafft hat, glaubt er, daß er von seiner Partnerin ebenso abhängig ist wie von seiner Mutter.
Eng zusammen mit dieser Furcht vor Abhängigkeit hängt die ebenso schreckliche Angst, daß sie ihn verlassen wird. Wieder steht er vor den vertrauten Schrecken des Alleinseins, dem Leben nicht gewachsen zu sein und von seinen unersättlichen Bedürfnissen überwältigt zu werden. Dem Alter nach ist er ein Erwachsener, doch seelisch immer noch ein verschrecktes Kind.
Das gesamte kontrollierende Verhalten des Frauenhassers gegenüber seiner Partnerin entstammt seiner grundsätzlichen Angst vor dem Verlassenwerden. Es ist eine Angst, gegen die er unter allen Umständen angehen muß. Bei seinem Bestreben, diese Angst zu unterdrücken, versucht er, die Macht über seine Partnerin zu gewinnen, indem er ihr Selbstbewußtsein zerstört. Denn dann kann sie ihn nie verlassen. Dann ist er in Sicherheit.

7. Wie Frauen lernen, Frauenhasser zu lieben

Jackie war sehr entmutigt angesichts der Erkenntnis, daß ihre Ehe mit Mark trotz aller Entschlüsse, es besser zu machen, fast eine Kopie der Beziehung zwischen ihren Eltern war. Sie erzählte mir:

> Ich war entschlossen, ein Zuhause zu haben, in dem die Leute freundlich miteinander umgingen und wo gegenseitiger Respekt herrschte. Ich wollte nicht in dem gleichen Drei-Manegen-Zirkus leben wie meine Eltern. Doch ich erkenne nun, daß ich das gleiche gemacht habe wie sie.

Als Jackie Mark heiratete, hielt sie ihn für einen charmanten, aufregenden Mann, der einen wunderbaren Lebenspartner für sie abgeben würde. Seine positiven Eigenschaften waren der offensichtliche Grund für sie, von ihm angezogen zu werden; die weniger offensichtlichen Gründe blieben ihr verborgen, waren tief in ihr verwurzelt. Was auch immer wir als Grund angeben, warum wir uns in eine bestimmte Person verliebt haben, in Wirklichkeit beruhen viele der Verbindungen, die wir in einer Beziehung formen, auf dem Muster, das wir von unseren Eltern gelernt haben.

Jackie und ich begannen, ihr altes Familienraster zu erforschen, und bald spürte sie, wie es seine Macht über sie verlor. Als sie die Verbindungen zwischen ihrer Partnerwahl als Erwachsener und ihrer Kindheit begriff, gewann sie mehr Kontrolle über ihr Leben und ihre Selbstwertgefühle.

Viele Menschen haben Angst, die Kräfte zu entdecken, die ihren Charakter und ihren Hintergrund geformt haben, weil sie glauben, die Vergangenheit müsse man ruhen lassen und ein Blick zurück müsse ein Schwelgen in Selbstmitleid und alten Wunden bedeuten. Doch die Entdeckung des Selbst kann uns aufregende neue Möglichkeiten und Optionen eröffnen. Je mehr wir begreifen, was uns als Individuen geprägt hat, um so mehr Werkzeuge haben wir in der Hand, uns von Verhaltensweisen zu befreien, die uns nicht mehr dienlich sind.

Was macht Familien so wichtig?

Die Familie sorgt für die grundsätzlichen Bedürfnisse und das Überleben der Kinder; sie stellt auch unsere erste und wichtigste Informationsquelle über die Welt dar. Von ihr lernen wir, wie man denkt, wie man sich selbst beurteilt und was wir von anderen erwarten können. Unsere emotionalen Grundlagen werden dadurch geschaffen, wie unsere Eltern uns behandeln, wie sie miteinander umgehen, welche Botschaften uns ihr Verhalten übermittelt und wie wir mit dieser Information umgehen.

Selbstbild

Kleine Kinder glauben, die mächtigen, wichtigen Eltern hielten das Monopol an Wahrheit und Weisheit. Was immer ein Elternteil daher sagt, muß wahr sein. Wenn ein Elternteil ein Urteil über den grundsätzlichen Wert seines Kindes abgibt, wird diese Meinung in dem beeinflußbaren Verstand des Kindes zur Tatsache. Wenn Eltern ihren Kindern sagen, sie seien gut, wertvoll und liebenswert, werden die Kinder ein positives, solides Bild von sich entwickeln. Sie werden eine gute Behandlung von anderen erwarten, weil sie sie für verdient halten.
Wenn einem Kind aber früh beigebracht wird, daß es schlecht, unzulänglich, wertlos und unliebenswürdig ist, wird es Wege

finden, sein Leben so zu gestalten, daß diese Meinung unterstützt wird.
Einige Kinder nehmen ihr negatives Selbstbild ins Erwachsenenleben mit. Bei der Suche nach einem gemeinsamen Nenner meiner Klientinnen, die einen misogynistischen Partner haben, fand ich heraus, daß alle seit der Kindheit ein grundsätzlich negatives Bild von sich selbst haben. Dieses angekratzte Selbstbild beeinflußte diese Frauen mehr als andere Faktoren, die eine schlechte Behandlung durch ihre Partner zu akzeptieren.

Vorbilder

Während sich unser Selbstbild entwickelt, lernen wir zudem durch Identifikation mit unseren Müttern, was es heißt, eine Frau zu sein und wie Frauen sich gegenüber Männern verhalten. Unsere Väter hingegen sind die ersten Vorbilder, wie sich Männer verhalten und wie sie Frauen behandeln. Außerdem stellt die Interaktion unserer Eltern unser erstes und wichtigstes Modell dar, wie sich Paare zueinander verhalten. Kein Film, kein Fernsehprogramm oder Lesebuch ist ein mächtigerer Lehrer als die tagtägliche Konfrontation mit der elterlichen Beziehung. Als Kinder merken wir nicht, daß es viele verschiedene Weisen gibt, eine Ehe zu führen. Die Ehe unserer Eltern wird zum Vorbild, auf dem unsere zukünftigen Vorstellungen von einer Mann-Frau-Beziehung basieren.

Botschaften

Wir lernen unter anderem von unseren Eltern, indem wir aus ihrem Verhalten Botschaften ableiten. Das Wort *Botschaft* in diesem Sinne bezieht sich nicht auf direkte verbale Kommunikation zwischen Eltern und Kind, sondern auf die kindliche Interpretation des elterlichen Verhaltens und deren Bemerkungen. Man braucht zum Beispiel einem Mädchen niemals direkt

zu sagen, daß ihre Meinung keine Rolle spielt, doch wenn ihre Eltern sie beständig unterbrechen oder ihr sagen, sie möge still sein, dann leitet sie bald ab, daß das, was sie zu sagen hat, nicht wichtig ist.
Die Botschaften, die wir als Kinder empfangen, werden bis zum Ende unseres Lebens zur Grundinformation, die wir über uns und unsere Stellung in der Welt anwenden. Oft ist uns gar nicht bewußt, daß diese Information überhaupt existiert. Einer der größten Vorteile einer Rückerinnerung ist die Aufspürung der Botschaften, die wir von unseren Eltern empfangen haben. Der Entdeckungsprozeß ist vielleicht schmerzhaft, aber er hilft uns bei unseren Bemühungen, unser gegenwärtiges Verhalten zu ändern, vielleicht sogar unser Selbstbild. Botschaften sind immerhin etwas Erlerntes, und was erlernt ist, kann wieder verlernt werden.

Sich wiederholende Muster

Aufgrund unserer Abhängigkeit machen wir als Kinder die Erfahrung, machtlos in einer Welt mächtiger Menschen zu sein. Wenn unser Zuhause unangenehm oder quälend ist, verteidigen wir uns, indem wir uns heimlich schwören wenn wir erst groß sind, alles besser zu machen als unsere Eltern.
Weil wir aber nur kennen, was wir als Kinder gelernt haben, suchen wir als Erwachsene weiterhin die Erfahrungen und Beziehungen, die den Trost der Vertrautheit bieten. Trotz unserer heroischen Versprechen, alles anders zu machen, enden wir oft damit, daß wir unsere Kindheitssituationen und -beziehungen duplizieren. Ein gutes Beispiel dafür stellt der Fall einer Frau dar, deren Vater ein Alkoholiker war und die ebenfalls einen Alkoholiker heiratete. Sie spielt noch einmal, was ihr vertraut ist. Sie versucht sich zudem davon zu überzeugen, daß sie nun, als Erwachsene, die Macht hat, den Familienroman neu zu schreiben und ihn nun glücklich enden zu lassen. Sie hat einst unter dem Liebesentzug ihres Vaters gelitten, der trank. Jetzt

versucht sie, diese Liebe von einem anderen Alkoholiker zu erringen.
Der Trieb, das Vertraute zu wiederholen, verbunden mit dem ebenso starken Trieb, es besser zu machen, stellt eine Falle dar, in die viele Frauen geraten. Trotz ihres Vorsatzes, eine bessere Beziehung zu haben als ihre Eltern, enden sie in sehr ähnlichen Partnerschaften.
Als Jackie und ich ihre Familiengeschichte untersuchten, entdeckten wir in der Vergangenheit viele Muster, die bei ihren gegenwärtigen Problemen mit Mark wieder auftauchten. In Jackies Fall hatte ich besonderes Glück, nicht nur mit ihr selbst, sondern später auch mit Mark und ihrer Mutter Lorraine arbeiten zu könne. Lorraine kam anfänglich, um Jackie zu helfen, mit einem ihrer Konflikte hinsichtlich der Familie fertig zu werden, blieb aber dann, um für sich selbst wichtige Arbeit zu leisten – was mir sehr wertvolle Einsichten in Familienmuster über mehrere Generationen hinweg vermittelte.

Jackies Familiengeschichte

Jackies Mutter Lorraine war siebzehn, als sie Nate kennenlernte. Sie wirkte auf ihn wie eine zarte, schöne, exotische Blumen, die in armer, städtischer Umgebung aufwuchs. Sie interessierte sich für Kunst und studierte Tanz, wenngleich die Familie arm war. Nate verliebte sich wahnsinnig in sie. Er war ein blendender junger Mann mit einer ganzen Schar weiblicher Bewunderer. Er war ehrgeizig, strebsam und charismatisch. Lorraine fühlte sich durch seine spontane Aufmerksamkeit für sie äußerst geschmeichelt.
Nates sexuelle Bedürfnisse waren unersättlich, und Lorraine, die Beschützte, Naive, wurde bald schwanger. Ihre Familie zwang sie und Nate zur raschen Hochzeit. Lorraine mußte ihre Träume aufgeben, Tänzerin zu werden; Nate mußte die High

School verlassen, sich einen Job suchen und seinen Traum aufgeben, Arzt zu werden. Beide fühlten sich betrogen, als habe man ihnen die Jugend abgeschnitten.
Die Beziehung war vom Tag der Eheschließung an stürmisch. Nates Anbetung verwandelte sich bald in wütende Eifersucht und Besitzgier. Er wollte von jeder ihrer Handlungen wissen und gewann die Kontrolle über sie, indem er Wutanfälle aufführte und sie verbal angriff. Während ruhiger Perioden war er immer noch der feurige Liebhaber, doch seine Wutausbrüche trieben sie oft in lange Depressionen und tränenreiche Verweigerung. Die erdrückende Verantwortung von Ehe und Baby im Alter von achtzehn, verbunden mit Nates sprunghaftem Verhalten, zerstörten Lorraines geringe Unabhängigkeit. Das war die Ehe, in die Jackie geboren wurde.

Die unterwürfige Mutter

Eine von Jackies frühesten Erinnerungen bestand darin, daß ihr Vater ihre Mutter anschrie, weil sie eine Schranktür offengelassen hatte:

> Er nannte sie egoistisch, faul und eine verdammte Schlampe, und dann warf er alle Töpfe und Pfannen auf den Boden, und sie mußte sie wieder aufheben. Ich sah, wie meine Mutter zitterte und weinte, aber sie sagte kein Wort. Sie tat einfach, was er ihr befahl.

Lorraine versuchte nicht, sich zu wehren oder sich zu verteidigen. Später beklagte sie sich bei Jackie, wie unglücklich sie sei und daß sie nichts dagegen tun könne. Ob sich Lorraine dessen bewußt war oder nicht, sie stellte für ihre Tochter ein sehr eindrucksvolles Vorbild dar.

Der Vorfall mit der Schranktür steht stellvertretend für den Kommunikationsstil und die Machtverteilung in Nates und Lorraines Ehe. Jackie erhielt, als sie sah, wie ihre Mutter Nates schlechte Behandlung hinnahm, die Botschaft: *Man kann mit aggressiven Männern nur fertig werden, indem man nachgibt und sich unterwirft.* Aus dem Verhalten ihres Vaters lernte sie: *Männer dürfen sich benehmen, wie immer sie wollen: Frauen müssen das hinnehmen.*

In dieser Szene lag eine weitere starke Botschaft: *Mutter kann sich nicht selbst schützen, und gewiß kann sie mich nicht schützen.* Mit anderen Worten: Jackie konnte sich nicht darauf verlassen, daß ihre Mutter ihr beistand, sollte sich der Zorn des Vaters gegen sie selbst richten.

Zwar sendet jedes elterliche Verhalten irgendeine Botschaft aus, doch nur durch Wiederholung formt sie das Weltbild des Kindes. Wenn ein Kind sieht, wie seine Mutter körperliche wie seelische Mißhandlungen hinnimmt, lernt es, daß Männer keine Grenzen in dem kennen, was sie Frauen antun. Eine verprügelte Frau demonstriert ihrer Tochter, daß *eine Frau alles aushalten muß, um einen Mann zu halten.*

Dadurch, daß Lorraine sich beständig Nates schlechte Behandlung gefallen ließ, vermittelte sie Jackie, daß sie ohne ihren Mann nicht überleben würde. Jackie erzählte mir:

> Ich habe nie begriffen, warum meine Mutter, die ich als wunderbar empfand, bei meinem Vater blieb, wenn er sie so schlecht behandelte. Auch als kleines Kind erkannte ich, daß er sie nicht für so wunderbar hielt wie ich. Ich fragte sie oft, warum sie bei ihm bliebe, besonders wenn sie weinte, nachdem er sie wieder angebrüllt hatte, und sie sagte dann: »Wohin soll ich denn gehen? Was soll ich tun? Wer würde sich um uns kümmern?«

Tief gruben sich die Botschaften aus dem Verhalten ihrer Eltern in Jackies Haltung und Urteil ein: *Die Welt ist ein furchtbarer Ort für Frauen ohne Mann; Frauen sind hilflos und von Männern abhängig, und Männer haben in einer Beziehung alle Macht und Frauen keine.* Jackie wuchs mit der festen Überzeugung auf, daß *eine Frau um jeden Preis eine Beziehung mit einem Mann haben muß, selbst wenn dieser Preis in ihrer Würde und ihrem Selbstwertgefühl besteht.*

Wie unsere Gesellschaft die Abhängigkeit der Frauen unterstützt

Traditionellerweise verstärkt unsere Gesellschaft den Gedanken, daß Mädchen Jungen unterlegen sind, daß Mädchen allein hilflos sind und Frauen Männer brauchen, die sich um sie kümmern. Wir alle wissen, daß Männer in den Medien als stärker, kompetenter und klüger als Frauen dargestellt werden, während man Frauen oft als sehr gefühlsbetont, unentschlossen, zerstreut, passiv, unlogisch, manipulierend und sogar bösartig porträtiert. Derartige Stereotype beeinträchtigen die Fähigkeit eines jungen Mädchens, sich als starke, wertvolle Person zu betrachten.

Mit diesem Denkschema geht der Unterschied einher, wie Jungen und Mädchen für verschiedene Leistungen gelobt werden. Mädchen lobt man vielleicht für gute Manieren und Aussehen, Jungen oft für Schulerfolge oder körperliche Geschicklichkeit. Mädchen werden zudem oft gehindert, das Leben zu erforschen und zu beherrschen, und statt dessen ermutigt, die Fähigkeit zu entwickeln, wie man andere manipuliert, sich im Leben für sie einzusetzen. Diese Mädchen bekommen Unterricht in *Hilflosigkeit.*

Auch als Erwachsene glauben viele Frauen weiterhin, daß sie nur wenig Einfluß auf ihr Leben haben. Wir betrachten andere als Entscheidungsträger und sehen das Leben allmählich als etwas, was *mit uns* geschieht. Dieses Denksystem, verstärkt durch die kindliche Identifikation mit Müttern, die extreme Abhängigkeit und Hilflosigkeit demonstrieren, bereitet viele Frauen darauf vor, sich in schlechten Ehen mißhandeln zu lassen.

»Tu, was ich sage, und nicht, was ich tue«

Das Verhalten, und nicht die Worte, übt den größten Einfluß auf ein Kind aus. Wenn eine Mutter ihrer Tochter sagt, sie dürfe einem Mann nicht erlauben, sie zu kontrollieren oder zu mißhandeln, und dann das Gegenteil in ihrer eigenen Beziehung vorlebt, reagiert das Mädchen nur auf die Verhaltensbotschaft, nicht auf die verbale.
Paula, die vor der Heirat mit Gerry eine erfolgreiche Grafikerin war, erzählte mir, ihre Mutter habe sie bei dem Aufbau ihrer Karriere ermutigt und sie sowohl finanziell wie emotional unterstützt:

> Meine Mutter war eine bekannte Malerin und hatte bereits einigen finanziellen Erfolg mit ihren Werken. Doch mein Vater nörgelte ständig an ihr herum. Er stand neben ihr, wenn sie malte, und spottete: »Du bist kein Picasso, meine Liebe.« Als ich vierzehn war, hörte sie ganz mit dem Malen auf. Als ich sie nach dem Grund fragte, antwortete sie: »Was soll's, wenn es Papa nicht gefällt.« Da saß sie also und erzählte mir immer, wie wichtig es für mich sei, meine eigenen Interessen zu verfolgen und das zu tun, was ich wollte, was andere auch immer dazu meinten, und gab selbst die Malerei auf, weil Papa nicht damit einverstanden war. Ich war so wütend auf sie.

Paula erhielt die Botschaft: Es ist wichtig für dich, unabhängig zu sein und einen Beruf und Erfolg zu haben, doch ich darf das nicht. Später, in ihrer Ehe mit Gerry, gab Paula ihre Karriere rasch auf, als er ihre Arbeit kritisch beurteilte. »Ich glaube, mir war es wichtiger, von ihm anerkannt zu werden, als damit fortzufahren«, sagte sie. Trotz der verbalen Unterstützung ihrer Mutter, beruflich erfolgreich zu werden, reagierte sie viel stärker darauf, daß ihre Mutter ihre Karriere aufgab.

Auch wenn eine Frau sich von diesem Rollenvorbild ihrer Mutter befreien kann und finanzielle Unabhängigkeit erlangt, betrachtet sie sich vielleicht immer noch als minderwertig und läßt zu, daß sie von ihrem Partner seelisch mißbraucht wird. Rosalind wie auch Laura stellen gute Beispiele dafür dar. Wie ich im »Paradox der starken Frau« (Seite 109f.) geschildert habe, kann eine Frau im Geschäftsleben eine völlig unabhängige Erwachsene sein und dennoch in ihrer Beziehung wie ein hilfloses Kind reagieren.

Doppelte Identifikation

Dank der großen Widerstandsfähigkeit von Kindern können sie selbst in stark konfliktträchtigen Familien oft noch positive und nützliche Eigenschaften erwerben, die ihnen als Erwachsene dienlich sind. Jackie internalisierte zum Beispiel auf sehr positive Weise einige der aggressiven Eigenschaften ihres Vaters, so daß sie ihre Berufsziel erreichen konnte. Die meisten Frauen mit tyrannischen Vätern und passiven Müttern identifizieren sich primär gleichgeschlechtlich mit den Müttern, doch in ihren Charakter fließt auch einiges von der Aggressivität des Vaters ein. In Familien, in denen ein Elternteil offensichtlich viel stärker ist als der andere, nimmt ein Kind, häufig ohne sich dessen bewußt zu sein, viele Attribute des stärkeren Elternteils in sich auf, auch wenn es dem anderen Geschlecht angehört. Doch Jackie, wie viele andere Frauen, die ich kennengelernt habe, glaubte, sie könne die Macht, die sie von ihrem Vater kopiert hatte, nur im Berufsleben einsetzen. Bei unserer Arbeit entdeckte sie zu ihrer Freude, daß sie die gleiche Durchsetzungsfähigkeit auch für ihr Privatleben anzapfen konnte. Sie hatte bereits die Fähigkeit; jetzt brauchte sie nur noch zu lernen, wie sie sie in ihrer Beziehung zu Mark anwenden konnte. (Ich werde im zweiten Teil des Buches untersuchen, wie man einige dieser Fähigkeiten nutzen und umdirigieren kann.)

Die Angst, Vaters Liebe zu verlieren

Als Jackie fünf war, wurde Lorraine wieder schwanger. Wieder einmal war der Zeitpunkt schlecht gewählt: Nate arbeitete auf Provision, sein Einkommen war daher unregelmäßig. Lorraine, die eine schwierige Schwangerschaft durchmachte, hatte Angst vor der zusätzlichen Verantwortung, die mit einem zweiten Kind verbunden war. Sie kämpfte gegen Depressionen an und verbrachte viel Zeit im Bett. Jackie erinnerte sich, daß sich in diesem Zeitraum das Verhalten ihres Vaters ihr gegenüber stark veränderte:

> Wir saßen eines Abends beim Essen, und ich verschüttete Milch. Mein Vater schrie mich plötzlich an. Noch nie zuvor hatte er mich angebrüllt. Er wurde so wütend, daß ich dachte, er würde platzen. Sein Gesicht wurde knallrot, und die Halsadern schwollen an. Ich hatte furchtbare Angst. Er schrie, ich würde den gesamten Haushalt ruinieren, daß er sich krumm für uns schufte und ich alles kaputt mache. Dann mußte ich alles aufwischen, während er aufpaßte, daß ich auch jeden Tropfen fortputzte. Die ganze Zeit schrie und fluchte er. Ich schluchzte so sehr, daß ich den Boden nicht sehen konnte. Ich dachte, es sei das Ende der Welt, weil ich seine Liebe nun auf immer verloren hatte.

Wenn ein Kind glaubt, die Liebe eines Elternteils verloren zu haben, empfindet es echten Schmerz. Die Tatsache, daß Kinder nicht über die Gegenwart hinausdenken können, verstärkt ihren Kummer; sie glauben, daß die schrecklichen Gefühle, die sie im Moment empfinden, immer bleiben werden.
Kinder sind von den Eltern total abhängig, um emotional und körperlich überleben zu können, und daher ist ihr Bedürfnis nach elterlicher Liebe absolut. Das normale Streben nach einer Bindung mit den Eltern verstärkt sich aber, wenn ein Elternteil seine Liebe verweigert und eine angsteinflößende Rolle spielt. Je angsterregender der Elternteil und je stärker die Drohung, sich zu entziehen, um so heftiger wird sich das Kind in seinem Bemühen an ihn klammern, die Liebe wiederzuerlangen. Für das verwirrte Kind ist der wütende Elternteil, der zugleich liebt und wehtut, ein Gigant. Der Gigant kontrolliert das Leben des Kindes, indem er Angst erzeugt und Liebe manipuliert. Das Kind muß beständig sein Verhalten anpassen, entweder um Zorn zu vermeiden oder die Anerkennung des Elternteils zu erlangen.
Jede Vater-Tochter-Beziehung kennt Konflikte und Meinungsverschiedenheiten, doch wenn der Hauptton in der Beziehung liebe- und respektvoll ist, wird die Tochter ein Gefühl von Vertrauen und Sicherheit gegenüber Männern entwickeln. Weil Vater der erste Mann in ihrem Leben ist, wird er zum Vorbild, an dem sie ihre sich herausschälenden Ansprüche an Männer formen wird. Seine Behandlung wird zudem ihr Selbstbild wesentlich beeinflussen.

»Wenn Papa es sagt, ist es auch wahr«

Als Jackies Vater seine Tochter beschimpfte, begriff sie das als ehrliches Urteil über sie, nicht als den Ausbruch eines wütenden, überkritischen Mannes. Seine Worte wirkten wie körperliche Schläge, und sie beeinträchtigten ihr Selbstwertgefühl ebenso, als hätte er sie verprügelt.

Wenn ein Kind verbalen Angriffen ausgesetzt wird, betrachtet es diese nicht als etwas, das mit ihm geschieht, sondern als etwas, das es durch eigenes Verhalten heraufbeschworen hat. Kinder können nicht begreifen, daß ihre allmächtigen, gottartigen Eltern etwas falsch machen; sie glauben, was die Eltern sagen. Die negative Meinung der Eltern wird zur *Tatsache,* auf der das Kind sein Selbstbild aufbaut. Wenn die Botschaften, die ein Kind empfängt, vornehmlich positiv sind, wird das Selbstbild realistisch sein. Doch bei vielen Kindern werden die positiven Botschaften permanent durch negative aufgehoben.
Nates Meinung über Jackie floß ein in ihre Überzeugung, wie sie sei. Wenn ihr Mann sie später auf fast die gleiche Weise angriff, konnte sie nur allzu leicht in die Rolle des »schlechten Mädchens« zurückfallen.
Ein Kind, das so dazu gebracht wird, sich als »schlecht« zu betrachten, akzeptiert allmählich die Schuld für alles, was zu Hause schief geht.

Wie man lernt, die Schuld auf sich zu nehmen

Als Jackie sechs war, wurde ihre Schwester Clare geboren. Zu diesem Zeitpunkt wurde Nate Leiter eines Sportartikelgeschäfts. Mit einem höheren Einkommen und der Hoffnung auf eine bessere Zukunft zog die Familie in eine größere Wohnung, und Lorraine konnte allmählich so viel Freude an Clare entwikkeln, wie sie es bei Jackie nie vermocht hatte. Jackie wurde bald klar, daß Clare das Lieblingskind war. Clare wurde zum Symbol der familiären Wende zum Besseren. Nate nutzte Jakkies natürliche Eifersucht auf die kleine Schwester als weiteren Beweis für ihre Schlechtigkeit. Er schob jetzt auch immer ihr die Schuld für alle Konflikte und Spannungen in der Familie zu. Zwar griff er Lorraine immer noch verbal an, doch in Jackie

hatte er nun ein weiteres Ziel für seine Wut gefunden. Wann immer er wütend wurde, gab er Jackie an all seinen Enttäuschungen die Schuld.
So, wie Nate Jackie als Ziel benutzte, schob er sie in die Rolle des *Sündenbocks der Familie*. Menschen wie Nate, die keine Verantwortung für ihre Fehler und Frustrationen übernehmen, finden immer eine weniger starke Person, der sie die Schuld an allen Unannehmlichkeiten zuschieben können. Kinder stellen ideale Kandidaten für diese Sündenbockrolle dar, weil sie abhängig sind, verletzlich und nur ein begrenztes Weltbild haben.
Aufgrund dieser Sündenbockrolle innerhalb der Familie konnte Jackie den Gedanken nicht mehr loswerden, daß sie immer Schuld an allem hatte, was in ihrem Leben schief ging. Ihre Schwester wurde jedoch diesen Anschuldigungen nicht ausgesetzt. Das ist nicht ungewöhnlich. Oft werden zwei Kinder innerhalb der gleichen Familie völlig unterschiedlich behandelt. Daher können sie völlig verschiedene Selbstbilder entwickeln und dramatische Unterschiede in ihren Lebenswegen und ihren späteren Beziehungen aufweisen.

»Papa ist nur deinetwegen wütend«

Wenn Lorraine Jackie auf all die Dinge hinwies, die ihren Vater in Wut brachten, verstärkte sie, ohne sich dessen bewußt zu sein, die Idee, daß Jackie Schuld an den familiären Problemen habe. »Papa regt sich nur auf, weil...« sagte Lorraine zu ihr, und dann folgten jede Menge Gründe für Nates irrationales Verhalten.

> Wenn ich zu laut sprach oder zu schnell aß, wenn ich Papa beim Nachhausekommen nicht richtig begrüßte, sagte meine Mutter, ich würde ihn aufregen. Ich habe sehr viel darüber nachgedacht: »Was habe ich getan? Was habe ich gesagt? Warum kann ich nicht so gut sein, daß Papa mich

> liebt und nicht mehr wütend wird?« Ich habe täglich Tausende von Vorsätzen gefaßt, ein besserer Mensch zu werden, damit Papa sich nicht mehr aufzuregen brauchte.

Lorraine bog einen Teil von Nates Wut von sich auf die Tochter ab. Jackie akzeptierte die Verantwortung und glaubte, sie müsse ihren Vater besänftigen, wenn er sich aufregte. Als Ergebnis davon wurde die Energie, die eigentlich ihrer emotionalen Entwicklung hätte zugute kommen müssen, an den Gedanken verschwendet, wie sie der Mutter helfen könne, den Frieden im Haus zu wahren. Das Motto: »Reg Papa nicht auf« bestimmte das Leben von Mutter und Tochter.

»Man kann nie wissen, wie er einen behandelt«

Nate behandelte Jackie nicht immer so schlecht. Wenn er gut zu ihr war, fühlte sich Jackie wie das Zentrum der Welt – geliebt und einzigartig. Wenn er sich liebevoll ihr gegenüber verhielt, fand Jackie ihn heldenhaft und wunderbar und glaubte, daß sie von jetzt an wieder sein geliebtes kleines Mädchen sein würde.

> Ich wünschte mir sehnlichst ein paar Schlittschuhe. Papa hatte versprochen, mir welche zu kaufen, aber ich hatte ungewöhnlich schmale Füße, daher war es sehr schwierig, welche zu besorgen. An dem Abend, an dem er in die Stadt gehen wollte, regnete es heftig, aber er ging. Er mußte es in acht verschiedenen Läden versuchen, ehe er die richtigen fand. Er kam erst nach zehn Uhr nach Hause, und ich war schon im Bett. Aber ich wachte auf, als er in mein Zimmer kam, und ich werde nie vergessen, wie er mich anlächelte, als er sie auf mein Bett legte. Dafür habe ich ihn so geliebt. Ich dachte, er sei der beste und mutigste Vater der ganzen Welt, daß er das für mich getan hatte.

Dieser wunderbare, großzügige Vater mit dem Gegenpol des wütenden tyrannischen Mannes stellte für Jackie einen Menschen von geradezu mythischen Ausmaßen dar. Weil sie stets wußte, sie konnte sich bald im Glanz seiner Anbetung sonnen, empfand sie seine grausamen Aussprüche als um so vernichtender.

»Du mußt ihn auf jeden Fall lieben«

Das Dilemma für Jackie bestand darin, daß sie sich hinreißend fühlte, wenn ihr mächtiger, angebeteter Vater sich ihr gegenüber liebevoll verhielt, doch wenn er grausam war, spürte sie nur Angst, Zurückweisung und Verwirrung.
Jackie fand in ihrer Ehe mit Mark das gleiche Muster. Es gab phantastische Zeiten, wenn Mark sich liebevoll verhielt, und schreckliche Tiefs, wenn er ihr seine Liebe verweigerte und sie grausam behandelte. Wie immer ihr aber zumute war, von ihr wurde erwartete, Mark ihre Loyalität und Verehrung zu erweisen, wie man ihr in der Kindheit beigebracht hatte, dem Vater Liebe und Zuneigung zu schenken, auch wenn er sie schlecht behandelte.
Jackies Verhalten basierte auf mächtigen Botschaften, die lauteten: *Deine Gefühle spielen keine Rolle; auch wenn ein Mann dich schlecht behandelt, muß du ihn lieben.*

Wie man lernt, Wut nicht zu zeigen

Jedes mißhandelte Kind empfindet ungeheuer starke Wut. Wie kann man aber auch ungerecht behandelt werden und keine Wut spüren? Wie kann man behandelt werden, als spielten die eigenen Gefühle keine Rolle, ohne wütend zu werden? Jackie stellte keine Ausnahme dar. Aber wie vielen Kindern war es Jackie verwehrt, ihre Wut zu äußern:

Einmal, während des Abendessens, sagte ich etwas, was Papa nicht paßte, und er sagte zu mir: »Hoffentlich erstickst du daran!« Mir brannten die Tränen in den Augen, und ich hatte das Gefühl, als habe er mich mit einem Dolch durchbohrt. Ich rannte in mein Zimmer und schluchzte mir die Augen aus. Ich konnte nur denken: »Hoffentlich erstickst *du* daran! Ich hoffe, du stirbst!« Ich war so verletzt und wütend. Dann kam meine Mutter in mein Zimmer und sagte: »Komm lieber wieder an den Tisch, weil Papa jetzt wirklich wütend auf dich ist.« Als ich zurückkam, flüsterte sie mir zu: »Sag ihm, daß es dir leid tut.« Ich mußte immer diese fürchterliche Wut herunterschlucken, wenn er mich demütigte.

Wut ist ein normales menschliches Gefühl, und alle Kinder erleben sie in bestimmten Grad. Viele Eltern haben jedoch Schwierigkeiten, damit umzugehen. Oft sehen sie fälschlicherweise die Wut der Kinder als Hinweis auf ihr Versagen als Eltern an. Wenn ein Kind einen Wutanfall bekommt, glauben viele Eltern, die Kontrolle verloren zu haben, und sie fühlen sich hilflos. Kinder müssen ihre wütenden Gefühle ausdrücken können, wenn auch innerhalb vernünftiger Grenzen. Man muß ihnen beibringen, daß *Gefühle* von Wut in Ordnung sind, was aber nicht bedeutet, daß ein Kind einen Hund treten, jemanden schlagen oder etwas zerbrechen kann. Wenn Eltern einem Kind beibringen, den Gefühlen auf angemessene Weise freien Lauf zu lassen, bringen sie ihm etwas sehr Wichtiges bei.

Die gesellschaftliche Beschränkung der Wut bei Mädchen

Jungen ermutigt man, einen Großteil ihrer Aggression durch Kampfsportarten, Prügeleien und übertriebenen Ehrgeiz abzulassen; Mädchen bietet man viel weniger Ventile. Mädchen sollen höflich und manierlich sein, und es gilt nicht als »damenhaft«, ihrer Wut durch Gebrüll, Kämpfe oder aggressive Sportarten Ausdruck zu verleihen. Manche Mädchen verhalten sich sehr jungenhaft, doch die meisten lernen, ihrer Wut nur verbal freien Lauf zu lassen. Klatschen, Schimpfen und Sarkasmus sind hier die Standardformen; andere indirektere Formen sind Beleidigtsein, Schmollen und Weinen.

Gegen sich selbst gerichtete Wut

Wenn verbale Aggression nicht ausreicht, Wut abzulassen, wie es bei Jackie der Fall war, werden die wütenden Gefühle lebendig begraben. Wenn einem starken Gefühl wie Wut der normale Ausdruck verwehrt wird, verschwindet es leider nicht einfach. Es findet ein anderes Ventil. Bei Jackie, wie bei vielen mißhandelten Kindern, wurde sie selbst zum Ziel.

Jackie begann, ihre Wutgefühle zurück auf sich selbst zu richten. Sie fühlte sich schuldig wegen dieser starken, verbotenen Emotionen und war davon überzeugt, sie erfahre dicse nur, weil sie ein schlechter Mensch sei. Die Wut verwandelte sich in Selbsthaß.

Dann versuchte Jackie, für ihre Wut Abbitte zu leisten. Sie entwickelte ein ausgefeiltes System von Verhaltensweisen, die dazu dienten, allen, darunter auch sich selbst, zu beweisen, daß sie in Wirklichkeit gut und liebenswert und vor allem nicht wütend sei. Sie wurde überangepaßt, übernachgiebig und unterwürfig. Genau das bringt man vielen Mädchen bei, und sie tragen diese Verhaltensweisen mit ins Erwachsenenleben.

Das Problem bei diesen Verteidigungsmaßnahmen gegen die Wut ist, daß man einen Teufelskreis errichtet. Je nachgiebiger ein Mädchen ist, um so stärker werden seine Gefühle und Bedürfnisse ignoriert, desto wütender wird es. Und dann wird es um so nachgiebiger, um mit seiner Wut fertig zu werden. Diesen Kreis beschreibt jedes mißhandelte Kind.

»Wenn du dich schlecht fühlst, bist du auch schlecht«

Als Jackie nach der Bemerkung mit dem Ersticken den Tisch verließ, lenkte sie die Aufmerksamkeit auf ihren Vater. Alle verhielten sich nun so, als sei Jackie die Sünderin. Jackie hatte sich schlecht benommen. Nates Grausamkeit durfte nie angesprochen werden. Jackie durfte nicht nur ihrem Ärger und ihrem Zorn keinen freien Lauf lassen, man ließ es nicht einmal zu, daß sie »Au!« sagte.

Wenn einem Kind nicht zugestanden wird, Schmerz auszudrücken, lautet eine der wichtigen, destruktiven Botschaften dabei: *Wenn sie sich schlecht fühlt, ist das ihr eigener Fehler.* Damit verbunden wird vermutlich die Botschaft vermittelt: *Wenn sie eigentlich Trost braucht, verhält sie sich häßlich und abstoßend den anderen gegenüber.* Jackie erinnerte sich:

> Wenn ich wegen irgend etwas weinte, was mein Vater zu mir gesagt hatte, begann er mich sofort zu verspotten. Er imitierte mein Weinen und sagte: »Seht euch dieses häßliche Gesicht an. Das will doch niemand sehen!« Er sagte, ich sei abstoßend und »solle aufhören zu jammern«.

Als Ergebnis dieser Behandlung empfand Jackie auch als Erwachsene Einsamkeit und Isolation, wenn etwas schief ging. Anstatt Trost zu suchen, wenn sie unter etwas litt, lernte sie, sich zu verleugnen, was ihren Kummer vergrößerte. Nachdem Jackie einen Vorfall beschrieben hatte, bei dem Mark, ihr Mann, sich ihr gegenüber grausam verhalten hatte, sagte sie:

> Ich bin es wirklich leid zu erleben, wie ich reagiere und wie unfähig ich bin. Ich habe einfach geschluchzt wie ein Baby. Kein Wunder, daß er mich abstoßend findet.

Jackie hatte sich das Verhaltensmuster angewöhnt, sich selbst zu bestrafen, wenn sie seelisch litt. Sie übernahm diese Maß-

nahme von ihrem Vater. Sie wurde zu ihrem eigenen ärgsten Feind.
Eine der destruktiven Nachwirkungen dieses Verhaltens war bei der erwachsenen Jackie, daß sie um jeden Preis alle schmerzhaften Entscheidungen und Begegnungen vermied. Doch einige Erwachsenenhandlungen, wie die Klärung oder die Auflösung einer Beziehung, beinhalten notwendigerweise emotionalen Schmerz. Wenn man diese Entscheidungen meidet, wird dieser Schmerz durch Selbstverurteilung und Selbstbestrafung verstärkt.

Dramatik als Lebensweise

> Am lebhaftesten kann ich mich an die fühlbare Spannung in der Luft erinnern, wenn Vater zu Hause erwartet wurde. Wenn nur meine Mutter, meine Schwester und ich zusammen waren, spielte sich alles locker und entspannt ab, doch sobald wir den Schlüssel im Schloß hörten, veränderte sich das schlagartig. Wir alle waren angespannt, weil wir nie wußten, in was für einer Stimmung er sein würde. Wir huschten dann immer durch das Haus wie kleine Mäuse, entweder, um rasch noch aufzuräumen, oder um ihm etwas an die Tür zu bringen, damit er freundlich war... einen Drink, seine Hausschuhe, die Zeitung, irgend etwas, damit er ja nicht explodierte.

Die von Jackie beschriebene Spannung war das direkte Resultat des Chaos und der Undurchsichtigkeit in dieser Familie. Alle hatten Angst vor Nates unkalkulierbaren Launen. Es lagen immer Tränen, Flehen, Schreien und die Androhung von körperlicher Gewalt in der Luft, abgelöst von Ruheperioden. Jackie erinnerte sich, daß ihre Mutter häufig nach heftigen Ausbrüchen ihres Vaters weinte, bettelte und flehte; wenige

Augenblicke später küßten sie sich dann und vertrugen sich wieder. Das Klima in ihrem Elternhaus kannte enorme Spannungen, verbunden mit Elementen von Liebe, Freundlichkeit und Zuneigung. Das Ergebnis war ein einziger Gefühlssalat. Jackie gewann daraus die Botschaft: *Dramatik ist ein essentieller Bestandteil der Liebe.*

Man kann erwarten, daß Kinder, die in einer so stürmischen Familie aufwachsen, Aufruhr und Chaos für Liebe halten. Als Erwachsene brauchen sie dann genau diese Elemente in ihrer Beziehung. Sie haben das entwickelt, was ich Sucht nach starker Dramatik nenne.

Diese Dramatiksucht verhüllt, wie viele Abhängigkeiten, die destruktiven und infantilen Aspekte einer Beziehung. Chaos hält die Familienmitglieder in einem Zustand von Erregung, so daß sie die Situation nicht klar und deutlich einschätzen können. Oft sind beide Partner von den Kämpfen so ausgelaugt und erschöpft, daß sie nicht einmal mehr denken können.

Kinder aus derartigen Familien wachsen oft in der Überzeugung auf, daß Spannung ein integraler Bestandteil von Liebe ist. Daher ist ein Mädchen aus einer Dramatikfamilie die ideale Partnerin für den charismatischen, explosiven Frauenhasser. Die Kämpfe, die Spannung, die Dramatik sind für sie »normal« und vertraut. Sie betrachtet die Schwankungen zwischen Verzweiflung und Freude, zwischen Liebe und Haß, zwischen Mißhandlung und intensivem Liebesspiel als Liebesbeweis.

Herrschsüchtige Väter und heranwachsende Töchter

Es folgt ein Teil eines Briefes, um den ich Jackie bat. Er ist an ihren Vater gerichtet und handelt von ihrer Beziehung zu ihm, als sie heranwuchs:

> Ich habe dich so geliebt und angebetet, aber ich habe immer vor Angst gezittert, wenn du wütend auf mich warst. Ich habe alles versucht, um dir zu gefallen, aber nichts schien jemals gut genug. Du hast mich mit all meinen Freundinnen verglichen. Die eine war hübscher, die andere klüger. Wenn ich einmal etwas erreicht hatte, hast du es heruntergemacht. Wenn ich nicht erreichte, was du dir vorgestellt hattest, nanntest du mich eine Versagerin. Du hast mich ständig vor anderen Leuten gedemütigt und degradiert. Ich wußte nie, was du eigentlich von mir wolltest.

Während der Reifezeit wurde Jackie von ihrem Vater eher noch stärker verfolgt, anstatt von ihm die Unterstützung und Hilfe zu bekommen, die sie während dieser Jahre brauchte.

> Ich beging ein furchtbares Verbrechen: ich entdeckte die Jungen. Ich war sehr beliebt, aber ich glaube, deswegen habe ich meinen Vater endgültig verloren. Er schien irgendwie ganz verrückt zu werden. Jedesmal, wenn er mich sah, begann er mit mir zu streiten. Er sperte mir das Taschengeld und weigerte sich, mir Kleider zu kaufen. Ich mußte um alles betteln. Immer, wenn ich verabredet war oder mit Freundinnen irgendwohin ging, erfand er einen Vorwand, damit ich nur ja zu Hause blieb. Jedesmal, wenn ich heimkam, wurde ich verhört. Ich mußte für jede Minute außer Haus Rechenschaft ablegen. Er versuchte, jeden meiner Versuche, unabhängig zu sein, im Ansatz in den Boden zu stampfen.

Es ist nicht ungewöhnlich, wenn ein Vater sich angesichts der aufblühenden Sexualität seiner heranwachsenden Tochter und ihres Bedürfnisses nach Unabhängigkeit unbehaglich fühlt. Nates Verhalten war jedoch extrem und für Jackie sehr schädigend. Nate war verwirrt von seinen verbotenen Gefühlen, die Tochter anziehend zu finden, und ging damit um, indem er sie

gleichzeitig fortstieß und extrem eifersüchtig und besitzergreifend wurde. Indem er Streitereien vom Zaun brach, ständig an ihr herumnörgelte und sie wegen kleinster Anlässe fertigmachte, versetzte er die beiden in einen andauernden Kriegszustand.
Die Reifezeit ist die letzte Phase vor dem Frausein. Sämtliche Kindheitserfahrungen eines Mädchen verschmelzen nun und bilden die Person heraus, die sie als Erwachsene sein wird. Es ist eine Phase, in der sich das Mädchen extrem unsicher fühlt. Seine Gefühle scheinen ein Eigenleben zu führen und zerren es von einer extremen Reaktion zur nächsten. Aus diesem Grund kann die Reifezeit für die gesamte Familie zu einem harten Prüfstein werden. Der Teenager muß unabhängig werden, braucht aber auch die Unterstützung der Familie.
Nates Verhalten zu Jackie in dieser schwierigen Phase überzeugte sie, daß etwas mit ihr nicht in Ordnung sei. Er gab ihr das Gefühl, ihre erwachende Weiblichkeit sei etwas Böses und brandmarkte ihr ganz normales Begehren nach Unabhängigkeit als weiteren Beweis für ihre Schlechtigkeit und ihre Fehler. Natürlich schädigte seine Bestätigung von Jackies Selbstbild als das eines »schlechten Mädchens« ihr Selbstbewußtsein noch mehr.
Frauen, die sich mit misogynistischen Männern einlassen, stammen häufig aus ähnlichen Familien wie Jackie: Es gibt einen tyrannischen, kontrollierenden Vater und eine passive, abhängige Mutter. In irgendeiner Form ist Mißhandlung immer im Spiel. Wenn es sich zusätzlich um körperliche und/oder sexuelle Mißhandlung handelt, ist die Wirkung auf die kindliche Entwicklung und das Selbstbewußtsein noch zerstörerischer.

Die Wirkungen von körperlicher und/oder sexueller Mißhandlung

Als Nancy wegen ihrer Depression und ihres Übergewichts zum ersten Mal zu mir kam, war sie sich nicht einmal bewußt, daß sie als Kind körperlich mißhandelt worden war. Im Verlauf der Therapie kam heraus, daß ihr Vater sie brutal behandelt hatte. Erst dann konnte sie den Zusammenhang erkennen, wie Jeff sich zu ihr verhielt und wie sie als Kind behandelt worden war. Nancy hatte sich daran gewöhnt, durch Angst und schwere Prügel kontrolliert zu werden. Wie alle Kinder hatte sie gelernt, sich selbst die Schuld für die Mißhandlungen zu geben, denen sie ausgesetzt wurde. Als sie in ihrer Ehe als die »Schlechte« gekennzeichnet war, war ihr das sehr vertraut.

Wenn ein Mädchen sexuell mißbraucht wird, treten zu den Selbstvorwürfen noch Heimlichkeit und Schuldgefühle. Der inzestuöse Aggressor projiziert stets die Schuld für sein Verbrechen auf das belästigte Kind. Das Mädchen betrachtet sich daraufhin als schmutzig und wertlos. Wenn eine Frau als Kind Demütigung, Verrat und Ausbeutung als Bedingungen für ihr Überleben akzeptiert hat, wird sie vermutlich später mit Männern auch Beziehungen haben, in der sie das Opfer ist und der Mann sie mißhandelt.

Das schreckliche Verbrechen des Inzests erlangt allmählich die ihm zustehende Aufmerksamkeit. In den Vereinigten Staaten wird mindestens eins von zehn Mädchen von einem vertrauten Mitglied der Familie belästigt. Diese Erfahrung richtet bei einem jungen Mädchen ungeheuren Schaden an und verzerrt sein Selbstbild, eine liebenswerte Frau zu sein.

8. Wahnsinn für zwei

Eine misogynistische Beziehung ist für beide Seiten nicht wirklich befriedigend, weder für die Frau, noch für den Frauenhasser. Wie wir gesehen haben, ist es aber die Frau, die am meisten leidet. Der ungeheure Unterschied in der Machtverteilung, der sich so nachteilig für sie auswirkt, fesselt sie und ihren Partner in einer Verbindung, die ich »Wahnsinn für zwei« nenne.

Wann immer zwei Menschen eine enge Beziehung eingehen, gibt es Polarisierungen und daher ein Ungleichgewicht in der Machtverteilung. In gesunden Beziehungen wechselt die Macht, so daß jeder Partner zeitweise mehr Macht hat als der andere. Bei misogynistischen Beziehungen hat jedoch nur der Mann Macht. Sie wechselt niemals auf die Frau über.

Sowohl der Frauenhasser als auch seine Partnerin lernten in der Kindheit, die Welt in Begriffen von Mächtigen und Hilflosen zu sehen. Beide erfuhren sich als schwach und unterlegen. Doch als Erwachsener erscheint der Mann stark, weil er aggressiv, beleidigend und einschüchternd ist, während die Frau schwach erscheint, weil sie ihn besänftigt und seinen Forderungen nachgibt. Was sich nach außen hin zeigt, ist jedoch nicht notwendigerweise identisch mit dem, was sich unter der Oberfläche abspielt.

Der Austausch verbotener Gefühle

Wir fühlen uns oft von Partnern angezogen, die für uns jene Gefühle ausagieren, die uns am unbehaglichsten sind. Das ist eine Möglichkeit, schambesetzten Gefühlen Ausdruck zu verleihen. Aus diesem Grund fühlen sich viele Frauen von Misogy-

nisten angezogen: Sie wirken mächtig, aggressiv, dynamisch und fähig, ihre Wut herauszulassen, wann immer ihnen danach zumute ist.
Wenn die Frau seit ihrer Kindheit sowohl Angst vor ihrer Wut hatte als auch Schwierigkeiten, mit ihr umzugehen, wird sie den Frauenhasser als jemanden ansehen, der für sie wütende Gefühle äußern kann.
Er hingegen empfindet tiefsitzende Scham wegen seiner Hilflosigkeit. Einer der Gründe für die Anziehungskraft seiner Partnerin auf ihn ist, daß sie für ihn einen Teil seiner verletzlichen Gefühle ausdrücken kann.
Diese gegenseitige Anziehung und der Austausch verborgener Gefühle spielen sich nicht im Bereich des Bewußtseins ab. Dieser unbewußte Austausch, der den Frauenhasser und seine Partnerin dazu treibt, sich auf ihre spezielle Weise zueinander zu verhalten, stellt eine mächtige unterschwellige Kraft in ihrer Beziehung dar.

Der Austausch von Abhängigkeiten

Der Frauenhasser hat Schwierigkeiten mit den Gefühlen der Traurigkeit und der Hilflosigkeit, weil er sich ihrer schämt; Verletzlichkeit paßt nicht in sein Selbstbild als Mann. Diese Gefühle existieren jedoch, und wie alle starken Emotionen müssen sie irgendwie Ausdruck finden. Wenn seine Partnerin diesen Gefühlen freien Lauf läßt, erfährt er sie »aus zweiter Hand«. Indem er die Frau zusätzlich kontrolliert, gewinnt er ein Gefühl von Herrschaft über den ängstlichen kleinen Jungen, der sich in ihm verbirgt.
Dieser unbefriedigende Austausch hat zwei untrennbar damit verbundene Nachteile. Erstens, die Fähigkeit der Frau, seelischen Schmerz auszudrücken, spiegelt den Teil des Mannes wider, den er am meisten fürchtet und haßt. Er braucht es zwar, daß sie diese Verletzlichkeit zeigt, doch verachtet er sie deshalb als »schwach« oder »krank«. Zunächst bringt er sie dazu, diese

schambesetzten Gefühle für ihn auszudrücken, doch dann haßt er sie deswegen.
Zweitens, er hat vielleicht seine Angst vor dem Verlassenwerden soweit beruhigt, weil er sie so eingeschüchtert hat, daß sie es nicht wagt, zu gehen, doch sie wird dadurch vielleicht von ihrem Kummer so besetzt, daß sie sein unersättliches Verlangen nach Zuwendung nicht mehr erfüllen kann. Also fühlt er sich genauso verlassen – und genau das hat er vermeiden wollen.

Der Austausch von Wut

Auf die gleiche Weise, wie der Frauenhasser einige seiner Abhängigkeitsgefühle durch das Verhalten der Partnerin abläßt, leitet sie einen Teil ihrer Wut durch seine Ausbrüche ab.
Jackie erzählte mir, daß Marks Anfälle zwar sehr angsterregend und schrecklich für sie seien, doch sie spüre auch Neid auf seine Freiheit, Wut auszudrücken:

> Ich könnte nie so explodieren. Immerhin versteht er es, Druck loszuwerden. Er schluckt nichts herunter wie ich.

Obwohl Jackie Marks Wutausbrüche stellvertretend erfuhr, reichte es nicht, vollständig mit ihrer eigenen Wut fertig zu werden. Anstatt dessen fügten seine Ausbrüche, die sich ja gewöhnlich gegen sie richteten, eine weitere Schicht zu der Wut hinzu, die sie seit der Kindheit in sich herumtrug.
Wie viele Frauen hatte Jackie nur wenige gesellschaftlich akzeptierte Ventile für ihre Wut. Jackie war über die Kraft all dieser angestauten Gefühle erschrocken. Sie glaubte, falls sie es jemals zuließ, wütend zu werden, würde sie völlig die Beherrschung verlieren. Sie hatte das Gefühl, ihre Wut sei ein bodenloses Faß, und falls sie es jemals anzapfte, könnte sie es nie wieder schließen.

Wut und Leiden

Wir alle müssen ausdrücken, was wir denken und fühlen. Wenn wir die normalen Kanäle dafür zusperren, finden die Emotionen andere Wege, auf denen sie sich manifestieren. Einige dieser Manifestationen können sehr destruktiv sein.
Wenn eine Frau in einer misogynistischen Beziehung ihre Wutgefühle negiert, kehren sie oft im Gewand von Krankheit zurück. Für viele Frauen ist *Leiden der einzige Weg, über den sie ihre Wut ausdrücken können.*
Ich habe oft gehört, wie Frauen lange Listen körperlicher und seelischer Probleme aufzählten, aber nur selten stellten sie einen Zusammenhang zwischen ihrem schlechten Befinden und der Beziehung zu ihrem Partner her. Der folgende Wortwechsel über dieses Thema entstammt einer meiner jüngsten Radiosendungen:

JENNIFER: Ich möchte lernen, wie ich mit meinem Mann besser umgehen kann.
SUSAN: Was bedeutet das?
JENNIFER: Also, er schimpft die ganze Zeit mit mir.
SUSAN: Worüber schimpft er?
JENNIFER: Oh, über alles mögliche. Ich scheine ihm nichts mehr recht machen zu können.
SUSAN: Was tut er, wenn er sich so aufregt?
JENNIFER: Er ist sehr dominierend. Immer gibt er Befehle. Niemals bittet er. Er stellt einfach Forderungen. Er beschimpft mich, nennt mich dumm und aggressiv.
SUSAN: Und wie fühlen Sie sich dann?
JENNIFER: Schrecklich. Ich bin ständig deprimiert.
SUSAN: Wie lange haben Sie schon Depressionen?
JENNIFER: Eigentlich seit fünfzehn Jahren immer mal wieder.
SUSAN: Meinen Sie nicht, es bestünde ein Zusammenhang

zwischen der Art, wie Sie behandelt werden, und wie Sie sich fühlen?

JENNIFER: Ach, wissen Sie, er ist nicht die ganze Zeit so. Ich muß Ihnen da einen falschen Eindruck gegeben haben. Er sorgt sehr gut für seine Familie und ist richtig lieb, wenn er sich nicht über mich aufregt.

SUSAN: Aber wenn er wütend wird, ist er doch sehr kritisch und beleidigend. Wie wirkt das denn auf Sie? Wenn Menschen so behandelt werden, geraten sie gewöhnlich in Wut. Sind Sie nicht wütend, Jennifer?

JENNIFER: (beginnt zu weinen) Ja, aber ich liebe ihn und weiß, daß er mich liebt.

SUSAN: Das kann schon sein, aber Sie richten Ihren ganz normalen und angemessenen Zorn gegen sich selbst. Dann verwandelt er sich in Depressionen und Selbstvorwürfe. Das sind sehr typische Möglichkeiten von Frauen, mit der Wut, die sie nicht ausdrücken können, fertig zu werden.

Jennifer hatte es geschafft, ihr Problem von ihrer Beziehung zu trennen. So lange sie die Aufmerksamkeit auf ihre Depression und ihre »Fehler« richten konnte, vermied sie es, sich der Destruktivität ihrer Beziehung zu ihrem Mann zu stellen. Jennifer ist kein atypischer Fall. Viele Frauen verwandeln ihre Wutgefühle in seelische und körperliche Krankheiten.

Streß und Wut

Unterdrückte Wut ist eine der Hauptursachen von Streß. Sie kann in der Tat den Menschen erschöpfen. Anstatt mit ihrer nicht akzeptierten Wut auf den Partner umzugehen, lenken viele Frauen unbewußt diesen Zorn gegen sich selbst, nach innen. Je häufiger eine Frau dies tut, um so stärkeren inneren

Schaden richtet sie dabei an. Die medizinische und psychiatrische Literatur wimmelt von Beschreibungen von Krankheiten, die aus dieser Unfähigkeit herrühren, mit Aufregungen fertig zu werden.

Körperliche Manifestationen von Streß

Die Familiengeschichte, genetische Veranlagung und verschiedene Charakteristika der Persönlichkeit und des Körpers bestimmen, wie sich bei einer Frau Streßsymptome äußern. Streß kann sich im Muskel-Skelettsystem als Rückenschmerzen, Muskelkrämpfe, allgemeine körperliche Verspanntheit und/oder Spannungskopfschmerz äußern. Er manifestiert sich vielleicht im Verdauungstrakt als Magengeschwür, Kolitis, chronische Verdauungsbeschwerden oder in verschiedenen Darmstörungen. Streß kann sich außerdem im kardiovaskulären System in Krankheiten wie Gefäßkopfschmerz und Migräne äußern. Tödlich kann es verlaufen, wenn er sich in hohem Blutdruck und Herzkranzgefäßkrankheiten niederschlägt.

Wenn Streß sich emotional niederschlägt

Die häufigste und nachteiligste dieser Ausdrucksformen ist die *Depression,* die sich auf vielfältige Weise äußern kann. Wenn man sich gelegentlich traurig, negativ, einsam oder unsicher fühlt, ist das normal. Bei einer ernsthaften Depression werden diese Gefühle jedoch chronisch und überlagern alles andere. Einige deprimierte Frauen merken vielleicht nur, daß sie sich ständig müde und gelangweilt fühlen. Sie klagen vielleicht darüber, keinen Schwung und keine Begeisterungsfähigkeit zu haben. Für sie besteht die Depression vornehmlich darin, keine Freude oder Vergnügen empfinden zu können. Andere Frauen verfallen in Lethargie, schlafen jeden Tag stundenlang, während alle Gefühle und Reaktionen abstumpfen. Andere Frauen

wiederum spüren Schmerz sehr scharf und direkt. Vielleicht weinen sie viel und brechen bei der geringsten Provokation in Tränen aus. Sie können Selbstmordphantasien und -wünsche entwickeln, wenn die Depression stärker wird, und diese Wünsche in einigen Fällen auch umsetzen.
Nur wenige Menschen geben zu, deprimiert zu sein, weil sie darin fälschlicherweise ein Zeichen von Schwäche oder einen Fehler sehen. Doch schon einige der folgenden Symptome können auf eine Depression hindeuten:

- ständige Müdigkeit,
- Langeweile,
- Unfähigkeit, Dinge zu genießen, die früher Freude machten,
- Schlafstörungen: entweder zuviel Schlaf oder das Gegenteil: Schlaflosigkeit,
- allgemeines Gefühl von Niedergeschlagenheit,
- Grübeln über die Vergangenheit und wie sich alles entwikkelt hat,
- Pessimismus im Hinblick auf die Zukunft,
- kein Interesse an Sexualität,
- Überreaktion auf Kleinigkeiten,
- Konzentrations- und/oder Erinnerungsstörungen,
- Appetitlosigkeit und ungewöhnlicher Gewichtsverlust,
- Heißhunger und ungewöhnliche Gewichtszunahme,
- extreme Reizbarkeit,
- Vernachlässigung des Äußeren,
- häufige Gedanken an Tod oder Sterben.

Auch bei anderen emotionalen Reaktionen kann Streß der zugrunde liegende Faktor sein. Anfälle von Angst und Panik, Schlafstörungen und eine Reihe von Stimmungswechseln können dem Streß aus unterdrückter Wut entstammen.
Ich möchte hier nicht behaupten, jedes psychische Problem einer Frau sei das direkte Resultat dessen, wie ihr Partner sie behandelt. Wir wir gesehen haben, erlebten viele der Frauen, die sich mit Frauenhassern verbanden, eine schwierige Kindheit

und hatten vielleicht schon bestehende Neigungen zu emotionalen Problemen wie Depressionen. Einige Depressionen und Angstzustände sind, wie heute bekannt ist, das Ergebnis einer chemischen Unausgewogenheit im Körper. Dennoch stellen der Schmerz, die Verwirrung, der Verlust des Selbstvertrauens und die unterdrückte Wut, die in diesen Beziehungen existieren, den perfekten Nährboden für körperliche und seelische Krankheiten und deren Intensivierung dar.

Streß und Sucht

Einige Frauen versuchen, dem Streß mit einer der vielen körperlichen Abhängigkeiten zu begegnen. Exzessives Trinken, Drogengebrauch, starkes Rauchen und zwanghaftes Essen können zeitweise nicht akzeptierte Gefühle und Impulse überdecken. Eine Sucht dient einem doppelten Zweck. Sie stumpft den Schmerz ab und verstärkt zugleich die Weigerung, mit seinem Grund umzugehen. Sie kann eine chaotische Beziehung tolerierbar erscheinen lassen, während sie das Unbehagen vermindert, das eine Veränderung bewirken könnte.

Welche Form die Sucht auch annimmt, sie stellt einen verzweifelten Versuch dar, seelisch zu überleben. Eine Frau in einer für sie schädlichen Beziehung vermindert jedoch ernsthaft ihre Chancen, ihre Lage zu verbessern, wenn sie zu ihren bereits überwältigenden Konflikten und dem Streß noch eine körperliche Abhängigkeit hinzufügt. Eine Sucht höhlt Körper und Verstand aus und vertieft das Gefühl von Hilflosigkeit und Selbsthaß. Die Frau liefert zudem dem Partner einen weiteren Beweis ihrer Unzulänglichkeit und eine weitere Rechtfertigung seines Bedürfnisses, sie zu kontrollieren.

Wenn ich die Arbeit mit einer Frau beginne, die körperlich abhängig ist, mache ich deutlich, daß ich sie nur behandele, wenn sie sich an einem Programm beteiligt oder sich an eine Organisation wendet, die ihr helfen kann, ihre Abhängigkeit zu durchbrechen.

Die verborgenen Konsequenzen von Krankheiten

Die oben aufgeführten Reaktionen *strafen* die Frau für ihre unakzeptierbaren Gefühle. Sie stellen vielleicht auch den unbewußten Wunsch der Frau dar, den Partner durch ihr Leiden zu bestrafen. Sie versucht vielleicht, dem Partner mit ihren körperlichen Symptomen folgende Botschaften zu vermitteln:

- Schämst du dich nicht, wenn es mir durch dein Verhalten so schlecht geht?
- Du bist ein schlechter Mensch, weil du mir das antust.
- Es liegt an dir, wenn es mir besser gehen soll.
- Siehst du, wie ich leide? Du mußt dich um mich kümmern und nett zu mir sein.

Vielleicht glaubt die Frau, ein Anrecht darauf zu haben, daß man sich um sie kümmert und Mitleid mit ihr hat, weil sie krank ist. Entscheidend aber ist, daß sie die Krankheit als Rechtfertigung betrachtet, nichts zu unternehmen, was ihr Leben verbessern könnte. *Leiden verändert jedoch überhaupt nichts.*
Indirekte Kommunikationsversuche durch die Hintertür zeigen niemals Wirkung, weil sie nicht die wahren Themen angehen. Außerdem hat der Frauenhasser nur selten Verständnis für die Gefühle seiner Partnerin. Falls er erkennt, daß sie leidet, verhält er sich vermutlich so, als habe das mit ihm nichts zu tun. Die Krankheit der Frau dient als weiterer Beweis für ihre Unzulänglichkeit. Wenn sie körperlich oder seelisch zusammenbricht, trägt das nur zu seiner Verachtung für ihre Schwäche bei. In seinen Augen ist sie dann nicht nur schlecht, sondern auch noch jämmerlich geworden.

Der Versuch, sich zu wehren, ohne wütend zu werden

Wie nachgiebig eine Frau auch ist, wie häufig sie ihre Wut in Krankheiten verwandelt – die Wut auf den Partner, weil er sie grausam behandelt, kann nicht vollständig unterdrückt werden. Sie bricht sich in einer Reihe von subtilen, aber feindseligen Maßnahmen Bahn.

Direkte Feindseligkeit

Vielleicht versucht die Frau in einer misogynistischen Beziehung, sich mit einem verdeckten verbalen Angriff oder Schüssen aus dem Hinterhalt zu rächen und einen Teil ihrer Wut loszuwerden. Lorraine war wütend, wie Nate sie behandelte, aber sie hatte nur wenige Möglichkeiten, dies auszudrücken. Jackie erinnerte sich:

> Meine Mutter verglich meinen Vater mit anderen Männern und ließ ihn wissen, daß er nicht so gutaussehend, intellektuell oder gebildet war. Ich erinnere mich, daß sie ihn einmal eine »dumme Krämerseele« nannte. Außerdem zog sie ihn auf, weil er nicht sehr groß war, womit sie wirklich einen wunden Punkt traf. Sie machte sich vor anderen Leuten über ihn lustig, wenn er Wörter falsch aussprach. So konnte sie ihm einiges heimzahlen.

Wie zu erwarten, dienten Lorraines feindselige Bemerkungen Nate nur als weitere Rechtfertigung, sie grausam zu behandeln.

Indirekte Feindseligkeit

Einige Frauen drücken ihre Wutgefühle aus, indem sie bestimmte Dinge *nicht* tun. Sie vergessen vielleicht Kleinigkeiten, die ihren Partnern wichtig sind, legen Schwierigkeiten an den Tag, selbst wenn es um einfachste Entscheidungen geht, oder gewöhnen sich die ärgerliche Eigenschaft an, ständig zu spät zu kommen. Viele Frauen verweigern sich sexuell, was eine machtvolle Art darstellt, Wut auszudrücken. Oder sie verhalten sich kühl und distanziert und ziehen sich in wütendes Schweigen und Schmollen zurück.

Ob die Wut nun direkt oder indirekt ausgedrückt wird, die Maßnahmen sind angesichts der ständigen explosiven Angriffe des Frauenhassers nur schwach.

Bei dem Austausch »Abhängigkeit gegen Wut« ist es wiederum die Frau, die zu kurz kommt. Obwohl der Misogynist aufgrund seiner Hilflosigkeit Konflikte und Ängste erfährt, fühlt er sich dennoch ungehemmt, seiner Wut freien Lauf zu lassen. Ich glaube, das ist der Grund, warum diese Männer so wenig leiden.

Die Frauen hingegen genießen nicht diese emotionelle Freiheit, ob aus Angst vor Vergeltung, aufgrund alter Familienprogrammierung oder aus Angst, zusammenzubrechen oder die Liebe des Partners zu verlieren. Sie unterdrücken ihre Wut und wenden sie schließlich gegen sich selbst.

Eine Beziehung, in der ein Partner feindselige Gefühle äußern darf und der andere nicht, beruht auf einer ernsthaften Differenz in der Machtverteilung. Doch die Frau, die sich in einer derartigen Beziehung als machtlos erfährt, sieht die Dinge nicht so, wie sie sind. Sie hat in Wirklichkeit *mehr* Macht als der Partner, weil *er weitaus abhängiger von ihr ist als sie von ihm.*

Sie merkt es nur nicht. Seine Hilflosigkeit, seine Angst vor dem Verlassenwerden, sein Bedürfnis nach totaler Kontrolle, sein intensives Besitzenwollen und sein verzerrtes Bild von der Wirklichkeit machen ihn zu einem Papiertiger. Wie mächtig er

auch erscheinen mag, er *fühlt* sich nur mächtig, wenn er sie unterdrückt und kontrolliert. Diese Verteidigungshaltung verleiht ihm ein Gefühl von Sicherheit, sperrt ihn aber auch in ein sehr starres System von Verhaltensweisen ein.
Im Gegensatz dazu ist die Frau, wenn sie erst gelernt hat, ihre wirkliche Kraft genau einzuschätzen, in einer viel besseren Position als er, ihr Verhalten und ihr Leben zu ändern.

Teil II

Die Frauen, die sie trotzdem lieben

Hinweis für die Benutzung des zweiten Teils

Im zweiten Teil des Buches geht es darum, Ihnen klarzumachen, wie Sie sich selbst helfen und Ihre Beziehung zu Ihrem Partner ändern können. Auf diesem Weg, eine Beziehung zu erforschen und zu verändern, ist es wichtig, die vielen Übungen und Aufgaben durchzuarbeiten, die ich auch meinen Klientinnen aufgegeben habe.

Mein Beratungsstil ist sehr direktiv, und ich setze häufig das Aufschreiben als Methode ein, um die verborgenen oder begrabenen Gefühle aufzuschlüsseln und sich darauf konzentrieren zu können. Oft besteht Widerstand gegenüber dieser Art von Arbeit; die Versuchung ist groß, die Übungen durchzulesen, ohne die Aufgaben zu erfüllen. Sicher gewinnt man auch viel, wenn man über die von mir benutzten Prozesse und die Informationen zur Neuverhandlung einer Beziehung nur liest. Aber wenn man ein Diätbuch nur durchgeht, ohne die Rezepte auch auszuprobieren, wird man nicht dünner. Die Übungen durchzulesen, ohne die Aufgaben zu erfüllen, vermittelt nicht die Fähigkeit, eine unglückliche Beziehung zu verändern oder, falls notwendig, zu beenden.

Beigefügt sind Fragebögen und Briefe, die beantwortet bzw. geschrieben werden sollen, und andere Arten schriftlicher Übungen. Ich schlage vor, daß sie beim Lesen Papier und Bleistift parat halten. Vielleicht besorgen Sie sich auch ein Heft zu diesem Zweck, damit Sie Ihre Arbeit später durchsehen können. Bitte heben Sie auf jeden Fall die schriftlichen Aufzeichnungen auf, weil ich mich im weiteren Verlauf des Buches wieder darauf beziehen werde.

Auch wenn Sie gegenwärtig nicht in einer misogynistischen Beziehung leben, können Ihnen einige der Methoden und Verhaltensweisen, die ich entwickelt habe, helfen, selbstsicherer zu werden und wirksamer mit seelisch grausamen Personen in ihrem Leben umzugehen.

Wenn Sie in einer misogynistischen Beziehung leben, werden die Übungen, die ich hier aufgebe, Sie einen steinigen Weg entlangführen. Ein Teil der Arbeit ist schmerzhaft, aber der Erfolg ist dauerhaft und jede Unannehmlichkeit wert. Am wichtigsten ist, daß diese Fähigkeiten Ihnen helfen werden, einen Großteil des Selbstvertrauens wiederzufinden, das Sie verloren glaubten. Wir werden gemeinsam, Sie und ich, dieses Selbstbewußtsein wiedergewinnen und in Ihr Leben integrieren.

9. Wie fühlen Sie sich?

Als meine Klientin Nancy zum ersten Mal zu mir kam, war sie nicht in der Lage zu erkennen, daß viele ihrer Probleme mit ihrer Ehe zu tun hatten. Ihr Mann Jeff hatte eine derart totale Kontrolle über ihrer beider Leben errichtet, daß Nancy die Perspektive verloren hatte, was eigentlich mit ihr geschah. Sie wußte nicht, für was sie verantwortlich war, wie sie sich fühlte oder wie Jeffs Behandlung auf sie wirkte. Nancy mußte, um die Kontrolle über ihr Leben zurückzugewinnen, für sich selbst definieren, was sinnvoll war und was wirklich, anstatt ständig Jeffs Ansichten zu akzeptieren. Wir mußten uns daher auf Nancys Gefühle, Gedanken und Verhalten ebenso konzentrieren wie auf Jeffs Benehmen. Der erste Schritt lautete: Mit den eigenen Gefühlen Kontakt aufnehmen.

Die Bedeutung der Gefühle

Jeffs Kontrolle über Nancys Leben beeinflußte nicht nur, was sie dachte und wie sie sich verhielt, sondern auch, was sie fühlen sollte, um seine Liebe und Anerkennung zu erringen.

> Er sagte zum Beispiel: »Sag mir, was du fühlst. Bitte, ich möchte es wissen. Wir müssen doch miteinander reden. Sag mir einfach, was du fühlst.« Dann antwortete ich vielleicht: »Mich verletzt, daß du gerade gesagt hast, ich sei zu dumm, das zu begreifen.« Und dann bellte er: »Falsch, Nancy. Das sind die falschen Gefühle. Das solltest du nicht denken.«

Jeff nannte alles »falsch«, was ihm nicht gefiel. Aber bei Gefühlen gibt es, anders als beim Verhalten, keine moralischen Kategorien. Es gibt keine »richtigen« oder »falschen« Gefühle. Niemand hat das Recht, unsere Gefühle zu beurteilen oder herunterzumachen. Gefühle existieren einfach, und wir haben ein Recht auf sie.

Im Verlauf der vierjährigen Ehe zwischen Nancy und Jeff hatte sie ihre Gefühle so stark unterdrückt, daß sie sie nicht mehr erkennen konnte. Sie hatte zugenommen, ein Magengeschwür bekommen, war stark depressiv und hatte jegliches Selbstvertrauen in ihre Fähigkeiten verloren. Als Jeff begann, ihre Emotionen zu beurteilen und zu verdammen, wußte Nancy nicht mehr, was sie eigentlich fühlen »sollte«. Aufgrund der Unterdrückung jener Gefühle, die Jeff als »falsch« bezeichnete, hatte sie begonnen, sich von ihren *Emotionen zu distanzieren und sie anzuzweifeln.* Als sie zu mir kam, war sie sich nur noch einer Tatsache gewiß, nämlich ihres Unglücks.

Nancys Unglücklichsein war ein sehr deutliches Zeichen, daß etwas mit ihr nicht in Ordnung war. Aber wie viele Frauen glaubte sie, sie müsse es »durchstehen«, wenn ihr etwas weh tat. Wenn sie ihrem Leiden Aufmerksamkeit schenkte, bedeutete das für sie, sich in »Selbstmitleid« zu suhlen.

Die emotionale Bestandsaufnahme

Unsere Gefühle sind die besten Informationsquellen über uns selbst. Sie sind die besten Ratgeber, wer wir sind, was wir brauchen und was uns als Individuen wichtig ist. Wenn wir begreifen wollen, was mit uns geschieht, müssen wir zuerst diejenigen Gefühle identifizieren und auflisten, die uns selbst, unser Leben und unseren Partner betreffen.

Die folgende Liste von Fragen soll Ihnen dabei helfen. Die in den Fragen angesprochenen Gefühle sind diejenigen, die am häufigsten von Klientinnen aus misogynistischen Beziehungen geäußert werden. Bitte beantworten Sie jede Frage mit »ja«

oder »nein«. Sie können außerdem jene Fragen markieren, die in unmittelbarer Nachbarschaft zu denen stehen, die Sie mit »ja« beantwortet haben. Wenn Sie andere starke Gefühle empfinden, die hier nicht aufgeführt sind, schreiben Sie sie bitte auf.

1. Fühlen Sie sich meistens traurig?
2. Haben Sie Angst vor Ihrem Partner?
3. Fühlen Sie sich hoffnungslos oder überfordert?
4. Sind Sie meistens wütend?
5. Empfinden Sie Verwirrung und Erstaunen darüber, wie Sie sich verhalten sollen?
6. Fühlen Sie sich von Ihrem Partner überwältigt?
7. Fühlen Sie sich schuldig und immer im Unrecht?
8. Empfinden Sie Selbsthaß?
9. Fühlen Sie sich frustriert?
10. Haben Sie das Gefühl, in der Falle zu sitzen?

Wenn Sie sechs oder mehr Fragen mit »ja« beantwortet haben, leiden Sie gewiß unter starker seelischer Belastung.
Viele Frauen, die das Ausmaß ihres seelischen Aufruhrs abstreiten oder verringern, haben Angst, ihre Gefühle kennenzulernen. Das ist völlig normal. Es ist niemals leicht, den Blick nach innen zu richten. Jedoch besteht der erste Schritt in die Richtung, seine Gefühle und damit sein Leben zu verändern, darin, allen Mut zusammenzufassen, um diese Art seelische Erkundung vorzunehmen. Gemeinsam werden wir mit einigen der Gefühle umgehen, die Ihnen dabei entgegentreten.
Zunächst einmal müssen Sie begreifen, woher diese starken Gefühle stammen, um zu lernen, sie zu beherrschen, damit Sie nicht von ihnen überwältigt werden. Gefühle können wunderbar sein, aber wenn sie außer Kontrolle geraten oder vornehmlich aus Angst und Hilflosigkeit herrühren, können sie das Urteilsvermögen und den Verstand beeinträchtigen.

Die wichtige Verbindung zwischen Gedanken und Gefühlen

Die meisten Menschen sind sich nicht bewußt, daß unsere Gefühle das direkte Resultat unserer Gedanken sind. Wir glauben eher, daß die Gefühle von äußeren Ereignissen beeinflußt werden. Aber *es muß einen Gedanken geben, ehe ein Gefühl entstehen kann.* Die folgenden Bemerkungen zeigen, wie manche Menschen ihre Gedanken mit ihren Gefühlen verwechseln:

- Ich fühle, daß du wütend bist.
- Ich habe das Gefühl, mein Bruder ist ein schwacher Mensch.
- Ich habe das Gefühl, wenn ich meinen Mann nur ändern könnte, würde er mich mehr lieben.

Diese Sätze drücken *Gedanken, Annahmen und Wahrnehmungen* aus, die sich dann in bestimmten *Gefühlen* niederschlagen. Sehen wir uns die Gefühle an, die von diesen Gedanken erzeugt werden:

»Ich fühle, daß du wütend auf mich bist.« Dies ist eigentlich eine Wahrnehmung, die, genauer formuliert, lauten würde: »Ich *sehe,* daß du wütend auf mich bist, daher *fühle* ich mich verängstigt, verwirrt, traurig, verletzt und wütend.«

»Ich *meine,* daß mein Bruder ein schwacher Mensch ist, daher fühle ich Verachtung, Überlegenheit, Enttäuschung, Trauer, Frustration und Hilflosigkeit.«

»Ich *glaube,* daß mein Mann mich mehr lieben würde, wenn ich ihn verändern könnte, daher *fühle* ich mich schlecht, unterlegen, ungeliebt und verwirrt.«

Der wichtige Unterschied besteht nicht nur in der Wortwahl. Zu lernen, seine Gedanken von Gefühlen zu unterscheiden, stellt einen wichtigen Schritt der Reifung dar. *Wenn wir Kontrolle über unser Leben gewinnen wollen, müssen wir zunächst unsere Gedanken kontrollieren.*

Das folgende Beispiel zeigt, wie man Gedanken und Gefühle in einer Beziehung verwechseln kann. Stellen Sie sich vor, Sie haben ein schönes Abendessen gekocht und sich mit Ihrem Mann an den Tisch gesetzt. Plötzlich kritisiert er Sie, weil Sie die Servietten falsch gefaltet haben. Er sagt Sätze wie: »Dir liegt einfach nicht genug daran«, »Du kümmerst dich um nichts richtig, besonders nicht um mich. Du weißt ja schließlich, wie wichtig mir ein schön gedeckter Tisch ist«, »Du bist gedankenlos, egoistisch und faul.«

Sehr wahrscheinlich ist Ihnen während dieser Tirade nur bewußt, daß sie sich erschreckt, gedemütigt, schuldig und wütend fühlen. Real ist in diesem Moment vermutlich nur die Intensität Ihrer Gefühle. *Aber es ist lebenswichtig für Sie zu erkennen, daß Sie einen Schritt bei dem Verständnis dessen übergangen haben, was mit Ihnen geschieht.* Ehe Sie diese Gefühle empfanden, haben Sie etwas *gedacht.*

Wenn Sie diese Gedanken isolieren und erkennen, sind Sie schließlich in der Lage, *Ihr Verhalten und Ihre Reaktionen zu verändern.* Zwischen einer Tirade wie der oben beschriebenen und ihrer panischen Reaktion sind vielleicht Gedanken vorbeigehuscht, die lauteten: »Er ist wütend auf mich«, »Ich bin in Gefahr«, »Ich habe etwas falsch gemacht«, »Warum kann ich mich nie gegen seine Kritik verteidigen?«, »Mir fällt nie etwas ein, wenn er wütend auf mich ist«, »Er erkennt nie etwas an, was ich für ihn zu tun versuche«, »Ich könnte ihn umbringen.«

Erst wenn Sie den vitalen Unterschied zwischen Gedanken und Gefühlen erkennen, können Sie beginnen, Ihre Reaktionen unter Kontrolle zu bekommen.

Der Denkprozeß

Um meinen Klientinnen auf diesem Gebiet zu helfen, bitte ich sie, sich auf ihre Gedanken zu konzentrieren. *Gedanken* fallen, im Gegensatz zu Gefühlen, in keine besonderen Kategorien; daher neigen sie dazu, allgemeiner zu sein.

Die folgende Übung soll dazu dienen, Ihnen die Verbindung zwischen Ihrem Denkprozeß und Ihren Gefühlen zu verdeutlichen. Die aufgezählten Gefühle sind die gleichen wie in den Fragen des Gefühlsinventars, die Sie auf Seite 193 beantworteten. Untersuchen Sie, ob Ihnen einige der mit diesen Gefühlen verbundenen Gedanken vertraut erscheinen.

Gefühle	Gedanken
1. Ich bin fast immer traurig.	Das Leben ist schwer. Ich frage mich, ob nicht alle besser ohne mich auskämen.
2. Ich habe Angst vor ihm.	Mir wird etwas Schlimmes zustoßen. Ich weiß nicht, was ich als nächstes tun werde. Vielleicht verletzt er mich. Vielleicht verläßt er mich.
3. Ich fühle mich hilflos und überwältigt.	Nichts wird sich verändern. Es gibt keinen Ausweg. Ich kann nicht mehr. Was immer ich tue oder sage, ist egal.
4. Ich habe fast immer Wut.	Ich würde ihn gerne ins Gesicht schlagen, doch ich habe solche Angst.
5. Ich bin verwirrt und unsicher, wie ich mich verhalten soll.	Was habe ich falsch gemacht? Warum regt er sich wieder so über mich auf? Wie kommt es, daß er manchmal so lieb zu mir ist und dann wieder so schrecklich?

6.	Ich fühle mich von meinen Partner unterdrückt.	Ich habe keine Chance. Er ist in jeder Hinsicht stärker als ich.
7.	Ich fühle mich schuldig. weil ich alles falsch mache.	Alles ist mein Fehler. Ich muß lernen, ein besserer Mensch zu werden.
8.	Ich hasse mich.	Ich bin egoistisch. Ich bin schwach. Ich bin verachtenswert. Ich bin gedankenlos, anspruchsvoll und ein schlechter Mensch.
9.	Ich bin frustriert.	Nie hört er mir zu, was immer ich auch sage. Er nimmt mich nicht ernst. Was immer ich auch tue, ist vergeblich.
10.	Ich fühle mich in einer Falle.	Es gibt keinen Ausweg. Ich weiß nicht, wohin ich mich wenden soll.

Nun gehen Sie bitte zu Ihrem »Gefühlsinventar« zurück. Schauen Sie nach, welche Gedanken jedem der Gefühle vorausgingen. Arbeiten Sie so genau wie möglich. Machen Sie diese Übung mindestens einmal täglich. Nehmen Sie sich ruhig ein paar Augenblicke Zeit, Ihre Gefühle (sowohl die positiven als auch die negativen) mit den Gedanken zu verbinden, die ihnen vorausgingen. Sagen wir, Sie haben zum Beispiel gerade ein Geburtstagsgeschenk für eine nahe Freundin gekauft. Sie spüren Zufriedenheit und freuen sich über sich selbst. Diesen *Gefühlen* sind vielleicht *Gedanken* vorausgegangen wie: »Ich bin ein netter Mensch«, »Ich bin lieb«, »Ich bin großzügig«,

»Ich mache gern Leuten, die mir wichtig sind, eine Freude«, »Meiner Freundin wird dieses Geschenk gefallen.«
Wenn Sie sich aber im Gegenteil durch die Situation angespannt fühlen und sich Sorgen machen, haben Sie vielleicht gedacht: »Vielleicht gefällt meiner Freundin das Geschenk nicht«, »Ich habe zuviel Geld ausgegeben«, »Ich weiß nie, was ich für Leute kaufen soll«, »Versuche ich nur, mit diesem Geschenk die Liebe meiner Freundin zu erkaufen?«
Der Versuch, die Verbindung zwischen Ihre Gedanken und Ihren Gefühlen herzustellen, wirkt anfangs vielleicht komisch und mechanisch. Diese Übung hilft Ihnen aber zu lernen, automatische Reaktionen zu durchbrechen, besonders in streßbeladenen Situationen. (In Kapitel 13 zeige ich Ihnen weitere Techniken, wie man mit Gedanken und Gefühlen umgeht.)

Die Verhaltenskomponente

Da das Verhalten sowohl aus den Gedanken als auch den Gefühlen resultiert, müssen wir uns auch auf das Verhalten konzentrieren. Bei der folgenden Übung geht es darum, was Sie aufgrund Ihrer Gedanken und Gefühle in Ihrer Beziehung *getan* haben. Bitte beantworten Sie jede Frage mit »Ja« oder »Nein«. Dann stellen Sie eine eigene Liste auf und beschreiben andere Aspekte Ihres Verhaltens in Ihrer Beziehung.

Wie haben Sie sich verhalten?

- Entschuldigen Sie sich permanent für etwas?
- Akzeptieren Sie bereitwillig die Schuld für alles, was in Ihrer Beziehung schiefgeht?
- Gehen Sie »wie auf Eiern«? Achten Sie auf jedes Wort, das Sie sagen, oder proben Sie, wie Sie Ihrem Partner etwas beibringen, damit er nicht explodiert?
- Ermahnen Sie ständig die Kinder, darauf zu achten, daß sie Papa nicht aufregen?

- Weinen Sie häufiger als gewöhnlich?
- Unterdrücken Sie Ihre Gefühle, besonders Ihre Wut?
- Denken Sie ständig darüber nach, wie Sie die Anerkennung Ihres Partners erlangen können? Winden Sie sich wie ein Wurm, um seinen ständig wechselnden Ansprüchen gerecht zu werden?
- Haben Sie Interessen, Aktivitäten und Menschen aufgegeben, die Ihnen früher wichtig waren?
- Haben Sie Meinungen, Ideen, Einstellungen, Hoffnungen und Träume fahrengelassen?
- Halten Sie sich im Hinblick auf Ihre Ausbildung oder Ihr berufliches Fortkommen zurück?
- Suchen Sie ständig nach Entschuldigungen für sich selbst oder andere, wie sich Ihr Partner verhält?
- Haben Sie sich körperlich gehenlassen? Haben Sie Gewicht verloren oder zugenommen? Schenken Sie Ihrem Aussehen weniger Aufmerksamkeit als früher? Suchen Sie nach Entschuldigungen, das Haus nicht verlassen zu müssen?
- Besteht Ihr Leben daraus, Ihrem Partner gefallen zu wollen, damit Sie seinen Zorn und seine Mißbilligung vermeiden?

Ich verstehe nur zu gut, wie schmerzhaft es ist, hinter die Fassade einer Beziehung zu blicken, die sie gern für liebevoll oder zumindest zufriedenstellend halten würden. Das Nicht-zur-Kenntnis-Nehmen kann zwar kurzfristig ein Trost sein, doch letztendlich gibt es nichts Schädlicheres als Selbsttäuschung.
Als Nancy fast alle der obigen Fragen mit »Ja« beantwortet hatte, war sie sehr betroffen. Dieser Prozeß öffnete ihr die Augen. Sie mußte sich nun der Tatsache stellen, daß sie eine blühende Karriere, viele ihrer alten Freunde und außerhäusliche Aktivitäten aufgegeben hatte, um Jeff zufriedenzustellen. Sie hatte überdies ihr Recht aufgegeben, irgendwelche Entscheidungen zu treffen, die nicht Jeffs Zustimmung fanden. Am schlimmsten für sie war die Erkenntnis, daß sie ihm, indem sie sich seinen Mißhandlungen unterwarf, das *Recht* erteilt hatte, sie so zu behandeln.

Die gerade beantworteten Fragen werden den Vorgang vor Ihrer getrübten Wahrnehmung und Ihrem Wunschdenken fortreißen. Sie können nun deutlich erkennen, was in Ihrem Leben und besonders in Ihrer Beziehung vor sich geht. Ich bitte Sie, ehrlich mit sich selbst zu sein und das Unbehagen auszuhalten. Der Schmerz, den sie eventuell als Resultat dieser Arbeit erfahren, kann als Brücke zum Verstehen dessen genutzt werden, wie alle Elemente in Ihrem Leben zusammenhängen und Sie betreffen.

Als letztes Element müssen wir nun das Verhalten Ihres Partners betrachten. Wie zuvor beantworten Sie bitte die Fragen, stellen dann eine eigene Liste auf und beschreiben andere Aspekte im Verhalten Ihres Partners.

Wie hat Ihr Partner sich verhalten?

- Besteht er darauf, Ihr Leben, Ihre Gedanken und Ihr Verhalten zu kontrollieren?
- Kritisiert er Sie gnadenlos und findet immer Fehler an Ihnen?
- Schüchtert er Sie ein, indem er Sie anbrüllt, droht, Ihnen seine Liebe zu entziehen oder Sie zu verlassen, wenn Sie sich nicht seinen Wünschen beugen?
- Zwingt er Sie zur Unterwürfigkeit, indem er Ihnen körperliche Gewalt androht?
- Schaltet er ohne Warnung von charmantem Verhalten auf Wut um?
- Macht er abfällige Bemerkungen über Frauen im allgemeinen und Sie im besonderen?
- Entzieht er Ihnen Liebe, Geld, Anerkennung oder Sexualität, um Sie zu strafen, wenn Sie ihm mißfallen?
- Projiziert er die Schuld für seine Mängel und Fehler auf Sie oder andere?
- Greift er Ihren Charakter an, indem er Sie beleidigt und beschimpft?

- Macht er Ihre Meinungen und Gefühle verächtlich?
- Wirft er Ihnen vor, zu empfindlich zu sein oder zu heftig zu reagieren, wenn Sie aufgrund seiner Angriffe erregt sind?
- Verwirrt er Sie, indem er sich weigert, über bestimmte Themen zu sprechen, indem er etwas ableugnet, das Thema wechselt, die Geschichte umschreibt oder sich nach einem heftigen Ausbruch so verhält, als sei nichts geschehen?
- Kämpft er mit Ihren Kindern oder anderen wichtigen Menschen in Ihrem Leben um Ihre Aufmerksamkeit?
- Ist er extrem eifersüchtig und besitzergreifend?
- Besteht er darauf, daß Sie Dinge aufgeben, die wichtig und wertvoll für Sie sind, damit er zufrieden ist?
- Kritisiert er beständig die anderen wichtigen Personen in Ihrem Leben, wie Ihre Eltern und Freunde?
- Wertet er ab, was Sie erreicht haben?
- Wertet er Sie sexuell ab?
- Zwingt er Sie, an Sexualakten teilzunehmen, die für Sie schmerzhaft oder unangenehm sind?
- Hat er außereheliche Beziehungen?
- Sind seine sexuelle Bedürfnisse rücksichtslos?
- Verhält er sich in der Öffentlichkeit charmant, bricht aber in Tiraden aus, sobald Sie allein sind?
- Demütigt er Sie vor anderen Leuten?

Wenn Sie auf zehn oder mehr dieser Fragen mit »Ja« geantwortet haben, befinden Sie sich in einer misogynistischen Beziehung.

Wir legen den Kurs fest

Nancy erzählte mir, daß sie sich nach diesen Übungen von Emotionen überflutet fühlte und beunruhigt war, wieviel in ihrer Beziehung mit Jeff falsch zu sein schien. Ich hatte diese Re-

aktion erwartet. Diese Art von Bestandsaufnahme rührt sehr starke Gefühle auf.
Meiner Erfahrung nach können Menschen ihre unangenehmen Gefühle nicht verändern, indem sie nur darüber reden. Sie müssen sie erfahren, untersuchen und dann versuchen, sie zu verändern. Manchmal kann das sehr schmerzhaft sein, doch Wirkung zeigt es immer.
Ich sagte zu Nancy, wenn sie sich schlecht fühlte, sei das kein Indikator dafür, daß wir in die falsche Richtung gingen; es deute eher darauf hin, daß der Prozeß ins Rollen gekommen sei. Sie gewann schmerzhafte, doch wichtige Einsichten in ihrer Ehe. Es war ein ausgezeichneter Anfang. Doch Einsichten und Verständnis an sich reichen noch nicht aus. Ohne *wirklich anders zu handeln,* bleiben Einsichten und Verstehen lediglich intellektuelle Übungen.
Viele von uns kennen jemanden, der sich seit vier oder fünf Jahren in Therapie befindet. Diese Menschen können Ihnen eine lange Liste von Gründen aufzählen, warum sie sich fortgesetzt so schaden. Nach Jahren der Therapie findet die Urveränderung in erster Linie auf Ihrem Bankkonto statt, nicht in Ihrem Verhalten. Ich habe es immer für meine Aufgabe als Therapeutin gehalten, den Menschen zu helfen, *ihr Verhalten zu verändern und Einsichten zu gewinnen, warum sie sich so verhalten.* Wenn Klienten sich wirklich darauf einlassen und die Arbeit aufnehmen, wirklich anfangen, anders zu *handeln,* findet fast unmittelbar ein dramatischer persönlicher Sprung nach vorn statt.
Schon der Gedanke kann einen erschrecken, daß man vielleicht etwas ändern wird. Doch um die Lebensqualität zu verbessern, müssen Sie gewillt sein, Ihr Verhalten zu ändern und mit dem neuen Verhalten einige Risiken einzugehen. Eines der wunderbarsten Dinge im Erwachsenenleben ist, daß einem so viele Wege zur Veränderung offenstehen. Der Erfolg in puncto Selbstvertrauen setzt sofort ein. Ein weiteres natürliches Ergebnis dieser Bemühung, etwas zu verändern, ist ein Zuwachs an Selbstvertrauen. Wenn man erst erkennt, daß man etwas be-

wirken kann, *fühlt* man gleich ganz anders über sich selbst und sein Leben.

Doch am Anfang ist eine Veränderung oft unangenehm. Das ist wohl der Grund, warum sich Leute mit jeder Faser dagegen sträuben, etwas an ihrem Verhalten zu ändern. Oft glauben sie fälschlicherweise, daß ihre Gefühle ihnen zeigen, wie gut sie bei dem Veränderungsprozeß vorankommen. Sie nehmen an, wenn sie etwas »richtig« machen, würden sie sich unmittelbar besser fühlen. In Wirklichkeit fühlen sich die meisten Menschen jedoch ängstlich, unsicher und aus dem Gleichgewicht gebracht, wenn sie anfangen, ihr Verhalten zu ändern.

Nach den ersten drei Sitzungen sagte Jackie zu mir: »Ich dachte, mit der Therapie ginge es mir besser. Ich fühle mich jetzt schlechter als vorher! Wie soll ich etwas Neues tun, wenn es mir so dreckig geht?«

Jackie machte einen sehr typischen Fehler. Sie glaubte, sie müsse sich *besser fühlen,* ehe sie sich *anders verhalten* konnte. Ich versicherte ihr, sie müsse erst ihr Verhalten ändern, und das Wohlbefinden würde sich schon einstellen.

Ich hatte Jackie jedoch an diesem Punkt noch nicht aufgefordert, sich anders zu verhalten. Wir bauten noch an der Grundlage für einen Verhaltenswechsel, indem wir wichtige Verlagerungen in ihren Gefühlen und Wahrnehmungen vornahmen.

Die ersten Verlagerungen, die ich Ihnen empfehle, betreffen vornehmlich Ihr Gefühl, nicht die totale Konfrontation mit ihrem Partner. Durch diese Verlagerungen lernen Sie, von Ihren intensiven, negativen Emotionen Abstand zu gewinnen, damit Sie sie besser kontrollieren können, anstatt zuzulassen, daß Sie von ihnen kontrolliert werden. Wenn Sie erst Ihre Emotionen unter Kontrolle haben, wird Logik anstatt Angst und Unsicherheit Ihr Leben beherrschen. Sie werden Ihr Leben, Ihre Beziehung und Ihr Ziel klar beurteilen können. Wenn Sie diesen Punkt erreicht haben, sind sie soweit, wirkliche Veränderungen in Ihrem Verhalten anzugehen.

Die bislang absolvierten Übungen stellen den ersten Schritt in diesem Prozeß dar. Die in den nächsten Kapiteln beschriebenen Schritte konzentrieren sich auf die Urteilsfähigkeit, die Neueinschätzung Ihres Selbstbildes, die Entdeckung, woher so viele der negativen Botschaften in Ihrem Leben herrühren, darauf, wann Ihr Selbstvertrauen und Ihr Selbstwertgefühl zuerst beeinträchtigt wurden, und auf den alten Teufel Wut. Sie werden Methoden entdecken, netter zu sich selbst zu sein, damit Ihnen ein Trost zur Verfügung steht, wenn starke Gefühle auftauchen.

Erst, wenn Sie sich im Griff haben, sind Sie bereit, sich mit Ihrem Partner zu befassen.

10. Der Weg zur Veränderung

Nancy hatte Angst vor dem Dilemma, vor dem sie stand, als sie ihre Beziehung zu Jeff genauer betrachtet hatte. Was konnte sie nur unternehmen, wenn man in Betracht zog, welche Angst sie vor ihm hatte? Sie sagte zu mir:

> Kann ich nicht die Beziehung ganz außer acht lassen und nur an meinem Übergewicht und an meinem Magengeschwür arbeiten? Ich bin doch immerhin daran gewöhnt, wie die Dinge zwischen uns laufen.

Ich antwortete Nancy, daß aufgrund Ihrer Beschreibung von Jeffs Verhalten und der Information, die wir aus den Übungen gewonnen hatten, ihre Beziehung zu Jeff im Mittelpunkt von vielen ihrer Probleme stünde. Wenn es ihr besser gehen sollte, müsse sie diese Probleme direkt angehen.

Den Status quo akzeptieren

Nancy glaubte, nichts zu tun sei der leichteste und am wenigsten bedrohliche Weg, mit ihren Beziehungsproblemen fertig zu werden. Sie nahm natürlich an, daß die Situation zwischen ihr und Jeff nicht schlimmer werden würde. Sie hoffte, daß alles zumindest so bliebe, wenn sie nichts unternahm, oder sogar besser würde.

In einer Beziehung kann ein Status quo nicht unendlich lange eingehalten werden. Die Lage verändert sich, auch wenn wir nichts tun, weil wir letztendlich nicht alle Variablen unter Kontrolle haben, die eine Beziehung beeinflussen können. Ich fragte Nancy, was ihrer Meinung nach in der Ehe passieren würde, wenn Jeffs Praxis schlechter ginge, wenn sie wieder arbeitete, wenn sie Kinder bekämen, wenn in der Familie jemand stürbe oder einer von ihnen beiden krank würde. Jedes dieser Ereignisse kann das Gleichgewicht in einer Beziehung verändern. Meine berufliche Erfahrung hat gezeigt, daß, wenn ein Ereignis das sensible Gleichgewicht in einer misogynistischen Partnerschaft stört, das schlimme Verhalten des Frauenhassers seiner Partnerin gegenüber automatisch eskaliert.

Sie kommen daher vielleicht zurecht, wenn Sie die Dinge so akzeptieren, wie sie sind, aber Passivität auf lange Sicht ist gefährlich. Man geht dabei davon aus, daß niemals etwas geschieht, was unser Leben aus dem Gleis werfen kann.

Jede Frau aus einer misogynistischen Beziehung, die ich beraten habe, hegt die heiße Hoffnung, daß irgendwie etwas geschieht, das alles besser macht. Jede Frau möchte glauben, daß ihr Partner eines Tages zur Besinnung kommt und sagt: »Ich weiß, ich war schrecklich zu dir. Verzeih mir. Ich werde dir nie wieder weh tun. Ich liebe dich, und von jetzt an wird alles besser.«

In Wirklichkeit wird die Beziehung sehr wahrscheinlich schlechter als besser. Menschen gewöhnen sich an ihre Verhaltensweisen, wenn sie älter werden; sie sind weniger bereit, sich zu verändern. Wenn sie die Situation als solche akzeptieren, geben Sie Ihr Recht auf, mit dem Respekt und der Würde behandelt zu werden, auf die Sie, wie wir alle, ein Anrecht haben. Sie wählen aktiv, in Ihrer Beziehung das Opfer zu bleiben.

Wenn Sie Kinder haben, betrifft sie die Wahl genauso. Wie Sie gesehen haben, lehren misogynistische Beziehungen kleine Jungen, wie man zu mißhandelnden Männern wird, kleine Mädchen, daß sie nur geringen Wert haben. Wenn Sie den Status quo akzeptieren, setzen sie das schlechte Verhalten in die nächste Generation fort.

Fragen Sie sich, ob es nicht wert ist, das System zu verändern, anstatt es zu akzeptieren. Vielleicht sollten Sie sich folgende Fragen stellen: Habe ich nicht bereits versucht, nichts zu unternehmen? Habe ich nicht eigentlich immer mehr geschluckt? Hat es etwas genützt?
Viele Frauen verläßt der Mut, wenn sie diese Fragen beantworten. Sie müssen nur erkennen, daß eine gute Beziehung für sie möglich ist. Wenn man begreift, was eine gute Beziehung ausmacht, setzt man ein Gegenbild zur misogynistischen Partnerschaft. Das hilft Frauen, sich ein Ziel zu setzen, auf das sie hinarbeiten können.

Was macht eine gute Beziehung aus?

Wenn ich Klientinnen bitte, die Eigenschaften ihres Partners zu beschreiben, höre ich oft Dinge wie: »Er arbeitet schwer«, »Er sorgt gut für seine Familie«, »Er ist lustig«, »Er verbringt viel Zeit mit den Kindern«, »Er ist charmant«, »Er sieht gut aus«. Sicher sind diese Charaktereigenschaften und Verhaltensweisen anziehend. Aber sie stellen nicht das Fundament einer guten Beziehung dar.
Eine gute Beziehung basiert auf gegenseitigem Respekt und einem relativ ausgewogenen Machtverhältnis. Sie beinhaltet die Wahrnehmung von und die Sensibilität gegenüber den Gefühlen und Bedürfnissen des anderen, wie auch das Erkennen der Eigenschaften, die den Partner so einzigartig für einen machen. Innerhalb dieses Ideals bleibt jedoch genug Raum für Streit, schlechte Laune, Meinungsverschiedenheiten, sogar Wut. Liebevolle Partner finden jedoch wirksame Methoden, mit ihren Unterschieden fertig zu werden. Sie betrachten nicht jede Auseinandersetzung als eine Schlacht, die gewonnen oder verloren werden kann.
Mit anderen Worten: Eine gute Beziehung bereichert Ihr Le-

ben. Sie macht es nicht ärmer, weil Sie gezwungen werden, jene Dinge aufzugeben, die zu Ihrem Charakter gehören. Wir gehen eine Beziehung ein, wenn wir von Eigenschaften des Partners angezogen werden, die wir in ihm sehen. Wenn wir unsere besten Eigenschaften aufgeben müssen, um den Frieden zu wahren, ist etwas ernsthaft nicht in Ordnung.

Sie können nur sich selbst ändern

Am Anfang der Therapie sagte Jackie zu mir:

> Warum muß ich lernen, anders zu handeln, wenn ich doch gar keine Probleme haben würde, wenn Mark nur aufhörte, sich so zu benehmen?

Ich wiederholte Jackie gegenüber, was ich schon vielen meiner Klientinnen gesagt hatte: *Sie können nicht das Verhalten eines anderen Menschen ändern, nur Ihr eigenes.* Das Gute daran ist aber, daß die Beziehung sich ebenfalls verändert, wenn Sie erst einmal angefangen haben, Ihre Reaktionen auf das Verhalten Ihres Partners zu ändern.

Jackie wollte ihre Annahme nicht aufgeben, daß Jeff sie nicht mehr grausam behandeln würde, wenn er ihren Standpunkt begriffe. Nancy dachte ähnliches. Sie sagte: »Wenn Jeff wüßte, wie es mir aufgrund seines Verhaltens geht, würde er sich bestimmt nicht mehr so benehmen.« Es stand aber fest, daß beide Männer genau wissen konnten, wie sich ihre Frauen fühlten, ohne daß sie ihr Verhalten änderten. Überdies war das Verständnis des Partners etwas, über das beide Frauen keine Kontrolle hatten. Ich sagte zu Jackie und Nancy, es bedeute eine ungeheure Energieverschwendung, wenn sie versuchten, ihre Partner dazu zu bringen, es zu »merken«.

Mit diesem Gedanken im Hinterkopf werde ich Sie nun bitten,

alle zeitgenössischen Modeworte, wie »Kommunikation«, zu vergessen, samt aller Techniken, »wie man die andere Person wissen läßt, wie man sich fühlt«. Sie können bei misogynistischen Beziehungen nicht angewandt werden. Es gibt keinen magischen Satz, der die Fähigkeit des Partners freigibt, zu »merken«, was er getan hat. Er will es gar nicht merken, und kommunizieren will er auch nicht. *Er will, daß alles nach seinem Willen geschieht.* Er begreift Ihren Ausdruck verletzter Gefühle als Angriff auf ihn und wird zurückschlagen. Daher ist jeder Kommunikationsversuch mit ihm vergeblich. Es wäre ungefähr so, wenn man versucht, einem Stier das Singen beizubringen. Es klappt nicht und reizt nur den Stier.
Damit kommen wir auf den Punkt, daß *Sie* es sind, die lernen muß, anders zu handeln.
Doch ehe Sie anfangen können, anders zu handeln, müssen Sie Ihre Gefühle einigermaßen unter Kontrolle bekommen. Dazu sollen Ihnen die folgenden Strategien helfen.

Schritt 1: Werden Sie zum Beobachter

Eine der ersten Distanzierungsstrategien, die ich vorschlage, besteht darin, daß sie zum Beobachter Ihrer eigenen Reaktionen auf die Angriffe des Partners werden.
Ich riet Nancy, sich nach jeder Konfrontation mit Jeff zu sagen: »Wie interessant! Jedes Mal, wenn er sich aufregt, fühle ich...« (Die Leerstelle sollte sie mit den Emotionen ausfüllen, die sie empfand.) Bei unserer nächsten Sitzung berichtete sie:

> Ich hatte gerade den Einkauf vom Auto in die Küche getragen, als Jeff hereinkam. Sofort fing er an, mir zu sagen, wie ich alles einräumen sollte, und brüllte, ich mache es nicht richtig, was für eine Schlampe ich sei und daß ich nichts richtig erledigen könne. Er stand da, bellte Befehle und sagte mir, ich mache alles falsch. Anschließend setzte ich mich ruhig hin und stellte eine Liste auf, was ich bei

Jeffs Angriff gefühlt hatte. Es war das erste Mal, daß ich gemerkt hatte, wie meine Hände zitterten und mein Gesicht heiß wurde. Als ich einmal angefangen hatte, mich zu beobachten, konnte ich alles auch fühlen.

Nancys Liste derjenigen Gefühle, die sie bei den Konfrontationen empfand, begann mit: *»Jedesmal, wenn er sich aufregt, fühle ich…«* Sie fand bald heraus, daß Jeffs Attacken sie sich »wütend, erschrocken, zittrig, verletzt, entsetzt, hilflos und überwältigt« fühlen ließen.

Versuchen Sie die gleiche Übung. Wenn Ihr Partner Sie das nächste Mal angreift, versuchen Sie, genau wahrzunehmen, was mit Ihnen geschieht. Anschließend setzen Sie sich hin und stellen die Liste Ihrer Gefühle auf, der körperlichen wie der seelischen. Schreiben Sie an den Anfang: *»Jedesmal, wenn er mich angreift, fühle ich…* und zählen Sie alles auf, an was Sie sich erinnern.

Wenn Sie etwas aufschreiben, wird es deutlicher und schärfer. Es befähigt Sie, Ihre Gedanken zu organisieren und zu erkennen, wie Sie reagiert haben. So gewinnen Sie Distanz von der Erregung, weil Ihnen die Beobachtung an sich schon Abstand verleiht. Daraufhin werden Sie sich Ihren Emotionen weniger ausgeliefert fühlen.

Sie werden aufgrund dieser Übung feststellen, daß Ihre Reaktionen nach einem bestimmten Muster verlaufen. Die Identifikation dieser Reaktionen verringert deren Intensität, weil sie nun absehbar werden. Beim nächsten Mal werden Sie nicht mehr so panisch und überrascht sein.

Fügen Sie dieser Liste bei, wie lange die Reaktionen andauern. Nancy berichtete, ihre Angst und ihr Zittern ließen zwar recht schnell nach, doch andere emotionale Reaktionen spüre sie noch nach Tagen. Am längsten hielten Wut und das Gefühl, verletzt worden zu sein, an.

Je besser Sie Ihre Gefühle identifizieren und verdeutlichen können, um so absehbarer werden Ihre Reaktionen, um so weniger werden Sie aus dem Gleichgewicht gebracht.

Schritt 2: Verhalten Sie sich bewußt genauso wie sonst

Viele meiner Klientinnen sind überrascht, wenn ich sie an diesem Punkt nicht auffordere, ihr Verhalten zu ändern. Anstatt dessen bitte ich sie, sich genau so wie zuvor zu verhalten, doch mit einem wichtigen Unterschied: *Sie erkennen, daß sie die Wahl haben, sich so zu verhalten.*

Wenn man wählt, etwas zu tun, geschieht es nicht mehr automatisch oder reflexiv. Es wird zum bewußten, geplanten, kontrollierten Akt. Sie werden *aktiv,* anstelle von *reaktiv.*

Interessanterweise fühlt man sich bei Verhaltensweisen, die aus Angst oder Einschüchterung herrühren, schlecht, doch wenn man sich auf gleiche Weise, doch bewußt, so verhält, geht es einem gleich besser. Dies erscheint vielleicht nur als ein kleiner Schritt, doch er ist in Wahrheit sehr wichtig. Wenn Sie sich bewußt entscheiden, wie Sie reagieren, hilt Ihnen das, Ihre Gefühle von Machtlosigkeit in Ihrer Beziehung zu entschärfen.

Als Jackie begann, bewußt auf Marks Ausbrüche zu reagieren, erzählte sie mir:

> Ich hatte immer solche Angst vor ihm, daß ich nur einen Weg sah: mich zu entschuldigen und mich mit ihm zu versöhnen. Doch als ich zum ersten Mal vor der Entschuldigung eine Sekunde zögerte, um es dann bewußt zu tun, fühlte ich mich weniger ängstlich und marionettenhaft.

Ich hatte Jackie vorgeschlagen, daß sie sich, um sich kontrollierter und beherrschter zu fühlen, weiterhin entschuldigte, doch zuvor sollte sie zu sich selbst sagen: »Ich entscheide mich als reife Erwachsene, mich zu entschuldigen.« Diese geringfügige Verschiebung in ihrer Haltung ließ sie sich sofort besser fühlen.

Versuchen Sie diese relativ einfache Verhaltensstrategie. Höchst wahrscheinlich werden sie eine Verminderung Ihrer seelischen Anspannung feststellen.

In Kapitel 9 diskutierten wir den Unterschied zwischen Denken und Fühlen. Jackie stellte fest, daß sie in der Lage war, ihre automatischen emotionalen Reaktionen abzublocken, indem sie ihre Gedanken bewußt veränderte – von »Ich *muß* mich entschuldigen« zu »Ich *entscheide mich,* mich zu entschuldigen«, und zwar *bei gleichem* Verhalten.

Schritt 3: Schreiben Sie alle Schimpfworte auf, die Ihr Partner gegen Sie verwendet hat

Diese Übung besteht aus einem praktischen, schriftlichen Teil und einem Phantasieteil. Zuvor kaufen Sie ein Päckchen Aufkleber, irgendwelche, vielleicht Paketaufkleber. Am leichtesten sind jedoch selbstklebende zu benutzen. (Falls das ein Problem darstellt, schneiden Sie einfach ein Blatt Papier in kleine, gleich große Zettelchen und benutzen Klebstoff.)

Ich bitte meine Klientinnen, jedes Schimpfwort, das ihr Partner ihnen jemals gegeben hat, auf einen Aufkleber zu schreiben. Bei Jackie kam heraus: egoistisch, gemein, dumm, unfähig, faul, anspruchsvoll, kastrierend, geizig.

Benutzen Sie so viele Zettel, wie Sie brauchen, für jede Bezeichnung einen. Dann kleben Sie sie auf ein Blatt Papier und schreiben darüber: *Wie ich seiner Meinung nach bin.*

Damit machen Sie die Schimpfworte *berührbar,* die Ihr Partner Ihnen angehängt hat. Der Grund, warum ich vorschlage, Aufkleber zu benutzen, anstatt eine Liste aufzustellen, ist, daß Sie, wenn Sie diesen Namen eine feste Gestalt geben, deutlicher erkennen, das es sich nur um Etiketten handelt, die *Ihnen angeheftet* wurden. Es handelt sich nicht um realistische Beschreibungen, wie Sie wirklich sind. Diese Etikettierungen sind Symbole dessen, wie Ihr Partner Sie behandelt hat.

Sehr wahrscheinlich hat Ihr Partner Ihre Fähigkeiten und Ihre Tüchtigkeit als negative Züge dargestellt. Vielleicht hat er Ihre Intelligenz als »Klugscheißerei« bezeichnet oder »Besserwisserei« genannt, vielleicht hat er Sie auch »Kluge Else« genannt und gesagt, daß »kein Mann gern eine überintellektuelle Frau hat«. Vermutlich wurden Ihre Kompetenz und Ihr Erfolg auf ähnliche Weise als »Egotrip« bezeichnet, als »Selbstzentriertheit«, »Rücksichtslosigkeit«, »Powertrip« oder »Versuch, ein Mann zu sein«.

Als Gegenmittel zu diesen negativen Etikettierungen schaffen Sie nun eine zweite Gruppe. Darin stehen die *positiven* Qualitäten, die zu haben Sie überzeugt sind.

Wenn Ihnen nicht genug positive Eigenschaften einfallen, schreiben Sie auch die guten Dinge auf, die andere Leute über Sie sagen. Schreiben Sie auf ein zweites Blatt Papier: *Wie ich wirklich bin* und kleben Sie alle positiven Etikettierungen darunter, die Ihnen einfallen. Ich bat Jackie, ihre positiven Eigenschaften wann immer möglich denjenigen gegenüberzustellen, die Mark ihr zuschrieb. Als sie die beiden Seiten nebeneinander hielt, sah das so aus:

Wie ich seiner Meinung nach bin	*Wie ich wirklich bin*
gemein	sanft
egoistisch	rücksichtsvoll
dumm	klug
unfähig	kompetent
faul	energisch
anspruchsvoll	vernünftig
kastrierend	unterstützend
geizig	großzügig

Diese Übung wird Ihnen helfen, Ihr Selbstvertrauen wiederaufzubauen. Nehmen Sie sich Zeit, über diese Etikettierungen nachzudenken. Lassen Sie den Kontrast zwischen den negativen Bezeichnungen Ihres Partners und Ihren wirklichen Eigenschaften deutlich hervortreten.

Wenn meine Klientinnen ihre Listen mit positiven und negativen Etiketten aufgestellt haben, bitte ich sie, sich zu entspan-

nen, um eine wichtige Visualisierungsübung anzugehen. Die herbeigerufenen Bilder können Ihnen helfen, den negativen Bezeichnungen Ihrer Partner entgegenzutreten.
Wir alle haben bildliche Vorstellungen, wenn wir tagträumen oder phantasieren. Ohne uns dessen bewußt zu sein, arbeiten wir viele verschiedene Situationen unseres Lebens auf diese Weise durch. Wir tagträumen, wir bekämen eine bestimmte Arbeitsstelle, wir stellen uns in einem neuen Kleid vor, das wir irgendwo gesehen haben, wir malen uns unsere Kinder aus, wenn sie die Universität geschafft haben. Ein Freund von mir, ein Schauspieler, erzählte mir, jedes Mal, wenn er sich irgendwo um eine Rolle bewirbt, stellt er sich den Regisseur und den Produzenten auf der Toilette vor. »Wenn ich mir das vorstelle, habe ich weniger Angst«, sagte er, »denn wieviel Macht kann jemand schon haben, der auf dem Klo sitzt?« Mein Freund machte in seiner Vorstellung berühmte Leute einfach menschlicher. Deshalb konnte er sich entspannen und wirkte selbstsicherer.
Meinem Freund half die Visualisierung, eine angsterzeugende Situation zu entschärfen. Visualisierungen können uns helfen, ein Ziel zu erreichen; sie können unser Selbstbild stärken. Die folgende Übung dient dazu, Ihre positiven Eigenschaften zu verstärken und gleichzeitig die Wirkung der negativen zu verringern.
Lesen Sie zunächst Ihre positiven und die negativen Etikettierungen durch. Dann stellen Sie sich eine Burg vor. Um diese Burg steht eine Mauer, die aus den *positiven Etikettierungen* besteht. Und jetzt stellen Sie sich vor, die Burg würde belagert. Die *negativen Etikettierungen* Ihres Partners sind Pfeile, die auf die Burg gerichtet werden. Stellen Sie sich vor, die negativen Pfeile prallen auf die schützende Mauer aus positiven Eigenschaften und fallen in den Wassergraben. Sie haben gegen die Kraft Ihrer positiven Eigenschaften keine Wirkung.
Je entspannter Sie bei dieser Visualisierung sind, um so deutlicher und stärker entwickeln sich die Bilder. Es ist wichtig, diese Übung zu machen, wenn Sie nicht abgelenkt werden und ihrer

Phantasie freien Lauf lassen können. Es dauert vielleicht eine Weile, ehe Sie sich die gesamte Burgszene deutlich vorstellen können, doch meine Klientinnen meinten, wenn sie sich die Szene erst einmal gut ausgedacht hätten, könnten sie leicht dorthin zurückkehren. Ich schlage vor, diese Burgszene nach jedem Angriff Ihres Partners, bei dem Sie beschimpft werden, ins Gedächtnis zu rufen.
Jackie berichtete:

> Zuerst fand ich mich albern, doch dann meinte ich, ich hätte ja nichts zu verlieren. Das war, nachdem mich Mark eine egoistische Hure genannt hatte, weil ich seine Mutter nicht besuchen wollte. Ich war sehr aufgebracht und ging ins Schlafzimmer, setzte mich und versuchte die Burgszene. Zuerst erkannte ich, daß er mich immer egoistisch nannte, wenn ich etwas nicht tat, was er wollte. Dann merkte ich, daß ich mir seine Worte gar nicht so zu Herzen zu nehmen brauchte.

Jackie hatte sich selbst entsprechend Marks Etikettierungen definiert. Durch die Burgszene konnte sie erkennen, daß seine Meinung über sie nicht unbedingt der Wahrheit entsprach und sie nicht jedes Mal Angst zu haben oder sich verletzt zu fühlen brauchte, wenn er ihren Charakter angriff.
Derartige Übungen helfen, die Kraft der Angriffe des Partners auf Ihr Selbstwertgefühl zu vermindern. Sie helfen zudem, die positive Einschätzung Ihrer Kräfte neu aufzubauen.

Schritt 4: Stellen Sie sich Ihren Partner vor, wenn er sich so schlimm wie möglich gegenüber jemand anderem verhält

In dieser Übung stellen Sie sich vor, wie Ihr Partner schreit, kritisiert, die Schuld von sich weist – was immer er tut, wenn er Sie angreift –, aber mit einer anderen Frau. Ich rate meinen Klientinnen, sich eine Frau vorzustellen, die sie mögen, etwa eine Schwester, eine Tochter oder eine gute Freundin.

Wenn Sie die Szene vor Ihrem inneren Auge ablaufen lassen, merken Sie, daß sich das Verhalten Ihres Partners nicht verändert, obwohl es sich um eine andere Frau handelt. Er kennt nur ein sehr begrenztes Repertoire von Verhaltensweisen, besonders gegenüber Frauen, mit denen er eine Beziehung hat. Wie charmant er auch sein kann, in einer intimen Beziehung wird er sich gegenüber jeder Frau so verhalten, wie Ihnen gegenüber. Es hat nur sehr wenig damit zu tun, *wer Sie sind.*

Wenn Sie sich Ihren Partner vorstellen, wie er sich einer anderen Frau gegenüber schlecht benimmt, gewinnen Sie vermutlich zwei größere Einsichten:

Erstens: *Sein Verhalten ist nicht in Ordnung.*

Zweitens: *Sein Verhalten hat nur wenig mit mir zu tun.*

Und jetzt fragen Sie sich das folgende:

Möchten Sie, daß jemand, den Sie lieben, so behandelt wird?

Wenn Sie sich Ihre Tochter (oder eine Freundin, Schwester oder Mutter) bei einer solchen Behandlung vorgestellt hatten, wie möchten Sie, daß sie reagiert?

Warum ist es nicht in Ordnung, daß sie so behandelt wird, aber bei Ihnen ist es das? Sind Sie nicht ebenso wichtig wie die andere? Haben Sie nicht das gleiche Recht auf gute Behandlung und Freundlichkeit?

Das sind extrem wichtige Punkte. Stellen Sie sich diese Fragen und nehmen Sie sich die Zeit, sie *oft* zu beantworten, besonders aber nach einem Angriff. Stellen Sie sich vor, daß Ihr Partner das, was er gerade Ihnen angetan hat, anderen Frauen antut, und dann fragen Sie sich wieder. Rechnen Sie damit, wütend zu werden. Sie wurden ungerecht behandelt, und Wut ist nur natürlich. Nutzen Sie diese Wut, um Ihren Entschluß zur Veränderung zu stärken. (Ich zeige Ihnen in Kapitel 12, wie man Wut zu seinem Vorteil nutzt.)

Schritt 5: Verändern Sie die Weise, wie Sie Ihren Partner sehen

In Kapitel 1 habe ich die »romantischen Scheuklappen« beschrieben, die Laura am Anfang ihrer Beziehung zu Bob getragen hatte. Später, als sie bei mir in Therapie war, erinnerte sie sich an die Warnsignale:

> Es gab eine innere Stimme, die sagte: »Paß auf! Der Junge hat ein aufbrausendes Temperament, und er hat über seine Scheidung gelogen.« Ich wußte außerdem, daß er noch nie länger als sechs Monate bei einem Job ausgehalten hatte, und das blieb sitzen. Aber ich ließ nicht zu, daß diese Dinge eine Rolle spielten. Ich war so ihn ihn verliebt, daß es keinen Unterschied zu machen schien.

Laura und Bob hatten sich am Beginn ihrer Romanze häufig gesehen. Das gleiche gilt wohl für uns alle. Gewöhnlich kennen wir die Person, mit der wir uns einlassen, viel besser, als wir zugeben wollen, doch wir ignorieren die Warnsignale lieber, wenn sie mit unserem romantischen Bild in Konflikt geraten. Wie sehr wir aber die unangenehmen Realitäten über unsere Partner wegstoßen, es gibt eine innere Stimme, die versucht, unsere Aufmerksamkeit zu erlangen. An diesem Punkt der Therapie mußte Laura diese innere Stimme lauter stellen, so daß sie Bobs Verhalten aus einer anderen Perspektive beurteilen konnte. Ich gab Laura die folgende Übung auf, um den Teil in ihr zu verstärken, der immer genau wußte, was ablief. Es ist wichtig, daß auch Sie diese Übung mitmachen.

Zuerst stellen Sie sich Ihren Partner vor, wenn er sich unvernünftig verhält. Dann stellen Sie sich die folgenden Fragen:

- Würde sich eine vernünftige Person über eine solche Kleinigkeit so aufregen?
- Gehören ständige Kritik, Nörgelei und Schuldvorwürfe zu einer liebevollen Beziehung?

- Sucht er nur nach einer Entschuldigung, um mich anzugreifen?
- Wirft er mir all die Dinge vor, für die er selbst keine Verantwortung übernehmen will?
- Hat irgend jemand das Recht, einen anderen Menschen so zu behandeln wie er mich?

Diese Übung wird die innere Wahrnehmung dessen, was vor sich geht, bestätigen; wenn Sie eine Beziehung mit einem Frauenhasser hinter sich haben, hilft sie Ihnen, den gleichen Verhaltensweisen bei anderen Männern größere Aufmerksamkeit zu schenken.

Wenn Ihnen hier zum ersten Mal richtig klar wird, wie lieblos und inakzeptabel das Verhalten Ihres Partners ist, ist Ihnen vermutlich recht unbehaglich zumute.

Wie auch sonst bei unserer gemeinsamen Arbeit bitte ich Sie dringend, sich nicht durch Ihr Unbehagen entmutigen oder aus der Bahn werfen zu lassen. Diese Wahrnehmung Ihrer Beziehung ist die Wahrheit. Und, wie irgendein kluger Mann einmal sagte, die Wahrheit tut weh. Aber ohne Wahrheit bleiben Sie die Gefangene von Verzerrung und Selbstzweifeln.

Gehen Sie die Fragen häufig durch. Diese Erkenntnisse werden Sie weiter motivieren, Ihre Situation zu verändern. Bitte denken Sie daran, daß es in Ordnung ist, wütend zu werden, sich aufzuregen, zu weinen und sich auch selbst leid zu tun.

Gleichzeitig denken Sie bitte daran, wieviel Mut Sie schon aufgebracht haben, um an diesen Punkt zu gelangen. Denken Sie an die schlechten Beziehungen, die Sie gesehen haben, in denen Menschen schlimme Behandlung ohne Widerrede und ohne Hoffnung auf Veränderung erduldeten. *Sie* sind stärker. *Sie* versuchen, etwas zu ändern. Sie erblicken eine schmerzhafte Wahrheit, und es wird weh tun. Doch harren Sie aus. Benutzen Sie diese Frageliste jedesmal, wenn Sie Zweifel an Ihrer Wahrnehmung und an Ihrer inneren Stimme der Vernunft haben, jedesmal, wenn Sie sich fragen, ob Ihr Partner nicht vielleicht doch Recht hat, und jedesmal, wenn Sie Entschuldigungen suchen, um sein Verhalten zu rechtfertigen oder die Schuld dafür auf sich nehmen. Diese Fragen bringen Sie wieder ins Gleichgewicht. Schreiben Sie sie auf einen Zettel und tragen Sie ihn bei sich. Sehen Sie ihn an, wann immer Ihr Entschluß, weiterzumachen, erschüttert wird oder es eine Szene zwischen Ihnen beiden gegeben hat. Machen Sie diese Fragen zum Bestandteil des normalen Prozesses, wenn Sie sich mit ihm beschäftigen. Sie bestätigen damit für sich selbst, was Sie immer schon als Wahrheit erkannt hatten.

Untersuchen Sie in Ruhe, wie Sie sich selbst behandeln

Bei vielen Frauen besteht die Gefahr, daß sie die Wahrheit über ihre Situation akzeptieren, indem sie ihr neues Bewußtsein gegen sich selbst richten. Aus diesem Grund nehme ich mir die Zeit, um zu überprüfen, wie meine Klientinnen zu sich selbst sind.
Dann höre ich oft Bemerkungen wie:

- Wie konnte ich nur so dumm sein?
- Wie konnte ich zulassen, daß mir das zustieß?
- Ich bin wütend auf mich, weil ich so blind war.
- Ich bin eigentlich intelligent; wie konnte ich mich so irren?
- Ich bin auf ihn wütend, doch wütender bin ich auf mich selbst, weil ich mir das gefallen ließ.

Es ist sehr wichtig, daß sie sich nicht selbst strafen, weil Sie in Ihrer Beziehung bereits genügend gestraft werden. Anstatt sich Vorwürfe zu machen, weil Sie nicht früher die Wahrheit erkannt haben, loben Sie sich lieber für Ihren Mut und Ihre Entschiedenheit, sich und Ihren Partner genau unter die Lupe zu nehmen und den wichtigen und angsterregenden Entschluß gefaßt zu haben, die Beziehung zu verändern.
Die folgenden Übungen dienen dazu, Ihre Selbstvorwürfe zu

durchbrechen. Ich habe diese Interventionen entwickelt, um meinen Klientinnen zu helfen, ihre Gedanken und Verhaltensweisen zu verändern, wenn es ihnen schlechtgeht.

Gedanken abbrechen

Wenn Sie negative Gedanken über sich selbst entwickeln, fühlen Sie sich nur elender, und das zu einer Zeit, in der Sie all Ihre Fähigkeiten brauchen, um die Krise zu meistern. Versuchen Sie diese Übung, Gedanken abzubrechen, um mit den negativen Einstellungen fertig zu werden.

Erstens: Achten Sie darauf, was Sie denken, besonders wenn es um Selbstvorwürfe geht. Passen Sie auf Gedanken auf wie: »Wie konnte ich nur so dumm sein?«, oder: »Wie konnte ich mir das nur so lange gefallen lassen, ohne es zu merken?« Achten Sie auch auf abwertende Äußerungen wie: »Ich hasse mich«, »Ich bin wütend auf mich«, »Ich bin es leid, so unfähig zu sein«, »Ich bin dumm«.

Zweitens: Um diese Selbstvorwürfe abzubrechen, fangen Sie eine Unterhaltung mit ihnen an. Sprechen Sie mit Ihren Gedanken wie mit Menschen. Ich schlage folgenden Dialog vor: »Okay, da bist du ja wieder. *Hör auf! geh weg!* Du kannst nicht hereinkommen. Ich habe auch ohne deine Einmischung genug Probleme. Ich will dich nicht. Ich brauche dich nicht. Du hast in meinem Leben keinen Platz, also verschwinde aus meinem Kopf.«

Drittens: Und jetzt müssen Sie die Selbstvorwürfe und die mit ihnen einhergehenden Gefühle durch gute Gedanken und gute Gefühle ersetzen. Dazu beschwören Sie ein inneres Bild von einem wunderbaren Erlebnis heraus. Nancy wählte bei dieser Übung eine Urlaubsreise aus:

> Als ich zum ersten Mal nach Hawaii flog, legte mir jemand einen Blumenkranz um, als ich aus dem Flugzeug trat. Ich roch nur noch diesen unglaublichen Blütenduft. Die Luft war sanft und streichelte meine Haut, und ich dachte: »Das ist das Paradies.«

Suchen Sie einen besonderen Augenblick Ihres Lebens aus, den sie auskosten und an den Sie sich klammern können. Erinnern Sie sich, wie all Ihre Sinne darauf reagierten und wie gut Sie sich fühlten. Je mehr Einzelheiten Sie heraufbeschwören können, um so reichhaltiger und befriedigender wird die Erinnerung. Mit ein wenig Übung werden Sie sich jederzeit bewußt in diese Erinnerung und in die guten Gefühle zurückversetzen können.
Wenn schlechte Gedanken über Sie selbst aufsteigen, *erkennen* Sie sie als solche, *befehlen Sie* ihnen, zu verschwinden, und nutzen Sie ihre ganz spezielle Erinnerung, um sie zu ersetzen.
Diese Übung bildet einen guten Anfang, wie man netter zu sich selbst sein kann. Nancy stellte fest, daß sie half, ihre Selbstvorwürfe abzubrechen. Darauf fühlte sie sich seelisch weniger angespannt. Sie berichtete:

> Ich bekam auch eine Ahnung, wie ich Kontrolle über mich erlangen konnte, und das war für mich etwas Neues. Ich kann jetzt diese düsteren Launen durchbrechen, wenn ich an meine Hawaii-Erinnerung denke. Ich habe auch erkannt, wie oft ich mich gequält habe, nur weil ich Probleme hatte!

Vielleicht müssen Sie diese gedankenunterbrechende Übung häufig probieren, ehe Sie Ihnen vertraut wird. Es ist schwer, die alte Gewohnheit zu durchbrechen, sich zu strafen, wenn man sich schlecht fühlt. Wenn diese Übung aber erst einmal klappt, spüren Sie sofortige Erleichterung von Ihrem selbstauferlegten Schmerz.

Selbsthilfe, wenn es weh tut

Wie viele meiner Klientinnen haben Sie vermutlich einen Großteil Ihres Lebens damit zugebracht, für andere Menschen zu sorgen. Die meisten Frauen haben große Fähigkeiten, sich um andere zu kümmern. Wenn sich jemand, der Ihnen nahesteht, verletzt, allein oder unglücklich fühlt, wissen Sie genau, was zu tun ist, damit es ihm wieder besser geht. Ich möchte nun, daß Sie die gleichen Fähigkeiten einsetzen, sich um sich selbst zu kümmern. Dies ist ein sehr wichtiger Teil bei der Vorbereitung auf den Wechsel. Sie müssen lernen, gut zu sich selbst zu sein, damit Sie sich stärker und fähiger fühlen, Ihre Probleme anzugehen.

Zu Beginn dieser Phase bitte ich meine Klientinnen, eine Liste von zehn Dingen aufzustellen, die sie anderen zum Trost anbieten würden, wenn es ihnen schlechtgeht. Hier ein Beispiel:

- Umarmen,
- Streicheln,
- Zuhören,
- Versichern, daß alles besser wird,
- Ein Lieblingsessen kochen,
- Mit ihnen ausgehen,
- Vorschlagen, ein heißes Bad zu nehmen,
- Vorschlagen, schwimmen zu gehen oder eine andere Sportart zu betreiben,
- Ihnen etwas kaufen, was ihnen gefällt.

Listen Sie nun für sich jene besonderen Dinge auf, die Sie für andere tun, um sie zu trösten.

Nett zu sich selbst sein

Sie verdienen genau die gleiche liebevolle Zuwendung, die Sie anderen zuteil werden lassen. Fangen Sie an, sie zu verlangen. Ob Sie nun meinen, es zu brauchen oder nicht, bitten Sie Ihre Kinder und Freunde, sie zu umarmen. Körperkontakt ist äußerst wichtig, besonders wenn es Ihnen seelisch nicht gutgeht. Planen Sie jeden Tag eine bestimmte Zeit für etwas ein, das Ihnen guttut. Es ist für Ihr körperliches Wohlbefinden und Ihre seelische Gesundheit essentiell, daß Sie nun anfangen, sich um sich selbst ebenso gut zu kümmern wie um andere.

Vielleicht finden Sie das albern, betrachten es als übertriebenes Verwöhnen oder finden es unwichtig. Ich versichere Ihnen jedoch, daß es nun von vitaler Bedeutung ist, nett zu sich zu sein.

Die folgende einfache Übung hilft Ihnen, gut zu sich zu sein und Ihren Streß zu verringern. Überschlagen Sie die Übung nicht, und versagen Sie sich nicht diesen Aspekt unserer gemeinsamen Arbeit.

Die Menschen haben die Neigung, sich nicht die Zeit zu nehmen, um die Dinge zu tun, die ihnen Spaß machen, auch nicht die einfachsten und leicht erreichbaren Aktivitäten. Aus diesem Grund bitte ich meine Klientinnen, einen Vertrag mit sich selbst zu schließen. In diesem Kontrakt verpflichten sie sich, jede Woche zehn einfache Dinge zu unternehmen. Ich schlage vor, jeden Tag mindestens eine Sache für sich zu tun.

Nehmen Sie sich das bißchen Zeit, einen Vertrag für sich aufzusetzen. Versuchen Sie, die Aktivitäten nicht als Medizin zu betrachten. Stellen Sie sich diese Aktivitäten lieber als alte Freunde vor, die Sie vermißt haben und über deren Wiedersehen Sie sich freuen.

Nancys Originalvertrag enthielt zehn negative Aktivitäten, wie »Ich werde nicht den ganzen Tag zu Hause bleiben«. Ich riet ihr, sie zu positiven, fröhlichen Dingen zu verändern, auf die sie sich freuen konnte.

Hier nun der verbesserte Vertrag:

1. Ich nehme ein ausgedehntes Schaumbad.
2. Ich gehe bei Sonnenuntergang am Strand spazieren.
3. Ich nehme mir die Zeit, meine Lieblingsmusik zu hören.
4. Ich umarme meine Freunde beim Begrüßen und Verabschieden.
5. Ich gehe mit meiner besten Freundin zum Essen.
6. Ich lasse meine Fingernägel maniküren.
7. Ich gehe zur Massage.
8. Ich schminke mich jeden Tag.
9. Ich fange wieder an, schwimmen zu gehen.
10. Ich kaufe mir jede Woche ein kleines Geschenk.

In Nancys Fall war es besonders wichtig, daß sie Dinge für sich tat, die körperliche Anregung boten. Wann immer sie bei ihrem Mann körperliche Zuwendung suchte, verstand er dies als Aufforderung zum Verkehr. Die sexuelle Beziehung aber war für sie oft schmerzhaft und unangenehm gewesen, daher hatte sie aufgehört, bei ihm nach körperlicher Zuwendung zu suchen. Zu diesem Zeitpunkt war es für Nancy daher wichtig, körperliche Lust zu empfinden. Ich schlug vor, so oft wie möglich schwimmen zu gehen, Schaumbäder zu nehmen und sich massieren zu lassen, weil ihr diese Aktivitäten auch Spaß machten.
Jackie hingegen hatte immer eine befriedigende und zärtliche sexuelle Beziehung mit Mark. Sie schrieb in ihren Vertrag: »Mark dazu bringen, mehr mit mir zu schmusen.«
Es ist sehr wichtig, daß sie eine tägliche Routine entwickeln und sich Zeit nehmen, um über Ihre Bedürfnisse und die Dinge nachzudenken, die Ihnen Freude geben. Doch nur daran zu denken reicht nicht aus. Sie müssen sie auch *tun*. Ich bitte Sie dringlich, den Vertrag mit sich selbst als bedeutsam und bindend zu betrachten. Wenn Sie sich seelisch und körperlich besser fühlen wollen, ist es wichtig, daß Sie zu sich ebenso gut sind wie zu anderen. Diese Aktivitäten nur für Sie selbst stellen den ersten Schritt dar, das nachteilige alte Verhaltensmuster aufzubrechen, nach dem Sie sich nicht um sich selbst gekümmert haben.

11. Heilung

Kinder haben keine Macht. Um überleben zu können, müssen sie schon früh Reaktionen erlernen, die sie befähigen, mit der jeweiligen Behandlung in ihrer Familie fertig zu werden. Das Problem für viele meiner Klientinnen ist, daß sie auch als Erwachsene immer noch die gleiche Hilflosigkeit empfinden wie als Kind, auch wenn ihre gegenwärtigen Lebensumstände völlig anders sind.

Wie wir in Kapitel 7 sahen, waren Jackies emotionale Reaktionen auf die schlechte Behandlung von Mark denjenigen auffallend ähnlich, die sie als Kind dem mißhandelnden Vater gegenüber an den Tag gelegt hatte. Die Angst und Hilflosigkeit gegenüber Mark standen in direktem Zusammenhang mit ihrer Vergangenheit. Doch ehe ihre alten Reaktionen durch wirksamere, erwachsene Reaktionen ersetzt werden konnten, mußte Jackie ihre Ursprünge aufspüren. Nur wenn sie erfuhr, wie ihr gegenwärtiges Verhalten auf den alten Ängsten basierte, die keinen Grund mehr hatten, konnte sie beginnen, ihre Reaktionen zu verändern.

Diese Reise in die Vergangenheit erscheint vielleicht als ein Umweg. Viele meiner Klientinnen werden ungeduldig, wenn sie ihre Kindheitserfahrungen untersuchen; sie drängen darauf, ihre gegenwärtigen Konflikte mit ihren Partnern anzugehen. Ich glaube jedoch, daß jede neue Verhaltensweise, die eine Frau erlernt, um wirksamer mit ihrem Partner umgehen zu können, nur Bestand hat, wenn sie zunächst die alten Geister aus der Vergangenheit exorziert, die ihre Kraft als Erwachsene unterminieren.

Ein Wort der Warnung

Dis bislang geleistete Arbeit fand überwiegend auf der kognitiven Ebene statt – und es ging vornehmlich um Ihren Intellekt, Ihren Verstand und Ihre Gedanken. Doch selbst diese Arbeit hat vielleicht starke Emotionen in Ihnen wachgerufen. Die Arbeit, die ich nun mit Ihnen beginne, ist vielleicht noch stärker emotional befrachtet, denn sie dreht sich um Vorfälle aus ihrer Kindheit. Die Erinnerung an solche Ereignisse ist selbst für die stabilsten Personen oft schmerzhaft und verstörend.

Ich werde nun meine Bürotür öffnen und Sie bei meiner Arbeit zusehen lassen, damit Sie erkennen, wie direkt vergangene Ereignisse gegenwärtige Gefühle und Verhaltensweisen beeinflussen können. Es wäre unverantwortlich von mir, es als ausreichend vorzuschlagen, dieses Buch zu lesen, um Sie durch diese schwierige Phase zu bringen. Wenn eine Frau eine Therapie macht, ob einzeln oder in einer Gruppe, steht ihr ein eingebautes Stützsystem zur Verfügung, um mit diesen intensiven emotionalen Reaktionen fertig zu werden. *Ich bitte Sie dringlich, diese Arbeit nicht ohne ein solches Stützsystem zu beginnen.* Ein Therapeut, eine Therapiegruppe oder eine andere Institution wie ein Frauenzentrum, die Ihnen die Sicherheit geben, mit starken Gefühlen umzugehen, sind von größter Wichtigkeit.

Freunde sind manchmal eine große Hilfe, doch ein Freund kann Ihnen nicht genügend Unterstützung bieten, wenn Sie versuchen, mit schmerzhaften Kindheitserfahrungen fertig zu werden. Selbst die wohlmeinendste Freundin wird sich angesichts Ihres Schmerzes und ihres Unbehagens überfordert und hilflos fühlen, wenn Sie damit beginnen, alte Erinnerungen auszugraben.

Wenn Sie außerdem als Kind Opfer von körperlichen und/oder sexuellen Mißhandlungen waren, bitte ich Sie, professionelle Hilfe aufzusuchen, damit Sie diese alten Dämonen begraben

können, ehe Sie neue Verhaltensweisen ausprobieren. Es bestehen nun überall Selbsthilfegruppen für die Opfer von Kindesmißhandlung. Es gibt außerdem eine wachsende Anzahl von Therapeuten, die sich auf diese Arbeit spezialisiert haben. Therapie auf diesem Gebiet kann äußerst hilfreich wirken. Meiner Erfahrung nach sind die Schäden durch sexuelle und/ oder körperliche Mißhandlung zugänglich und klar umrissen. Aus diesem Grund verschwinden Probleme auf diesem Gebiet bei Hilfe recht schnell.
Je traumatischer die Kindheit einer Frau war, um so geschädigter wird ihr Selbstbild als Erwachsene sein. Wie groß der Schaden auch ist, unendlich viel kann geheilt werden, wenn man sich mit den vergangenen Erfahrungen konfrontiert und sie durcharbeitet.

Es begann nicht erst mit Ihrem Partner

Nicki erzählte mir, daß sie sich klein, verlassen, unterlegen und gedemütigt fühlte, wenn Ed auf sie wütend war. Als ich Nicki bat, sich zu erinnern, bei welcher anderen Person in Ihrem Leben sie sich schon einmal so gefühlt hatte, erinnerte sie sich an den folgenden Vorfall, der sich ereignete, als sie neun Jahre alt war:

> Meinem Vater war es sehr wichtig, daß ich Klavierspielen lernte, obwohl ich nicht sonderlich daran interessiert war. Ich habe es trotzdem ernsthaft versucht, um ihm zu gefallen. Aber wenn ich vor anderen Leuten spielen sollte, hatte ich schreckliche Angst und verpatzte es jedes Mal. Mein Vater war der Typ, der niemals auch nur die Stimme hob. Er wurde statt dessen leise und kalt. Bei einer Probe war ich so nervös, daß ich einen ganzen Teil des Stückes, das ich vorspielen sollte, ausließ. Auf dem Heimweg sagte

er, er wisse nicht, wie ich diesen Leuten jemals wieder in die Augen blicken könne. Er sagte, ich habe ihm vor allen Leuten Schande gemacht und sei eine schreckliche Enttäuschung für ihn. Er sagte, das sei viel schlimmer als die Tatsache, daß ich einfach kein Talent hätte. Ich sei acht- und gedankenlos und zu faul zum Üben. Ich war wie am Boden zerschmettert. Ich wollte ihm so gern gefallen und hatte völlig versagt. Ich hielt meine Tränen zurück, doch ich war so gedemütigt, daß ich am liebsten gestorben wäre.

Nicki war sehr überrascht, als ihr klar wurde, daß sie in ihrer Ehe ihre Kindheit heraufbeschwor und ihr Erwachsenen-Ich verlor. Um ihr zu helfen, in engeren Kontakt mit ihrer Kindheit zu treten, bat ich sie, mir ein Foto von sich als kleinem Mädchen mitzubringen. Als wir das Bild gemeinsam betrachteten, erinnerte sie sich an viele ähnliche Vorfälle, bei denen ihr Vater sie gedemütigt hatte.
Ich wollte ihr bei der Einschätzung helfen, wie jung und verletzlich sie damals gewesen war, und schickte sie zur Schule in der Nähe. Sie sollte die Kinder beim Spielen beobachten und ein kleines Mädchen heraussuchen, das sie an sich selbst erinnerte. Dann sollte sie sich vorstellen, wie dieses kleine Mädchen gescholten und heruntergemacht wurde, so wie es ihr als Kind passiert war. Nicki mußte erkennen, daß sie ebenso klein und hilflos gewesen war, als diese schlimmen Vorfälle geschahen, und daß es das kleine Mädchen war, das immer noch in ihr lebte und bei Eds Ausbrüchen solche Angst bekam.

Warum der Blick zurück so wichtig ist

Der Gedanke ist falsch, daß schmerzhafte Erfahrungen einfach verschwinden, wenn wir uns nicht daran erinnern oder sie nicht als solche erkennen. Jene Phantome und Erinnerungsstücke, die in unserem Unbewußten herumschwimmen, jenem Teil, der nie etwas vergißt, richten im Gegenteil großen Schaden an.

Unangenehme Erfahrungen gewinnen Macht über uns, wenn sie abgeleugnet oder verborgen werden, doch man kann sie zwingen, diese Macht aufzugeben, indem man sie ans Licht holt.

Wie man mit Gefühlen der Vergangenheit umgeht

Die Arbeit an Kindheitserfahrungen kann eine machtvolle Kombination heraufbeschwören aus Wut über alte Verletzungen und Mitleid mit dem kleinen Mädchen, das sie aushalten mußte. Die Anerkennung der Existenz dieser Gefühle und die Konfrontation mit ihnen ist die Voraussetzung dafür, ihre Kontrolle über uns als Erwachsene zu vermindern.

Wie man mit alter Wut umgeht

Als Nicki begann, sich an Kindheitsereignisse zu erinnern, merkte sie, daß sie starke Wut darüber empfand, wie man sie behandelt hatte. Sie erkannte, daß diese Wut immer dagewesen war, doch sie hatte sich nie in der Lage gesehen, sie auch auszudrücken. Wie wir gesehen haben, verschwindet unterdrückte Wut nicht einfach; sie geht in den Untergrund, wo sie sich in die verschiedensten Symptome verwandelt.

Je stärker der alte Zorn aus dem Bewußtsein vertrieben wird, um so furchterregender wird er. Wut ist für die meisten Menschen ein unangenehmes Gefühl, und die Unterdrückung macht es nur noch unangenehmer.

Nicki erinnerte sich allmählich an viele Geschehnisse, bei denen sie versucht hatte, ihren anspruchsvollen Vater zufriedenzustellen, und anstatt dessen auf seine Mißbilligung, Ablehnung und Verachtung gestoßen war. Ich bat sie, über die heftige Wut nicht zu erschrecken, die diese Erinnerungen herauf-

beschworen, und sich lieber dem Wiedererleben hinzugeben. Ich wußte, sie würde es viel weniger schrecklich finden, als sie sich vorstellte.
Ich bat Nicki, sich ein Gespräch mit ihrem Vater vorzustellen, um ihr zu helfen, diese alte Wut zu zentrieren und zu lenken. Wir nahmen einen leeren Stuhl, der ihn darstellte, und sie sollte alles sagen, was sie immer gefühlt hatte, aber nie ausdrücken konnte. Sie sollte anfangen mit: »Wie kannst du es nur wagen...« und dann den Satz beenden. Folgendes kam dabei heraus:

> Wie kannst du es nur wagen, mich so zu behandeln? Wie kannst du es wagen, mich so zu demütigen! Wer, zum Teufel, glaubst du eigentlich, wer du bist? Ich habe immer zu dir aufgeblickt. Ich habe dich angebetet. Hast du nicht gemerkt, wie sehr du mich verletzt hast? Nichts, was ich tat, war jemals gut genug für dich. Du hast mir das Gefühl gegeben, ein totaler Versager zu sein, du Hund! Ich hätte doch alles für dich getan, nur damit du mich ein bißchen liebst.

Nicki zitterte am ganzen Körper, als sie diese Übung beendete. Sie merkte, daß sie zum ersten Mal wirklich wütend auf ihren Vater geworden war, ohne daß etwas Schreckliches passierte. Sie konnte sich nun wirklich *erlauben,* ihrer Wut freien Lauf zu lassen!
Für einige meiner Klientinnen reicht es nicht aus, ihre Wut verbal auszudrücken; sie müssen sie physisch abreagieren. Ich ermutige diese Frauen, während dieser Phase jede Menge Sport zu treiben. Tennis, Squash oder andere aggressive Spiele helfen dem Körper, Wut und Spannung abzubauen.
Auch Nicki brauchte die körperliche Lösung ihrer Wut. Sie war zwar aktiv im Polizeidienst tätig und eine gute Athletin, doch ihr Körper war noch voller Spannungen, und sie litt häufig unter Spannungskopfschmerz und Muskelkrämpfen im Nacken und Schulterbereich.

Mein Büro bildete die beschützende Umgebung, wo wir einen Teil dieser Arbeit gemeinsam angehen konnten. Ich bat Nicki erneut, sich den leeren Stuhl als ihren Vater vorzustellen und dann ihrer Wut körperlich freien Lauf zu lassen, indem sie mit einem gepolsterten Schläger, einer Bataka, darauf eindrosch. Nach beträchtlichem Widerstand, aus Angst, albern zu wirken, erklärte sie sich schließlich bereit, diese Übung zu versuchen. Sie hob die Bataka mit beiden Händen über den Kopf und schmetterte sie mit einem lauten Krachen auf den Stuhl. Diese Bewegung wiederholte sie, bis sich ein Rhythmus herausschälte. Ich riet ihr, ihrer Wut auch verbal Ausdruck zu verleihen. Als sie auf den Stuhl einhieb, wallten Jahre der Schmerzen in ihr hoch, und sie sagte immer wieder: »Wie konntest du mich so behandeln? Wie konntest du mich so behandeln? Wie konntest du nur? Wie konntest du nur?« Nach etwa dreißig Sekunden brach Nicki in Tränen aus und ließ die Bataka fallen. Ich nahm sie in den Arm und hielt sie, bis sie aufhörte zu weinen. Als sie sich nach ein paar Momenten beruhigt hatte, bemerkte ich, daß ihr Körper entspannter wirkte. Nicki sagte, sie fühle sich viel besser, obwohl sie Angst gehabt habe, diese Wut noch einmal zu erleben.

Je häufiger Nicki und ich daran arbeiteten, ihrer alten Wut in handhabbaren Dosierungen Bahn zu schaffen, um so besser fühlte sie sich. Es bedeutete für sie einen großen Durchbruch, zu sehen, daß sie sehr wütend werden, die Gefühle aushalten und sich dann wieder zusammenreißen konnte, um sich anschließend wohl zu fühlen.

Ich überwache diesen Teil der Arbeit sehr genau, weil es gefährlich ist, die alte Wut noch einmal zu erleben. Ich dränge meine Klientinnen nicht weiter, als sie aushalten können, und achte darauf, daß mein Büro nicht von rohen Gefühlen überschwemmt wird. Ehe Nicki an diesem Tag nach Hause ging, bat ich sie, sich zu entspannen, die Augen zu schließen und sich an ein schönes Erlebnis zu erinnern. (Es handelte sich um die Übung, die ich auf Seite 214 beschrieb.) Ich bat sie, alle körperlichen und sinnlichen Reize zurückzurufen und diesen Ort in ih-

rer Erinnerung nicht eher zu verlassen, bis sie wieder ruhiger war. Ich schließe hochemotionale Arbeit immer mit derartigen Entspannungstechniken ab.
Die Arbeit mit Wutgefühlen ist zwar dramatisch und überwältigend, aber ich wende sie nicht an, weil sie theatralisch ist, sondern weil sie *funktioniert.* Wenn man unterdrückte Wut in kontrollierter und sicherer Umgebung herausläßt, bildet sie das beste Gegenmittel zu dem Gefühl, so hilflos wie ein Kind zu sein.

Die Korrektur eingefleischter Meinungen

Wir alle glauben, was unsere Eltern über uns sagen. Die Geschichte von Nickis Klavierspiel ist dafür ein gutes Beispiel – sie hielt die kritische Einschätzung ihres Vaters für die Wahrheit. Wenn er sie faul, gedankenlos, achtlos, talentlos und eine Schande nannte, glaubte sie es ihm. Aus der Perspektive des kleinen Mädchens stammten diese Worte nicht einfach von einem wütenden, überkritischen Mann; sie stellten eine Tatsache dar.
Kinder können nicht erkennen, daß eine beleidigende oder überkritische Behandlung etwas ist, das man *ihnen antut.* Sie betrachten sie anstatt dessen als Folge ihres eigenen Versagens. Wenn diese Kinder groß werden, glauben sie immer noch, daß sie so behandelt werden, wie sie es verdienen. Sie sind überzeugt, die gerechte Strafe für ihre Fehler zu bekommen.
Nicki mußte daher die negativen Botschaften, die sie als Kind empfangen hatte, offen darlegen und unter die Lupe nehmen, um sie loszuwerden. Sie hatte bereits viele Vorfälle erkannt, die ihr Selbstwertgefühl beeinflußt hatten. Jetzt mußte sie sich mit den negativen Einstellungen beschäftigen, die sie aufgrund dieser Botschaften internalisiert hatte.
Ich bat Nicki, eine Liste all der negativen Eigenschaften aufzustellen, die ihr Vater ihr im Verlauf der Jahre zugeschrieben hatte, und sie notierte folgendes:

Negative Urteile meines Vaters über mich

- Ich bin rücksichtslos.
- Ich bin egoistisch.
- Ich bin gedankenlos.
- Ich habe kein Talent.
- Ich bin unzulänglich.
- Ich bin eine Schande für meine Familie.
- Ich bin eine Enttäuschung.
- Ich bin undankbar.
- Ich bin ein schlechter Mensch.
- Ich bin eine Versagerin.
- Ich bin ungeschickt.
- Ich bin faul und werde nie etwas erreichen.

Ich wußte, daß Nicki als Erwachsene sowohl bei der Arbeit als auch im Sport viel erreicht hatte. Als ich sie bat, aufzulisten, was sie zu sich selbst sagte, wenn sie gelegentlich ihr Superfrauideal nicht erreichte, zeigte sie mir folgendes:

Was ich zu mir selbst sage, wenn ich versage

- Ich habe mich nicht genügend angestrengt.
- Es ist mir eigentlich nicht so wichtig, vorn zu liegen.
- Mit *der* Leistung kann ich mich nicht einmal selbst täuschen.
- Wenn ich nicht so faul gewesen wäre, hätte ich vielleicht etwas erreicht.
- Ich bin einfach unfähig, irgend etwas richtig zu machen.

Nicki erkannte sofort, daß sie sich selbst ebenso kritisch gegenüberstand wie ihr Vater. Sie hatte genau da eingesetzt, wo er aufgehört hatte. Ich bat sie, wieder die Liste mit den Meinungen ihres Vaters zur Hand zu nehmen und mit großen, festen Buchstaben darüber zu schreiben: *Es stimmte damals nicht und ist auch jetzt nicht wahr.*

An dieser Stelle erzählte mir Nicki, daß ihr Vater auch einige positive Dinge über sie gesagt hatte. Er hatte ihr häufig Komplimente über ihre Intelligenz, ihre sportlichen Leistungen und ihr gutes Aussehen gemacht. Jedoch konnte sie diesen Komplimenten kaum Glauben schenken, weil Kritik und Negativität ihre Beziehung zu ihm so beeinflußt hatten und negative Urteile viel stärkere Wirkung zeigen als positive. Schließlich hatte er sie verwirrt.

Die meisten Menschen hatten in ihrer Kindheit zumindest eine beständig freundliche, hilfreiche Person, die sie anerkannte und positiv beurteilte. Für Nicki war diese Person ihre Mutter. Für andere Menschen ist es vielleicht ein Großelternteil oder ein anderer Verwandter, vielleicht ein Freund der Familie oder ein Lehrer. Nicki mußte sich in Erinnerung rufen, wie ihre Mutter sie sah. Ich bat sie, eine Liste der positiven Urteile ihrer Mutter über sie aufzustellen.

Positive Urteile meiner Mutter über mich

- Ich bin gescheit.
- Ich bin niedlich.
- Ich bin charmant.
- Ich bin großzügig.
- Ich habe Talent.
- Ich arbeite schwer.
- Ich bin gutmütig.
- Ich habe viel Energie.
- Ich bin liebenswert.
- Es ist eine Freude, mich zu sehen.

Nachdem Nicki diese Liste aufgestellt hatte, fragte ich sie: »Ist es nicht interessant, wie wenige dieser positiven Urteile Sie als Erwachsene zu Ihren eigenen gemacht haben?« Um Nicki zu helfen, diese vernachlässigten positiven Urteile über sie zu internalisieren, ließ ich sie unter diese Liste schreiben: *Dies ist wahr und ist immer wahr gewesen.*

Dann hieß ich sie, eine Zeremonie abzuhalten, um die negativen Urteile über sie loszuwerden, die sie vor so langer Zeit als Wahrheit akzeptiert hatte. Sie sollte folgendes tun:

1. Nehmen Sie die Liste mit den negativen Urteilen mit nach Hause.
2. Zerreißen Sie die Liste in so viele Fetzen wie möglich.
3. Verbrennen Sie die Fetzen, oder vergraben Sie sie oder werfen Sie sie in die Toilette.

Nicki erzählte später, sie sei sich dabei etwas albern vorgekommen, doch die Zeremonie habe eindeutig geholfen, die Macht ihrer negativen Selbsteinschätzung zu brechen. Sie hatte nicht nur die negativen Etikettierungen vernichtet, sondern auch begonnen, die positive Einstellung zu sich selbst zurückzugewinnen.

Neue Eltern für das kleine Mädchen

Nicki erkannte bald, daß es einen Teil in ihr gab, der tief getroffen wurde, als sie noch ein kleines Mädchen war. Das Kind, das sie immer noch in sich herumtrug, war von ihrem Vater so stark kritisiert und bemäkelt worden, daß sie als Erwachsene fast verzweifelt nach männlicher Anerkennung suchte. Ohne diese Anerkennung fühlte sich Nicki unterlegen und ängstlich. Sie mußte das kleine Mädchen fürsorglich behandeln und neu erziehen, damit es anfangen konnte, diese Anerkennung aus sich selbst heraus zu erlangen. Zu diesem Zweck mußte sie sich selbst, in Briefen und laut ausgesprochen, sagen, was sie von ihrem Vater immer hatte hören wollen.
Ich bat Nicki, einen Brief an das verletzte kleine Mädchen in ihr selbst zu schreiben. In diesem Brief sollte sie kein negatives Urteil erwähnen, sondern sich auf Dinge konzentrieren, die ein Erwachsener zu einem betroffenen und unglücklichen kleinen

Mädchen sagen würde. Nicki sollte dem Kind all die zärtlichen, liebevollen Worte sagen, nach denen sie sich selbst so gesehnt hatte. Hier ist der Brief:

> Hallo, meine Süße,
> es tut mir so leid, daß man Dich so heruntergemacht hat. Das hast Du nicht verdient. Du warst immer ein liebes kleines Mädchen, und ich weiß, wie sehr Du immer alles recht machen wolltest, damit Dich jeder, besonders aber Papa, liebhatte. Aber es kam einfach anders, nicht wahr? Ich glaube, daß Papa Dich liebte, aber er wußte einfach nicht, wie er es Dir zeigen sollte. Er hat Dir viele Sachen gekauft, aber ich wette, Du hättest sie alle hergegeben, wenn er Dich nur gelegentlich einmal angelächelt und Dir auf die Schulter geklopft hätte.
> Ich möchte Dir sagen, daß ich Dich liebe und mich um Dich kümmern werde. Ich sorge dafür, daß niemand Dir je wieder so weh tut. Auf mich kannst Du Dich verlassen. Ich werde Dich nie im Stich lassen. Du bist ein ganz einzigartiges kleines Mädchen. Das solltest Du wissen. Du bist lustig und schlau, und ich weiß, wie sehr Du Dir Mühe gibst, lieb zu sein und alles ordentlich zu erledigen. Nie wieder brauchst Du auf dem blöden alten Klavier zu spielen, wenn Du nicht willst.
> Alles Liebe von der großen Nicki

Viele Menschen finden es schwierig, ihre Verachtung und ihren Haß für das verletzte kleine Ding aufzugeben, das sie einmal waren. Ich habe schon gehört, wie Klientinnen direkt darauf bestanden, als Kind häßlich und garstig gewesen zu sein. Als Nicki den Brief an das betroffene Kind in sich selbst schrieb, half es ihr, die Bürde von Schuld und Selbstvorwürfen zu erleichtern, die sie von ihrem kritischen Vater akzeptiert hatte. Sie erkannte, daß sie als Kind zum unschuldigen Sündenbock für die Frustrationen ihres Vaters geworden war. Diese Einsicht befreite sie von einem Großteil ihrer unerbittlichen

Selbstkritik. Der Prozeß, die Verantwortung dorthin zu plazieren, wohin sie gehört, hilft nicht allein, das unschuldige Kind zu befreien, sondern dem Erwachsenen, sich weniger verletzlich und hilfsbedürftig zu fühlen.
Nicki mußte als Erwachsene lernen, daß keinerlei Anerkennung von außen für sie von Bedeutung sein konnte, solange ihr Selbstwertgefühl nicht stabil war. Je besser sie daher die Verletzungen heilen konnte, die sie als Kind erfahren hatte, um so geringer wurde ihr panisches Bedürfnis nach anderen Menschen, die ihr ein positives Bild von sich selbst vermitteln sollten.
Nicki lernte als Erwachsene sehr gut, jene Momente zu identifizieren, in denen die Stimme des kritischen Vaters zurückkehrte und sie schalt oder kritisierte. Sie sah, wie wichtig es war, jene unerbittliche Stimme beiseite zu schieben und sie durch die liebevolle Stimme zu ersetzen, die sich selbst gegenüber zu benutzen sie sich angewöhnt hatte. Als Ergebnis unserer gemeinsamen Arbeit veränderte sich Nickis Haltung merklich. Sie fühlte sich wohler in ihrer Haut, ihr Gesichtsausdruck wurde weicher, die Körperhaltung weniger steif. Sie machte echte Fortschritte, freundlicher und weniger kritisch zu sich selbst zu sein.

Der Macht der alten Botschaften ein Ende setzen

Um die Veränderungen in Nicki zu verstärken, schlug ich eine letzte Übung vor, die der Kontrolle des Vaters ein Ende setzen sollte.
Ich bat Nicki, sich an einem Grab vorzustellen. In dem Grab lag die Macht, die die negativen Botschaften ihres Vaters und seine Urteile über sie auf sie ausübte. Ich gab ihr ein paar vertrocknete Blumen, die ich zu diesem Zweck in meinem Büro aufbewahre, und ließ sie die folgenden Worte wiederholen:

Hiermit bette ich all die gemeinen und verletzlichen Dinge zur Ruhe, die mein Vater mir als kleinem Mädchen sagte.
Ich bette die Macht zur ewigen Ruhe, die seine Kritik über mich hatte.
Ich bette meinen Hunger nach seiner Anerkennung und seinem Lob zur Ruhe.
Außerdem begrabe ich an dieser Stätte meine Phantasie, daß mein Vater eines Tages der Vater sein wird, den ich mir immer gewünscht habe. Ruhe in Frieden.

Wie bei jeder Beerdigung folgten Trauer und Kummer. Nicki wurde sehr traurig angesichts der Tatsache, daß sie ihre Phantasie aufgab, irgendwie würde sie das Zauberwort finden, bei dem ihr Vater so liebevoll würde, wie sie ihn als Kind gebraucht hatte.
Nicki mußte als Erwachsene einsehen, daß ihr Vater Grenzen in dem hatte, was er ihr geben konnte. Er besaß bestimmte eingefleischte Charakterzüge, die bewirkt hatten, daß er hart zu ihr war. Es war sehr schmerzhaft für sie, zu akzeptieren, daß sie ihn nicht ändern würde, daß nichts ihrerseits ihn in den warmen, liebevollen Vater verwandeln würde, nach dem sie sich so gesehnt hatte. Sie mußte akzeptieren, daß sie die Liebe und Anerkennung ihres Vaters schon lange erlangt hätte, wenn es irgendwie möglich gewesen wäre.
Nicki erfuhr bei alldem Trauer und Resignation, doch auch ein starkes Gefühl von Freiheit. Alle Energie, die sie bei der vergeblichen Suche nach der Liebe des Vaters aufgewendet hatte, konnte nun bei der Verfolgung von Dingen eingesetzt werden, die für sie fruchtbar und positiv waren.

Die Angst vor der Wut auf die Eltern

Nicki stellte mir die gleiche Frage wie alle Klientinnen, wenn sie auf die Wut zu einem Elternteil gestoßen sind: »Wird diese Arbeit auf irgendeine Weise das Verhältnis zu meinen Eltern stören?« Nicki formulierte es so:

> Wenn ich jetzt meine Wut auf meinen Vater wiederentdeckt und gemerkt habe, daß er sich nicht ändern wird, könnte das vielleicht die wenigen Augenblicke verderben, wenn wir einander sehen? Eigentlich war er nämlich ein guter Vater. Er hat mich nie geschlagen. Er versuchte mir alles zu geben, was er konnte. Er hat mich aufs College geschickt. Er hat für uns alle schwer gearbeitet. Ich fühle mich sehr verräterisch, weil ich so wütend auf ihn geworden bin.

Ich sagte ihr, sie solle sich an die Dinge in der Beziehung zu ihrem Vater halten, die gut waren, während sie die Kontrolle loswurde, die er über ihr Selbstwertgefühl gehabt hatte. Wenn sie sich jetzt über ihre Gefühle zu ihm im klaren war, konnte sie erwarten, eine Beziehung zwischen zwei Erwachsenen mit ihm zu haben, anstatt einer zwischen einem sich verweigernden Vater und einem hilfsbedürftigen Kind.

Unterdrückte Wut ist das einzige streßerzeugende, vergiftende und letztendlich zerstörerische Element im menschlichen Verhalten. Da Nicki nun ihre alte Wut losgeworden war und erkannt hatte, daß sie kein furchterregendes Monster war, für das sie sich immer gehalten hatte, war sie nun bereit, die Wut auf ihren Mann Ed anzugehen.

Die meisten Menschen haben Angst vor ihrer Wut und lernen daher nicht, sie zu kanalisieren, zu handhaben oder sie auszudrücken. In den nächsten Kapiteln werde ich darstellen, wie ich meinen Klientinnen beibringe, mit alter und gegenwärtiger Wut als einer starken Motivation und Energiespenderin umzugehen. Wenn eine Frau erst einmal wirklich wütend darauf wird, wie ihr Partner sie behandelt, wird es unmöglich für sie sein, bei ihrem unterwürfigen Verhalten zu verharren.

12. Die Wut in die Hand nehmen

Paula begann ihre Therapie in einer meiner Gruppen mit Inzestopfern. Sie war als Kind von ihrem Vater sowohl körperlich als auch sexuell mißbraucht worden. Ihre unterdrückte Wut aufgrund dieser schrecklichen Verbrechen hatte ihr Leben durchsetzt. Als sie den Psychologen Gerry heiratete, hatte sie ein verständlicherweise geringes Selbstwertgefühl und war bereits in die Opferrolle eingeübt. Als ich ihr geholfen hatte, mit ihrer traumatischen Kindheit fertig zu werden, mußte sie sich dem traurigen Zugeständnis stellen, daß sie von ihrem Mann ebenfalls mißhandelt wurde. Und dann stand sie vor der Aufgabe, mit ihrer Wut auf ihn fertig zu werden.

Wie man den Kontakt mit der Wut auf den Partner aufnimmt

Als erstes bat ich Paula, einen Brief an Gerry zu schreiben. Sie brauchte ihm diesen Brief weder zu geben noch zu schicken; sein Zweck bestand darin, ihre Gedanken und Gefühle auf Gerry und ihre Ehe zu konzentrieren. Ich bat sie, den Brief anhand der folgenden Leitlinien zu strukturieren:

- Das hast du mir angetan.
- So habe ich mich daraufhin gefühlt.
- So hat es auf mein Leben gewirkt.

Ich beruhigte Paula, keine Angst vor Selbstmitleid zu haben, sondern einfach drauflos zu schreiben, ohne etwas zurückzuhalten. Es sollte für sie ein Augenblick der Wahrheit sein. Hier ist der Brief:

Lieber Gerry,
als wir uns auf dem College kennenlernten, warst Du sehr verständnisvoll und freundlich. Du warst der erste Mensch, der mir wirklich zuhörte, und ich war derart in Dich verliebt, daß ich bereit war, alles für Dich zu tun. Du sagtest, Du würdest mich beschützen und Dich um mich kümmern, und ich wollte es glauben. Ich wohnte damals noch bei meiner verrückten Familie und konnte es kaum erwarten, da rauszukommen. Ich war begeistert, als Du mir einen Heiratsantrag machtest. Du solltest mein sicherer Hafen sein.
Aber im Moment unserer Eheschließung begann sich alles zu verändern. Du hattest an mir, meiner Arbeit, an allem, das ich tat, etwas auszusetzen. Anstatt liebevoll und freundlich zu sein, hast Du immer nur an mir herumgenörgelt. Du gabst mir das Gefühl, schrecklich zu sein. Ich habe Dich geliebt und Dir vertraut, doch Du wurdest immer häßlicher und gemeiner zu mir. Dir war jedes Mittel recht, um mich niederzuzwingen. Ich habe nie herausgefunden, warum Du Dich so verändertest. Ich gab mir die Schuld und versuchte immer und immer wieder, Deine Liebe zurückzugewinnen, doch nichts, was ich tat, war gut genug oder richtig. Es war eine Qual. Jetzt weiß ich, daß Du nur versucht hast, totale Kontrolle über mich zu erringen, doch Du warst so gnadenlos! Du sagtest einmal, ich sei ein »beschädigter Artikel«, wegen dessen, was mein Vater mir angetan hat. Das war so gemein und herzlos von Dir! Ich war acht Jahre alt, als er anfing. Du weißt, daß ich ihm nichts entgegensetzen konnte. Wie konntest Du es wagen, das gegen mich zu verwenden! Du weißt besser als alle anderen, wie schuldig ich mich fühlte und wie ich mich

schämte, doch das war Dir egal. Du warst der erste Mann, dem ich jemals vertraut habe, doch Du warst meines Vertrauens nicht wert. Hast Du auch nur die geringste Ahnung, wie sehr mich das verletzt hat und immer noch verletzt? Ich bin nicht sicher, ob ich Dir diese Grausamkeit jemals verzeihen kann.

Ich habe es zugelassen, daß Du mein Leben kontrollierst. Du hast bestimmt, was ich lesen und fernsehen sollte und wo wir die Ferien verbrachten. Ich habe seit unserer Hochzeit keine einzige Entscheidung getroffen, außer der, daß ich aufhörte zu arbeiten, weil Du ohne Unterlaß immer nur an meiner Arbeit herumgenörgelt und sie lächerlich gemacht hast. Ich habe mich wie ein Roboter verhalten! Ich habe getan, was Du wolltest, doch heute frage ich mich, warum ich meine Rechte als menschliches Wesen aufgegeben habe.

Heute glaube ich, daß ich verrückt war. Seit achtzehn Jahren leben wir zusammen, und von meinem Selbstvertrauen und meinem Selbstwertgefühl ist nichts übriggeblieben. Ich habe es zugelassen, daß Du mich beherrschst, weil ich Dich liebte. Wenn ich allerdings jetzt an die Dinge denke, die Du getan hast, glaube ich allmählich, ich habe die falsche Vorstellung von dem, was Liebe ist.

Aber Du bist nicht allein zu mir gemein. Auch die Kinder kommandierst Du die ganze Zeit herum. Ich muß immer wieder die Grausamkeiten wiedergutmachen, die Du ihnen antust.

Ich weiß nicht, wann du angefangen hast, mich zu betrügen, aber ich kann mich an keine einzige Phase erinnern, in der Du mich nicht mit anderen Frauen verglichen hast und mir klarmachtest, wie unzulänglich und unattraktiv ich sei. Dann stellte sich heraus, das einige dieser Frauen Deine Patientinnen waren. Ich hätte es mir denken können, weil Du mir so viele persönliche Einzelheiten erzählt hattest. Am schlimmsten aber ist, daß Du, als man Dich erwischte, weil Du es mit ihnen getrieben hattest, nicht nur ihnen die Schuld gabst, mich betrogen zu haben, sondern daß alles plötzlich mein Fehler sein sollte. Ich hätte Dir nicht genug Liebe und Unterstützung gegeben! Jetzt hört sich das für mich nur verrückt an, aber damals habe ich es geschluckt. Ich saß neben Dir im Gerichtssaal und hörte stundenlang den Zeugenaussagen zu, was Du alles getan hattest. Ich wollte die »gute Gattin« sein und Dir in der Stunde der Not beistehen. Hast Du eine Ahnung, wie demütigend das für mich war? Alle starrten mich an, als sei ich eine Idiotin, und dann hast du mich noch beschuldigt, als sei ich die Verbrecherin!

Du bist nicht imstande, für irgend etwas die Verantwortung zu übernehmen. Es ist immer die Schuld eines anderen. Sogar als Holly mit dem Hirnschaden auf die Welt kam, hast Du mir die Schuld dafür gegeben. Du bist ihr nie ein Vater gewesen. Du verhältst Dich, als sei sie nicht Dein Kind. Ich wurde mit all den Problemen um sie allein gelassen. Und die ganze Zeit habe ich gehofft, Du würdest mir dabei helfen, doch Du hast Dich abgewandt und Dich verhalten, als hätte ich eine Aussätzige ins Haus gebracht.

Niemals hast Du mich nach meiner Meinung gefragt. Du betrachtest mich nicht als menschliches Wesen. Dabei bist Du doch nur ein egozentrischer kleiner Junge. Immer muß es nach Deiner Nase gehen, sonst bekommst Du einen Tobsuchtsanfall. Wer, zum Teufel, glaubst du eigentlich, wer Du bist, wenn Du Dich so benimmst? Wie kannst Du es wagen, mich so zu demütigen und Dich als selbstverständlich hinzunehmen und meine Gefühle derart zu ignorieren? Ich kann es kaum glauben, daß ich das zugelassen habe. Ich muß irgendwelche verstiegenen Ideen über Liebe und Pflichten gehabt haben, aber jetzt sage ich Dir eines: Du wirst mich nicht mehr beherrschen. Ich werde es nicht zulassen, daß Du mich weiter so behandelst wie in all den Jahren. Nie wieder! Das schwöre ich.

Paula

Paula war wütend und verletzt, und als sie den Brief ihrer Therapiegruppe vorlas, brach sie öfter weinend zusammen. Sie mußte abbrechen, um sich zusammenzunehmen. Es war ein extrem emotionales Erlebnis für alle, mich eingeschlossen.
Hier stand eine Frau, die zeitlebens passiv, depressiv und ein Opfer gewesen war. Doch in dem Brief an ihren Mann stand die Verpflichtung, ihr Verhalten zu ändern. Sie hatte bei ihrer Arbeit einen langen Weg zurückgelegt, und es war aufregend anzusehen, wie sie sich jetzt als Erwachsene ausdrückte und nicht mehr wie ein ängstliches Kind.

Jas und Neins beim Umgang mit der Wut auf den Partner

Paulas Brief an Gerry rief in ihr starke Wutgefühle wach. Doch die Wut auf ihn war anders als die Wut auf ihren Vater. Der Vater spielte in ihrem Leben keine Rolle mehr und mißhandelte sie daher auch nicht mehr. Gerry hingegen spielte eine wichtige Rolle in ihrem Leben: er mißhandelte sie täglich. Die Wut auf ihn war gerade erst an die Oberfläche getreten, und natürlich wollte sie etwas damit anfangen. Wie so viele meiner Klientinnen wollte sie sie *sofort* umsetzen.

Treffen Sie keine langfristigen Entscheidungen

Ich warne meine Klientinnen immer davor, in der Hitze der ersten Wut größere und langfristige Entscheidungen zu treffen. Ihr Urteil ist von der Flut der Emotionen beeinflußt, die sich gerade erst geregt haben. Dies ist nicht der Zeitpunkt, sofort zum Rechtsanwalt zu rennen oder die Koffer zu packen und auszuziehen, es sei denn, die Frau steht in körperlicher Gefahr.

Schimpfen Sie nicht mit ihm

Paula war bereit, sich mit Gerry anzulegen oder ihm zumindest den Brief zu zeigen. Ich riet ihr, es nicht zu tun. Ich begriff zwar ihren Wunsch, dem Impuls nachzugeben, aber ich wußte, es würde aus den folgenden Gründen nicht klappen:

- Er beherrschte es meisterhaft, sie unterzukriegen.
- Er beherrschte es meisterhaft, das Thema zu wechseln, die Geschichten umzuschreiben und abzulenken.
- Er würde abstreiten, was sie ihm vorwarf.
- Er würde sie einfach nicht anhören.
- Er würde ihr wie immer die Schuld an allem geben.
- Er würde sie zwingen, nachzugeben.
- Er würde sie einschüchtern.

Wie alle Frauenhasser würde Gerry eine Konfrontation, eine Herausforderung oder Beschwerden über sein Verhalten als persönlichen Angriff empfinden. Gerry verstand es nicht, Paula zuzuhören oder seine eigene Rolle einzuschätzen. Er konnte nur in die Defensive gehen. Wenn Paula jetzt ihren Wutsturm auf ihn losließ, würde das ebenso unproduktiv wirken wie in der Vergangenheit, wenn sie diese Wut gegen sich selbst gerichtet hatte. Außerdem würde sie das Risiko eingehen, die Beziehung unwiderruflich zu zerstören. Wenn sie letztendlich beschloß, Gerry zu verlassen, mußte sie diese Entscheidung aus einer Position der Stärke treffen und nicht mitten in einer emotionalen Krise.

Ihr Dilemma bestand nun darin, was sie mit all der Wut anfing, auf die sie gestoßen war. Sie würde mit Gerry leben, während sie immer noch wütend auf ihn war. Ich konnte ihr nur helfen, einen Teil dieser Wut abzulassen, aber es gab keine Möglichkeit, alles zum Verschwinden zu bringen. Paula mußte daher lernen, ihre Wut zu tolerieren, damit sie zu einer durchsetzungsfähigen Erwachsenen wurde – und das war eine schwierige Aufgabe, doch eine, die es wert war, versucht zu werden.

Ventile für die Wut

Paulas Gruppentherapiesitzungen gaben ihr eine sichere Umgebung, innerhalb derer sie einen Teil ihrer Wut loswerden konnte. Der Gebrauch der Bataka, Rollenspiel und Briefeschreiben halfen ihr zusätzlich, einen Großteil ihrer Wut auf erträgliche Weise loszuwerden.

Außerdem ermutigte ich Paula, sich soviel wie möglich körperlich zu betätigen, auch wenn es bedeutete, daß sie eine Zeitlang sehr müde sein würde. Ich wußte, daß sie mit vier Kindern nicht oft ausgehen konnte, daher schlug ich Dinge vor, die sie zu Hause unternehmen konnte, um ihren Kummer zu erleichtern.

Paula war Malerin und konnte einen Großteil ihrer Wut in ihrer Arbeit ausdrücken. Die Bilder, die sie während dieser Periode malte, werden vermutlich niemals in einem Museum hängen, aber sie zu schaffen half ihr sehr. Sie malte ein gräßliches Portrait von Gerry, an dem sie immer dann arbeitete, wenn sie besonders wütend auf ihn war. Sie gewann zudem starke Befriedigung aus der Arbeit mit Ton.

Paula kaufte sich außerdem ein Fahrrad und radelte, während die Kinder in der Schule waren, wütend durch die Nachbarschaft. Dadurch fühlte sie sich weniger gefangen und in körperlich guter Verfassung. Sie war erstaunt, wieviel Energie sie besaß. Noch nie zuvor hatte sie gemerkt, daß Wut eine Energiequelle sein kann. (Übrigens wenden viele Spitzensportler und Schauspieler diesen Trick an und verwandeln Wut in körperliche Energie.)

Wut ist die biologische Reaktion auf Frustration oder Beleidigung, und kann, körperlich ausgedrückt, stark vermindert werden. Jede Art von körperlicher Ertüchtigung, ob es ein Hausputz ist oder man das Auto wäscht, kann dabei helfen.

Dem schlechten Verhalten des Partners nicht mehr Vorschub leisten

Als Paula ihre Wut in den Griff bekommen hatte, mußte sie sich der unangenehmen Wahrheit stellen, daß alle ihre Versuche, Gerry zu einem anständigen Verhalten zu bringen, jämmerlich gescheitert waren. Ihre typische Art und Weise, mit seinen Angriffen fertig zu werden, hatten diese in Wirklichkeit verstärkt und begünstigt. Jedes Mal, wenn sie sich verteidigte, ihn anflehte oder hysterisch wurde, *reagierte* sie, anstatt zu *agieren*. Sie tat genau das, was er von ihr erwartete. Ihre Unterwerfung und Beschwichtigung waren für ihn deutliche Signale, daß sie überwältigt und hilflos war, woraufhin er die Kontrolle weiterhin ausüben konnte.

Viele Frauen glauben, daß sie sich verteidigen, wenn sie den Partner anbrüllen. Natürlich ist dieses Verhalten gewöhnlich unwirksam. *Wenn eine Frau nicht deutlich macht, was sie akzeptiert und was nicht, überläßt sie dem Partner die Macht.* Sie wirkt, wenn sie schreit und brüllt, genauso unkontrolliert, wie wenn sie weint und fleht. Der Frauenhasser hat gewonnen, wenn er seine Partnerin überwältigt hat, wie immer sie ihre Gefühle auch zeigen mag.

Es folgt eine Aufstellung von Verhaltensweisen, die nichts nützen. Schauen Sie nach, wie viele zu ihrem Stil gehören, auf die Mißhandlung durch den Partner zu reagieren.

- Entschuldigen,
- flehen,
- weinen,
- streiten,
- sich verteidigen,
- versuchen, ihm Ihren Standpunkt klarzumachen,
- schreien,
- drohen.

Aber abgesehen von diesen Reaktionen gibt es eine ganze Schatzkiste von wirksamen Verhaltensweisen, die viele Frauen einfach nie gelernt haben. Ehe ich meinen Klientinnen diese neuen Verhaltensweisen beibringe, lasse ich sie zunächst entscheiden, was sich in ihrer Beziehung verändern muß.

Bislang hat der Frauenhasser die Beziehung bestimmt

Gerry hatte festgelegt, wie Paula denken, fühlen und sich verhalten sollte. So riß er das Monopol an sich, zu bestimmen, was in ihrer Ehe »richtig« war. Wenn sich in dieser Beziehung etwas ändern sollte, mußte Paulas Anteil berücksichtigt werden. Am Beginn dieser Arbeitsphase schlug ich Paula vor, die folgenden Sätze in ihr Vokabular aufzunehmen:

- Das denke ich.
- Das glaube ich.
- Das werde ich tun,
- Das werde ich nicht tun.
- Das will ich.

Sie sollte gleichzeitig die folgenden Sätze weniger häufig benutzen:

- Es tut mir leid.
- Ist das recht so?
- Stimmst du mir zu?
- Gefällt dir das?
- Wenn du dich aufregst, tue ich, was du willst.

Menschen mit gesundem Selbstwertgefühl sind fähig zu sagen: »Ich teile dir meine Meinung mit, ob sie dir gefällt oder nicht.«

In einer guten Beziehung ist Platz für zwei Meinungen. Wie wir gesehen haben, ist in einer misogynistischen Beziehung nur die Meinung des Frauenhassers erlaubt, und er entscheidet, wie sich seine Partnerin ausdrückt.
Wenn Paula definieren wollte, was sie von ihrer Ehe erwartete, *im Gegensatz zu dem, was Gerry ihr zugestand,* mußte sie *für sich selbst* erst einmal klären, was sie brauchte und wollte und wo ihre Grenzen waren.

Entscheiden, was man will

Als ich Paula bat, eine Liste der Dinge aufzustellen, die sie von Gerry wollte, brachte sie mir folgendes:

- Ich will Respekt.
- Ich will mich selbst ausdrücken dürfen.
- Ich will, daß er mir zuhört.
- Ich will ernst genommen werden.
- Ich will Freundlichkeit.
- Ich will Verständnis.
- Ich will das Recht, eigene Meinungen und Überzeugungen zu haben.

Vielleicht verlangen Sie auch einige dieser Dinge von Ihrem Partner.
Vielleicht wollen Sie außerdem eine Machtverschiebung in Ihrer Beziehung. Wenn das zutrifft, enthält Ihre Liste vielleicht Sätze wie:

- Ich will in Geldangelegenheiten ein gleichwertiger Partner sein.
- Ich will, daß meine sexuellen Bedürfnisse ebenso gelten wie seine.

- Ich will eine gleichwertige Stimme bei Entscheidungen, die uns beide betreffen.
- Ich will Respekt für meine Arbeit (ob im Haus oder außerhalb).
- Ich will, daß wir Dinge unternehmen, die mir wichtig sind, nicht nur diejenigen, die er aussucht.

Haben Sie keine Angst davor, bei Ihrer Liste von Bedürfnissen recht spezifisch zu sein. Je klarer Sie sie definieren, um so näher rückt die Aussicht, eine durchsetzungsfähige Erwachsene zu werden. Beschreiben Sie detailliert Ihre sexuellen Wünsche, umreißen Sie die finanziellen Abmachungen, die Ihnen vorschweben. Je genauer Sie wissen, was Sie wollen, um so besser stehen die Chancen, es auch zu bekommen.
Zusätzlich zu diesen Wünschen, die mit einer besseren Behandlung und dem Machtgleichgewicht in ihrer Beziehung zusammenhängen, haben Sie vielleicht noch persönliche Ziele. Sehen Sie sich diese Liste an:

Dinge, die ich mir für mich wünsche:

- Ich möchte wieder zur Schule gehen.
- Ich möchte mehr Zeit mit Freunden und/oder meiner Familie verbringen.
- Ich möchte wieder arbeiten.
- Ich möchte mich stärker um meine Karriere kümmern.
- Ich möchte mehr Hilfe bei der Hausarbeit.
- Ich möchte mehr Hilfe bei den Kindern.

Stellen Sie eine Liste Ihrer persönlichen Wünsche auf. Und seien Sie auch hier wieder sehr genau. Vage Formulierungen wie »Ich möchte glücklich sein«, oder »Ich möchte mich besser fühlen« bilden kein Zentrum oder eine faßbare Leitlinie für die beginnende Veränderung in Ihrer Beziehung.
Paula hatte sehr präzise Beschwerden über Gerrys Behandlung. Ich schlug ihr vor, eine Liste von Verhaltensweisen aufzu-

stellen, die sie nicht mehr dulden würde. Wenn Sie Paulas Liste durchgelesen haben, stellen Sie eine eigene Liste der Dinge auf, die Sie in Ihrer Beziehung nicht mehr dulden wollen.

Dinge, die ich nicht mehr zulassen werde

- Ich erlaube ihm nicht, mich anzubrüllen.
- Ich erlaube ihm nicht, mich zu beleidigen.
- Ich erlaube ihm nicht, mich beständig zu kritisieren.
- Ich erlaube ihm nicht, mich zu diskreditieren.
- Ich erlaube ihm nicht, mich zu kontrollieren und mir zu sagen, was ich tun soll.
- Ich erlaube ihm nicht, mich zu demütigen.

Beim Aufstellen einer solchen Liste stellen Sie Parameter für sich selbst und Ihre Beziehung auf. Ohne eine Leitlinie ist es schwierig, dem schlechten Verhalten des Partners Grenzen zu setzen. Sie müssen wissen, was Sie tolerieren können, tolerieren werden und nicht akzeptieren, ebenso, wie Sie wissen müssen, was Sie für sich selbst und Ihre Beziehung wollen.

Die Einforderung Ihrer Rechte als Erwachsener

Eine der Hauptursachen für die Wut vieler meiner Klientinnen ist die traurige Erkenntnis, daß ihre grundsätzlichen Menschenrechte in einer vermeintlichen Liebesbeziehung in Grund und Boden gestampft wurden. Um jene Frauen an ihre Rechte zu erinnern, habe ich ein *Persönliches Grundgesetz* aufgeschrieben. Verinnerlichen Sie dies bei Ihrer Arbeit.

Ihr persönliches Grundgesetz

1. Sie haben das Recht, mit Respekt behandelt zu werden.
2. Sie haben das Recht, die Verantwortung für die Probleme anderer oder schlechtes Verhalten abzulehnen.
3. Sie haben das Recht, wütend zu werden.
4. Sie haben das Recht, nein zu sagen.
5. Sie haben das Recht, Fehler zu machen.
6. Sie haben das Recht auf eigene Gefühle, Meinungen und Überzeugungen.
7. Sie haben das Recht, Ihre Meinung zu ändern oder sich für einen anderen Weg zu entscheiden.
8. Sie haben das Recht, Veränderungen anzuregen.
9. Sie haben das Recht auf emotionale Unterstützung und Hilfe.
10. Sie haben das Recht, gegen unfaire Behandlung oder Kritik zu protestieren.

In diesem Grundgesetz steht nichts, was einen anderen angreift oder beleidigt. Machen Sie sich keine Sorgen, ob diese Grundsätze vielleicht zu egozentriert klingen oder vielleicht im Gegensatz zu den Dingen zu stehen scheinen, die Sie Ihrer Erziehung nach verdienen oder in einer Beziehung erwarten können. Es handelt sich um Grundrechte, und sie müssen respektiert werden.

13. Dem Partner Grenzen setzen

Bis jetzt habe ich Ihnen Methoden und Übungen gezeigt, die ich bei meinen Klientinnen anwende, um ihnen zu helfen, die Art und Weise zu verändern, wie sie sich selbst und ihre Partner sehen, und ihre Gefühle zu klären. Bei keiner dieser Techniken wurde Ihr Partner direkt einbezogen oder konfrontiert. Doch jetzt betreten wir die gefährlichste Arena: *Wir verändern unser Verhalten mit ihm.*

Ich habe Sie mit Nachdruck vor einem Teil der emotionalen Arbeit gewarnt, denn der Versuch, es allein zu bewältigen, kann zu fordernd und schmerzhaft für Sie sein. Die Arbeit in diesem Kapitel ist nun von der Natur der Sache eher *verhaltensmäßiger* als *emotionaler* Art. Sie beinhaltet Risiken, doch Sie werden vermutlich nicht von Wut oder Trauer überflutet. Diese Verhaltensänderungen, die nicht schwierig zu erlernen sind, können das Machtungleichgewicht, das vermutlich in Ihrer Beziehung besteht, stark beeinflussen. Auch wenn Sie diesem Buch bislang gefolgt sind, ohne die vorgeschlagenen Übungen mitzumachen, kann diese Arbeit enorme Wirkungen für Sie zeigen.

Die Vorlage wird umgeschrieben

Frauen in misogynistischen Beziehungen neigen dazu, mit ihren Partnern in einen Film eingefangen zu werden, in dem beide die zugewiesene Rolle spielen: Wenn er brüllt, entschuldigt sie sich, wenn er sie kritisiert, verteidigt sie sich usw. Um meinen Klientinnen zu helfen, den Ausgang dieser kleinen Dramen zu verändern, müssen wir zuerst eine neue Vorlage schreiben.

Paula erzählte mir, daß Gerry immer in Wut geriet, wenn sein Abendessen nicht fertig war, sobald er durch die Tür schritt. Als ich sie fragte, wie sie sich verhielt, wenn das geschah, antwortete sie: »Ich sage, es täte mir leid, und versuche, eine Entschuldigung zu finden, die ihn beruhigt, während ich herumhusche und versuche, das Essen so schnell wie möglich auf den Tisch zu bringen.« Andere Frauen gaben bei dieser Art Situation ähnliche Antworten und nannten Entschuldigungen wie diese:

- Tut mir leid, aber ich bin nicht zum Markt gekommen.
- Ich tue, was ich kann. Auch ich habe den ganzen Tag gearbeitet.
- Ich habe im Büro Überstunden gemacht.

Das Problem dieser Antworten ist, daß sie *defensiv* sind. Sie begeben sich sofort in eine unterlegene Position, wenn sie »gute Gründe« oder Erklärungen anbieten, warum sie etwas nicht taten, das der Partner von Ihnen verlangt.

Paula mußte nichtdefensive Reaktionen erlernen. Ich versuchte, ihr die folgenden Sätze beizubringen für das nächste Mal, wenn Gerry explodierte:

- Du hast recht, das Essen ist nicht fertig.
- Ich mache dir keinen Vorwurf, wenn du dich so aufregst.

- Vielleicht klappt es morgen besser. Ich gebe mir Mühe.
- Laß uns doch zum Essen ausgehen.

Paula stellte fest, daß diese Methode einen unerwarteten Vorteil bot. Sie befähigte sie, ihre automatischen Reaktionen zu vergessen. Sie erkannte, daß sie die Kontrolle bei der Interaktion gewann. Außerdem hatte Gerry nur wenig Gelegenheit, seine Tiraden fortzusetzen. Sobald sie aufhörte, sich zu verteidigen, nahm sie ihm den Wind aus den Segeln.

Paula erkannte allmählich, daß Gerry für seine irrationalen Ausbrüche selbst verantwortlich war. Wenn es sich nicht um das verspätete Abendessen drehte, war etwas anderes der Anlaß. Wenn sie sich in ein Streitgespräch verwickeln ließ, bei dem sie sich verteidigte, verlor sie diese wichtige Perspektive. Sie konzentrierte sich darauf, ihre Position zu schützen, und konnte nicht mehr erkennen, daß er es war, der sich unsinnig verhielt.

Für Paula bedeutete die Entdeckung eine Offenbarung, daß das verspätete Abendessen eigentlich gar nicht der Angelpunkt war. Es stellte lediglich den Aufhänger für Gerry dar, seine psychologische Kriegführung gegen sie zu führen und sie davon zu überzeugen, daß sie sich nicht genügend um ihn kümmerte.

Es ist sehr leicht, sich in einen Streit zu verwickeln. Doch die Empfindlichkeit und das Ausmaß der Wut eines Frauenhassers sind ein Signal dafür, daß diese Wut in keinem Verhältnis zum Thema steht. *Wütend ist er auf etwas ganz anderes.* Ein vernünftiger Mensch regt sich über ein verspätetes Abendessen nicht so auf wie Gerry. Denken Sie daran, daß der Frauenhasser ein bodenloses Faß Wut in sich trägt und es nur einer Kleinigkeit bedarf, ihn aufzuregen. Er empfindet die Verspätung des Abendessens als persönlichen Angriff, und kein Flehen und keine Erklärung können ihn vom Gegenteil überzeugen.

Die Nichtdefensive stellt hier eine gute Methode dar, weil sie keine Form von Kapitulation ist. Sie ermöglicht der Frau, Distanz und Kontrolle zu erlangen, ohne sich von den unvernünftigen Reaktionen des Partners mitreißen zu lassen.

Wenn Ihre Beziehung sich ändern soll, muß sich mindestens ein

Partner wie ein Erwachsener benehmen. Höchstwahrscheinlich wird das nicht Ihr Partner sein. Wenn Sie nichtdefensive Reaktionen zeigen, stellen Sie ein weniger explosives Klima her. Es ist überaus wichtig, dieses Klima erzeugen, ehe Sie sich an die eigentliche Arbeit machen, seinem Verhalten Grenzen zu setzen.

Die Bedeutung des Grenzensetzens

Der nächste Schritt bei der Neuabfassung der alten Vorlage besteht darin, daß Sie lernen, dem Verhalten des Partners Grenzen zu setzen. Sie müssen dem Partner deutlich klarmachen, was Sie wollen und was Sie nicht länger tolerieren. Die Leitlinien dafür finden Sie in den Listen, die Sie in Kapitel 12 aufgestellt haben: *Dinge, die ich mir für mich wünsche,* und *Dinge, die ich nicht mehr zulassen werde.*

Nicki war angesichts der Vorstellung, Ed herauszufordern, entsetzt. Wann immer sie ihn in der Vergangenheit konfrontiert hatte, war sie auf eine Barriere einschüchternder Taktiken gestoßen, vor der sie zurückgewichen war. Paulas Versuche, Gerry herauszufordern, hatten ihr ein paar Entschuldigungen eingebracht, aber auf Dauer änderte er sein Verhalten nicht, wenn überhaupt. Daher mußten Nicki und Paula ihre alten Methoden aufgeben, den Partner anzusprechen. Das gleiche gilt für Sie. Sie wissen, daß die alten Methoden nicht funktionieren, aber das bedeutet nicht, daß alles, was Sie tun, vergeblich ist. Und selbst, wenn Ihre Verhaltensänderungen die Beziehung nicht so verändert haben, wie Sie es erhofften, hilft es Ihnen, sich in Ihrer Haut wohler zu fühlen.

Wie viele meiner Klientinnen spüren Sie vielleicht Lampenfieber, wenn Sie sich darauf vorbereiten, den neuen Film zu spielen. Stellen Sie sich einfach eine Premiere vor und versuchen Sie, Ihre Ängste zu überwinden. Ich empfehle gegen die Nervosität immer eine ausgiebige Probe. Lernen Sie diejenigen der untenstehenden Sätze auswendig, die zu Ihrer Situation passen. Nehmen Sie sie in Ihr Vokabular auf, doch benutzen Sie sie noch nicht, sondern proben nur still für sich.

Neue positive Sätze

- Es ist nicht recht, wenn du so zu mir sprichst.
- Es ist nicht recht, wenn du mich so behandelst.
- Schreien nützt nichts mehr.
- Dieses Mal kannst du mich nicht einschüchtern.
- Ich weiß, daß es immer funktioniert hat, aber jetzt sage ich dir, es klappt nicht mehr.
- Ich lasse mich von dir nicht so anschreien.
- Ich werde das mit dir besprechen, wenn du dich beruhigt hast.
- Ich akzeptiere es nicht, daß du mich so heruntermachst.
- Leute, die mich mögen, behandeln mich nicht so.
- Du hast mich mit diesem Verhalten immer unter Druck gesetzt, aber jetzt sage ich dir, damit ist es vorbei.
- Ich bin nicht mehr die gleiche Person wie früher.

Weitere Proben

Wenn ich Klientinnen bitte, ihr Verhalten zu ändern, erleben sie gewöhnlich einen Ansturm von Panik und Widerstand. Sie haben Angst, daß schreckliche Dinge geschehen, wenn sie sich ändern. Der wirksamste Weg, diese Panik zu mildern, ist, der Klientin viel Zeit zu geben, um ihre neue Haltung und neue Dialoge in einer sicheren, risikofreien Umgebung zu proben. Denken Sie daran, je öfter sie proben, um so natürlicher legen Sie das neue Verhalten an den Tag, wenn Sie es zum ersten Mal wirklich anwenden.

Ich schlage vor, daß Sie das erste Mal ganz allein für sich proben. Nehmen Sie einen leeren Stuhl und stellen Sie sich ihren Partner darauf vor. Malen Sie sich aus, wie er Sie angreift. Suchen Sie sich einen der oben genannten Sätze aus, wie »Ich lasse mich nicht so anschreien«, und sprechen Sie ihn laut. Wiederholen Sie den Satz, bis er kräftig, glaubwürdig und natürlich klingt.

Und jetzt malen Sie sich aus, wie Ihr Partner auf Ihr neues Verhalten reagiert. Lassen Sie alle Ängste zu, die in Ihnen hochsteigen. Lassen Sie alle körperlichen und emotionalen Reaktionen, die Sie für gewöhnlich bei einem Ausbruch Ihres Partners erleben, an die Oberfläche kommen. Gewöhnen Sie sich an diese Reaktion; akzeptieren Sie die Tatsache, daß einige von ihnen vielleicht Ihr ganzes Leben bleiben, auch wenn Sie positiver und aktiver werden. Diese alten Gefühle haben eine lange Zeit bei Ihnen gewohnt, und sie sind sehr hartnäckig. Wenn Sie sich jedoch erfolgreich anders verhalten, nimmt deren Intensität ab, und das Unbehagen, das sie verursachen, verharrt nicht mehr lange. Wenn Sie wissen, was Sie zu erwarten haben, lassen Sie diese angsterregenden Phasen rascher hinter sich.

Wenn Sie allein mit dem leeren Stuhl üben, stellen Sie sich vor, daß Ihr Partner Sie fortwährend verbal angreift, während Sie sich behaupten, wie beleidigend oder demütigend er auch werden mag. Antworten Sie nur mit den Sätzen von der Liste, auch wenn es sich anhört wie eine kaputte Platte. Denken Sie daran, daß Sie Ihre neue Kraft und Entschiedenheit ausprobieren.

Die folgende Übung mag Ihnen vielleicht sonderbar vorkommen, doch sie hat meinen Klientinnen geholfen, ihren Entschluß zu bekräftigen, sich zu verändern, und zu erkennen, daß sie ihr früheres Verhalten nicht mehr fortsetzen können.

Nehmen Sie den gleichen leeren Stuhl und stellen Sie sich Ihren Partner darauf vor. Nun knien Sie sich davor nieder und wiederholen diese Worte:

> Ich bin ein unglückliches, wertloses, verabscheuungswürdiges Wesen. Du bist mächtig, allwissend und wunderbar.

> Ich werde weiterhin jede Mißhandlung ertragen, die du mir zufügst. All deine Kritik an mir ist wahr. Du kannst mich behandeln, wie du willst. Ich nehme es hin. Ich gebe mich selbst auf, um deine Liebe zu erringen.

Bei dieser Übung fühlten sich fast alle meine Klientinnen wütend und gedemütigt und empfanden Abscheu vor sich selbst. Eine Frau sagte zu mir, in Wirklichkeit hätte sie diese Dinge ihrem Partner niemals sagen können. Ich stimmte ihr zu – kein vernünftiger Mensch würde so etwas von sich geben. Doch ich fragte sie: »Hat Ihr Verhalten nicht die ganze Zeit über genau das ausgedrückt?«

Als Folge dieser Übung merkten viele Frauen, daß sie diese Sätze zwar niemals laut gesagt haben, aber sie durch ihr unterwürfiges Verhalten ausdrückten. Denken Sie daran, es ist das Verhalten, nicht Worte, das andere Menschen überzeugt, sie dürften Sie schlecht behandeln.

Proben mit einer anderen Person

Bei einem Teil dieser Arbeit kann eine Probe mit einer anderen Person wirksamer sein als allein. Mit einem anderen Menschen wirkt ein solcher Test viel wirklichkeitsnäher. Diese andere Person kann eine vertraute Freundin oder Freund oder ein(e) Verwandte(r) sein. Proben Sie bitte *nicht* mit einem Ihrer Kinder. Vorab treffen Sie mit der Person die folgende Abmachung:

1. Er oder sie wird Sie nicht beurteilen.
2. Er oder sie wird Ihnen keinen Rat erteilen.
3. Er oder sie wird alle Ihre Gefühle akzeptieren.

Die Person sollte anwesend sein, um Sie zu unterstützen und zu ermutigen, aber nicht, um Ihnen zu sagen, was Sie tun oder fühlen sollen. Ich schlage vor, bei dieser Arbeit eher einen Freund

oder eine Freundin anstatt einer/s Verwandte(n) zu bitten, weil Freunde mehr zur Objektivität neigen als Familienmitglieder.
In der folgenden Übung spielt die Person die Rolle Ihres Partners. Um ihr klarzumachen, wie Ihr Partner sich benimmt, wenn Sie allein zusammen sind, suchen Sie einen unangenehmen Vorfall aus der Vergangenheit heraus und spielen vor, was geschah und was er sagte. Zum Beispiel:

> SIE (als Ihr Partner); Was ist mit dir los? Ich habe dir doch gesagt, du sollst den Termin für mich notieren. Jetzt habe ich ihn versäumt, und das ist nur deine Schuld. Du kümmerst dich wirklich einen Scheißdreck um mich, stimmt's? Den ganzen Tag nur den Kopf in den Wolken. Du bist so verdammt egoistisch. Was kann schon so wichtig sein, daß du eine solche Kleinigkeit für mich zu tun vergißt?

Wählen Sie eine eigene Situation aus und beschreiben Sie sie mit eigenen Worten. Wenn Ihr Partner gern schreit, schreien Sie. Wenn er nörgelt, nörgeln Sie.
Während Sie vorspielen, wie sich Ihr Partner verhält, beobachten Sie bitte Ihre eigenen Reaktionen. Zum ersten Mal stecken Sie in seinen Schuhen. Wenn Sie ihn wirklich gut treffen, merken Sie, wie grausam und kindisch sein Verhalten ist. Diese Erfahrung sollte ihren Entschluß bestärken, die Situation zu verändern.
Wenn Sie der anderen Person demonstriert haben, wie Ihr Partner sich benimmt und was er sagt, soll sie ihn spielen, während Sie die eigene Rolle übernehmen und ein paar Ihrer neuen, grenzensetzenden Sätze von sich geben. Zum Beispiel:

> ANDERE PERSON (als Ihr Partner); Was ist mit dir los? Ich habe dir doch gesagt, du sollst diesen Termin für mich notieren.
>
> SIE: Ich lasse mich nicht so anschreien. Wir reden darüber, wenn du dich beruhigt hast.

Selbstverständlich sollte Ihre Reaktion der Art des Angriffs entsprechen, abhängig davon, was für eine Situation Sie auswählen.

Die Simulation seines Verhaltens durch eine andere Person wird Ihre Angst verstärken, weil es der Situation ähnlicher ist, wie Ihr Partner schließlich auf Ihre veränderte Verhaltensweise reagiert. Diese sehr wichtige Probe bildet die Brücke zum Setzen der Grenzen in der Beziehung selbst.

Sie lernen aber nicht nur, neue Dinge zu sagen, Sie werden auch neue Dinge *denken* lernen. Sie verändern Ihre Kommunikation eigentlich auf zwei Ebenen; *was Sie zu ihm sagen und was Sie zu sich selbst sagen.* Denken Sie daran, was Ihnen bei konfrontativen Szenen mit Ihrem Partner durch den Kopf geht. Stellen Sie eine Liste der Dinge auf, die Sie sich gewöhnlich selbst sagen, wenn er Sie angreift, und betiteln Sie sie: *Alte Gedanken.* Nancy schrieb diese Gedanken auf:

Alte Gedanken

- Er ist wütend auf mich.
- Ich habe keine Chance.
- Er wird mir weh tun.
- Ich bin hilflos.
- Warum fällt mir nie eine Entgegnung ein?

Diese Gedanken Nancys spielten eine gewichtige Rolle bei ihrer Angst, ihren Mann Jeff zur Rede zu stellen. Jetzt müßte sie lernen, diese Gedanken zu *unterbrechen* und durch neue zu ersetzen. Versuchen Sie folgende Gedanken, wenn Ihr Partner Ihnen Angst einjagt:

Neue Gedanken

- Ich bin ein erwachsener Mensch.
- Schreien macht mir nichts aus.
- Ich halte es aus, wie mir zumute ist.

- Ich brauche nicht einzulenken oder zu versuchen, es wiedergutzumachen.
- Er ist für sein Verhalten verantwortlich, nicht ich.
- Er benimmt sich wie ein verwöhnter Balg.
- Er benimmt sich wie ein großes Baby.
- Er hat die Beherrschung verloren.

In diesem Moment nutzen Sie Ihre Fähigkeit, zu *denken,* um sich zu distanzieren, damit Sie nicht von den starken Gefühlen mitgerissen werden. Das ermöglicht Ihnen, das alte Reaktionsmuster aufzubrechen. Denken Sie daran, daß Ihre alten automatischen Gedanken und Reaktionen nicht einfach verschwinden. Wenn Sie jedoch Ihre Denkprozesse ändern, schieben die neuen Gedanken allmählich die alten beiseite. Als Folge davon verändern sich auch Ihre Gefühle. Alte Gedanken halten uns in der Falle, neue helfen uns, uns zu befreien.

Dem Partner Grenzen setzen

Bislang haben Sie unter kontrollierten, abschätzbaren Bedingungen geprobt. Doch jetzt ist es an der Zeit, das neue Verhalten in einer wirklichen Situation anzuwenden. Ihr Partner ist ein Meister der Kontrolle und der Einschüchterung, daher wird Ihr erster Instinkt Ihnen raten, ängstlich zurückzuweichen. Doch harren Sie aus. Es ist es wert.

Als Paula diesen Punkt erreichte, bekam sie kalte Füße. Sie sagte zu mir: »Ich kann das nicht. Es wird sowieso nicht klappen. Ich habe all die Jahre mit diesen Dingen gelebt. Es ist zu riskant, jetzt alles anders zu machen.«

Ich mußte mit ihr die *Neuen positiven Sätze* (Seite 258) noch einmal durchgehen, um sie darauf vorzubereiten, bis ihr wohl dabei war. Beim nächsten Zwischenfall mit Gerry sollte sie die entsprechenden Sätze anwenden. Ich erinnerte sie daran, daß sie damit weder angriff, noch sich einem Angriff aussetzte. Sie setzte anstatt dessen Grenzen für das, was sie von ihm akzeptierte und was nicht.

Bei unserer nächsten Sitzung berichtete Paula:

> Ich war mit den Kindern aus und kam rechtzeitig zurück, um mit dem Abendessen anzufangen, doch Gerry war aus irgendeinem Grund früher nach Hause gekommen. Er war wütend, daß ich nicht da war, als er nach Hause kam. Er redete ununterbrochen darüber, wo ich gewesen sei, und griff dann auf die alten Sätze zurück wie, daß ich zu viel Zeit mit den Kindern zubrächte und ihn vernachlässigte. Dem ersten Impuls nach wollte ich ihm sagen, wo wir gewesen seien und warum es wichtig war, doch ich konnte mich zurückhalten. Anstatt dessen sagte ich: »Ich höre mir das nicht länger an.« Er redete Unsinn, und ich wollte mich nicht verteidigen. Ich sagte: »Ich lasse mich von dir nicht so anschreien.« Er war so schockiert, daß er ganz blaß wurde. Ich war auch ganz fertig, daß ich es herausgebracht hatte. Dann versuchte er seine Psychologentour, seine Lieblingsnummer, wenn alles andere nicht klappte. Er fragte: »Bekommst du deine Tage?« Als er merkte, daß ich nicht darauf reagierte, fuhr er fort: »Ich mache mir wirklich Sorgen um dich. Dein Verhalten in der letzten Zeit ist nicht normal. Vermutlich hat das mit dieser Therapie zu tun. Du bist sehr kalt und berechnend geworden.« Meine Hände zitterten zwar, doch ich konnte erkennen, wie komisch die Situation war. Er versuchte, mir alles in die Schuhe zu schieben, nur weil ich mich gegen ihn behauptet hatte. Ich weiß nicht, woher ich die Kraft nahm, aber ich konnte so weitermachen. Ich sagte ihm, diese Tour würde nicht mehr funktionieren. Ich würde meine Therapie nicht mit ihm diskutieren. Das reichte. Er stürmte aus dem Haus und knallte die Tür hinter sich, so fest er nur konnte, zu. Ein paar Stunden später kam er zurück und war den ganzen Abend beleidigt. Früher hätte

ich mich daraufhin entschuldigt und versucht, alles wieder ins Lot zu bringen, aber dieses Mal hielt ich es durch und ließ ihn in seinem eigenen Saft schmoren.

Menschen wie Paula, die ihr ganzes Leben lang immer nur unterwürfig und ängstlich gewesen sind, spüren oft ungeheure Erregung und Hoffnung, wenn sie das Risiko mit dem neuen positiven Verhalten eingehen und erkennen, daß sie es überleben. Als Paula diese Geschichte in ihrer Gruppe erzählte, strahlte sie vor Stolz und Erfolg. Sie war erstaunt, daß allein der Versuch des veränderten positiven Verhaltens ihr das Gefühl gab, in ihrer Ehe mächtiger und vernünftiger zu sein. Es würde natürlich eine Menge Arbeit kosten, sich an das neue Verhalten zu gewöhnen, aber sie sah den unmittelbaren Erfolg. Jedes Mal, wenn sie Gerry Grenzen setzte, indem sie ihn wissen ließ, für oder gegen was sie einstand, wurde sie stärker, selbstsicherer und entschiedener, den neuen Kurs weiterzuverfolgen.

Was vom Partner zu erwarten ist

Wenn man eine infantile, unsichere Person bedroht oder in Frage stellt, besteht ihre Reaktion gewöhnlich darin, das gewohnte Verhalten zu verstärken, um die alte Situation wiederherzustellen. Immerhin hat dieses Verhalten in der Vergangenheit immer Erfolg gezeigt; jetzt muß einfach zugelegt werden. Daher müssen Sie erwarten, daß die Beleidigungen des Partners zunehmen. Um das zu überstehen, müssen Sie sich immer in Erinnerung rufen, daß Sie in der Beziehung große Macht haben: *Er ist ungeheuer abhängig von Ihnen.* Er wird alles tun, um Sie zu halten, denn er hat panische Angst vor dem Verlassenwerden und Alleinsein.
Indem Sie Grenzen setzen und dieses neue, eindeutige Verhalten an den Tag legen, stören Sie die Machtverteilung in Ihrer Beziehung. Wenn Sie nun einen Teil der Macht beanspruchen, die er zuvor innehatte, müssen Sie mit seiner Gegenwehr rech-

nen. Leicht wird er seine Kontrolle nicht aufgeben. Vielleicht wird er noch unangenehmer und tyrannischer. Vielleicht verweigert er sich oder droht, Sie zu verlassen oder Sie zu bestrafen. Denken Sie immer daran, daß er ein ängstliches Kind ist und sein herrschsüchtiges, kontrollierendes Verhalten nur ein Versuch, seine Unsicherheit zu verbergen. Vielleicht hilt Ihnen der Gedanke, daß sich nur ängstliche Menschen so verhalten. *Niemand, der sich in seiner Haut wohl fühlt, braucht einen anderen Menschen zu beherrschen.*

Einige Frauenhasser reagieren auf die neue Kraft der Partnerin mit ganz anders gearteter Manipulation: Tränen, Entschuldigungen und Versprechen, sich zu ändern. Wenn sich diese Frauenhasser wie verletzte, verschüchterte kleine Jungen benehmen, wirken sie manchmal so jämmerlich, daß fast jede Frau nachgeben würde. Ob der Frauenhasser jedoch Drohungen und Einschüchterungen oder Tränen und Bitten einsetzt, sein Ziel ist das gleiche: Er will die Partnerin dazu bringen, ihre Versuche aufzugeben, die Beziehung zu verändern und das für ihn angenehme Ungleichgewicht von früher wiederherzustellen.

Alle Reaktionen Ihres Partners sind ein weiterer Beweis, daß Sie die stärkere von Ihnen beiden sind, weil Sie diejenige sind, die ein Risiko mit neuen Verhaltensweisen eingeht, mehr zu Ihren Gefühlen stehen als er und Ihr Überleben nicht davon abhängt, ob Sie einen anderen Menschen unterwerfen und beherrschen.

Als Gerry auf Paulas verändertes Verhalten noch ausfälliger reagiert, fand sie es zuweilen schwer, zu erkennen, wieviel Macht sie in dieser Beziehung besaß und wie stark sie war. Wenn Sie auf ähnliche Schwierigkeiten stoßen, schlage ich vor, Sie verschieben die Perspektive: Anstatt des Tonbands mit den alten Botschaften, das leierte: Was ist nur mit mir los, daß er mich so behandelt? benutzen Sie dasjenige mit: *Was ist denn los mit ihm, daß er sich so verhält?* Diese neue Sehweise hilft Ihnen, sich zu behaupten und Ihre Gefühle auszuhalten, wenn Ihr Partner immer schlimmer wird. Versuchen Sie, sich diese Sätze zu sagen, wenn es nicht besser wird:

- Ich darf mich nicht darum kümmern.
- Ich halte es aus, wie ich mich fühle.
- Er ist für sein Verhalten verantwortlich, nicht ich.

Darüber hinaus rufen Sie sich ständig diesen Satz ins Gedächtnis:

- Es hängt nicht von seiner Meinung ab, wer ich bin.

Wie den meisten meiner Klientinnen lag Paula viel daran, wie sie auf andere wirkte. Es war überaus wichtig für sie, daß Gerry sie »okay« fand. Als sie sich von ihrem intensiven Bedürfnis nach seiner Anerkennung befreit hatte, merkte sie, wie destruktiv und einschneidend es war, zuzulassen, daß ihr Selbstwertgefühl von den Launen einer anderen Person abhängig war.

Weitermachen, wenn der Partner schlimmer wird

In den folgenden Monaten versuchte Gerry alle möglichen Strategien, um Paula zur Aufgabe ihres veränderten Verhaltens zu bewegen. Er bekam Wutanfälle oder schwieg beleidigt, wurde noch kritischer, benutzte seine berufliche Erfahrung, um sie auszutricksen, und begann, stundenlang das Haus zu verlassen, ohne ihr mitzuteilen, wohin er ging. Dabei schlug er jedes Mal die Tür laut hinter sich zu. Glücklicherweise konnte Paula sein Verhalten richtig einschätzen: Gespielte Tapferkeit und Prahlerei, um sie auf die Knie zu zwingen. Sie blieb jedoch hartnäckig, und schließlich funktionierte ihre Taktik.

Man kann nie voraussagen, wie lange es dauern wird, ehe Sie Ergebnisse Ihres veränderten Verhaltens erkennen können. Man kann nicht abschätzen, wie oft Sie sich behaupten und Grenzen setzen müssen, ehe sich etwas in Ihrer Beziehung bewegt. Je älter die Beziehung, um so eingefahrener ist vermutlich das Verhalten Ihres Partners, um so stärker ist sein Widerstand gegen Veränderungen. In einer langdauernden Beziehung ist zudem seine Abhängigkeit größer und daher vermutlich auch seine *Angst* vor Veränderungen. Aber verlieren Sie nicht den Mut. Wichtig ist, daß es jedes Mal leichter für Sie wird, Ihr neues Verhalten anzuwenden, auch wenn Ihre Versuche keine unmittelbare Wirkung zeigen. Paula erklärte ich: »Die Beziehung ist auch nicht über Nacht so geworden.« Sie würde ihr neues, positives Verhalten noch viele Male wiederholen müssen, ehe Gerry sie endlich ernst nahm.

Wie man dem Partner beibringt, sich zu benehmen

Der Frauenhasser scheint sich nicht bewußt zu sein, wie verletzend und beleidigend sein Verhalten ist, daher muß es die Partnerin übernehmen, ihm richtiges Benehmen beizubringen. Paula mußte Gerry klarmachen, welche von seinen Verhaltensweisen ihr gefielen und welche inakzeptabel waren.
Sie benutzte dabei einfache Verhaltensänderungsstrategien. Dazu gehörte, Gerrys schlechtes Verhalten nicht zu verstärken oder zu belohnen, indem sie auf ihre alte Weise darauf reagierte. Wichtig aber war auch, daß Sie es ihn wissen ließ, wenn er sich ihr gegenüber freundlich und liebevoll verhielt.
Ich riet ihr, ihre Sätze mit einer der folgenden Formulierungen zu beginnen, wenn Gerry besonders nett zu ihr war:

- Ich habe es wirklich gern, wenn du...
- Danke für...
- Ich finde es schön, wenn du...
- Es war nett von dir, daß du...
- Ich freue mich wirklich, wenn du...

Gerry brachte Paula oft Zeitschriften aus der Praxis mit, die sie für ihre Collagen benutzte, was sehr aufmerksam von ihm war. Ich riet ihr, ihn deutlich wissen zu lassen, wie sehr sie das

schätzte. Als sie es tat, wurde Gerrys Gesicht viel weicher. »Er wirkte so entzückt wie ein Kind«, berichtete Paula.
Ganz allmählich begann Gerry, Paula aufgrund ihres veränderten Verhaltens anders zu behandeln. Als er merkte, daß sie es ernst meinte und daß sich das Klima zwischen ihnen verändert hatte, entwickelte er eine Art grollenden Respekts für sie.
Einige Frauenhasser tauen auf und werden freundlicher, wenn sie erkennen, daß sie Sie nicht mehr herumstoßen können. Wenn das geschieht, kann sich mehr Nähe und Gleichheit zwischen Ihnen entwickeln.

Wie man das bekommt, was man will

Wenn Sie Ihrem Partner Grenzen gesetzt und ihm Respekt abgerungen haben, sind Sie nun in der Lage, ihm die Dinge abzufordern, die Sie sich von der Beziehung wünschen. Zu Beginn kehren Sie zurück zu den Listen auf den Seiten 250ff., in denen Sie Ihre Bedürfnisse und Wünsche dargelegt haben. Jetzt beschränken Sie diese Bedürfnisse auf ein paar wenige, damit Sie Ihren Partner nicht mit zu vielen Wünschen abblocken.
Als ich Paula bat, ihre Bedürfnisse durchzugehen und sich auf das zu beschränken, was sie zu diesem Zeitpunkt realistisch in die Tat umsetzen konnte, brachte sie die folgende Liste:

- Ich möchte in Geldangelegenheiten gleiches Stimmrecht, aber...
- Ich bin bereit, ein eigenes Konto mit eigenem Geld zu führen.
- Ich möchte eine Hilfe für die Hausarbeit und die Kinder.
- Ich will, daß Gerry aufhört, die Kinder schlecht zu behandeln.
- Ich möchte einen Teil des Hauses zu einem Studio ausbauen, damit ich malen kann.

Als ich Paula fragte, welchem Punkt auf der Liste Gerry wohl den meisten Widerstand entgegensetzen würde, antwortete sie: »Ganz klar, das Geld. Er gibt mir Haushaltsgeld und läßt mich für jeden Pfennig abrechnen.« Daher beschlossen wir, zuerst den Punkt mit dem Geld anzugehen. Wenn sie mit der schwierigsten Sache fertig wurde, konnte sie die anderen mühelos handhaben.
Zunächst mußte Paula sich selbst ganz klarmachen, wie weit sie gehen wollte, wenn Gerry sich bei diesem wichtigen Punkt querstellte. Sie war sich darüber sicher, daß sie ihn nicht verlassen wollte. Mit vier Kindern, davon eines hirngeschädigt, und ohne unmittelbare Aussicht darauf, sie alle unterhalten zu können, fühlte sie sich nicht bereit, allein zu leben. Doch sie war gewillt, eine Teilzeitstelle anzunehmen. Ich sagte zu ihr: »Das muß aber mehr als nur eine leere Drohung sein, wenn Sie das ins Spiel führen. Sie müssen es auch wirklich meinen.« Paula erwiderte: »Ich meine es auch wirklich. Solange ich kein eigenes Geld habe und selbst entscheiden kann, wie ich es ausgebe, fühle ich mich weiterhin wie ein abhängiges Kind.«
Paula war zwar sehr selbstsicher und bewußt geworden, doch als ich sie fragte, wie sie das Geldthema mit Gerry anschneiden wollte, wußte sie keine Antwort. Unsere Unterhaltung ging so weiter:

SUSAN: Warum sagen Sie nicht: »Es ist wirklich wichtig für mich, eigenes Geld auf meinem eigenen Konto zu haben. Ich halte das im Hinblick auf meinen Selbstrespekt für grundsätzlich.«

PAULA: Ich weiß schon die Antwort darauf: »Du kannst doch gar nicht mit Geld umgehen. Solange ich das Geld verdiene, bestimme ich, wofür es ausgegeben wird. Außerdem kannst du dich doch wirklich über nichts beklagen. Es gibt doch immer genug zu essen.«

SUSAN: Dann müssen Sie erwidern: »Ich glaube, du hast mich nicht verstanden, Gerry. Ich will mein eigenes Geld, und wenn wir keine Abmachung darüber treffen können, läßt du mir keine andere Wahl, als daß ich mir Arbeit suche, bei der ich für das, was ich leiste, bezahlt werde.«

Da ich wußte, wie unabschätzbar und wetterwendisch Gerry war, schlug ich Paula vor, mehrere Mal allein zu üben, wie sie ihm ihre Wünsche mitteilen wollte. Sie sollte ihn nicht bitten. Ich schlug außerdem vor, ihn zu einem Zeitpunkt anzusprechen, wenn er ruhig war.

Als Paula mit Gerry darüber sprach, reagierte er, wie vorherzusehen war. Aber sie behauptete sich, bis er schließlich nachgab und brüllte: »Das ist reine Erpressung, aber wenn es dir soviel bedeutet, okay.« Sie verabredeten sich ein paar Tage später bei einer Bank, um ein Konto in ihrem Namen zu eröffnen. Da versuchte Gerry wieder, sie zu untergraben, indem er nicht auftauchte. Paula rief mich sehr aufgeregt an.

Ich schlug vor, sich die Stellenanzeigen in den Zeitungen anzusehen und deutlich ein paar passende anzustreichen. Dann sollte sie die Zeitung irgendwohin legen, wo Gerry sie mit Sicherheit sehen würde. Paula wandte ein: »Aber das ist doch ein Trick.« Natürlich, stimmte ich ihr zu, es war ein Trick, aber Paula hatte kaum eine andere Wahl, weil Gerry sie immer noch nicht ernst nahm.

Der Trick – verstärkt durch Paulas Entschiedenheit – klappte. Im Verlauf des nächsten Monats überwies Gerry Geld auf ein separates Konto und stimmte zu, es weiterhin so zu halten. Paula war außer sich vor Freude. Dieser scheinbar kleine Sieg bahnte Paula den Weg, auch andere Dinge zu erreichen, die sie sich wünschte, darunter auch eine bessere Behandlung der Kinder.

Ich will gewiß nicht behaupten, daß Paula nun eine phantastische Ehe führt. Gerry ist immer noch infantil und sehr anspruchsvoll; ihre sexuelle Beziehung ist immer noch problembeladen und er nicht bereit, professionelle Hilfe zu Rat zu ziehen. Paula ist es mit sehr viel Mühe und Entschiedenheit gelungen, dramatische Veränderungen in ihrem Verhalten und ihren Gefühlen herbeizuführen. Sie ist nicht mehr so depressiv. Sie hat nun ein Studio über der Garage, wo sie malen kann. Ein paar Bilder hat sie schon verkauft. Sie geht nun öfter mit Freunden aus und hat ein paarmal in der Woche eine Haushaltshilfe. Doch am wichtigsten war Paulas Erkenntnis, daß Gerry und nicht sie für sein schlechtes Benehmen verantwortlich ist. Sie internalisiert nicht mehr seine bösen Bemerkungen über sie. Sicher, einige Sätze treffen sie immer noch tief, aber sie erkennt sie nun als den Ausdruck eines unsicheren und ängstlichen Mannes, der versucht, sie in die Knie zu zwingen, damit er sich sicher fühlen kann. Bei unserer letzten Sitzung sagte sie zu mir: »Vermutlich werde ich immer die ›gute Mama‹ für ihn sein, aber diesen Preis bin ich bereit, zu zahlen.«

Wenn Sie dem Verhalten Ihres Partners Grenzen setzen, denken Sie immer daran: *Das Ziel besteht nicht darin, ihn zu ändern, sondern zu verändern, wie er Sie behandelt.* Man kann nicht die Persönlichkeit eines Menschen umkrempeln, indem man ihm Grenzen setzt. Man kann ihm jedoch beibringen, Sie besser zu behandeln, indem Sie deutlich definieren, was Sie akzeptieren und was nicht. Als Folge davon wird weniger emotionales Chaos in Ihrer Beziehung herrschen. Es ist ein langwieriger Prozeß, und er erfordert Mut, aber führt zum Erfolg.

Ein Wort der Warnung

Wenn Sie irgend etwas tun, das das schlimme Verhalten des Frauenhassers eskalieren läßt, besteht immer die Gefahr, daß er die Grenze von psychischem Terror zu körperlichen Angriffen überschreitet. Auch ein Mann, der noch nie in seinem Leben eine Frau geschlagen hat, greift vielleicht impulsiv zu Gewalttätigkeit, wenn er sich angegriffen fühlt. Es handelt sich um seinen verzweifelten Versuch, die Macht wiederzuerlangen. Er betrachtet vielleicht die neue Kraft in seiner Partnerin als »Loslösung«, durch die er sich stark bedroht fühlt. Da die alten Me-

thoden nicht mehr funktionieren, greift er vielleicht zu schlagkräftigeren.
Niemals aber ist es wichtiger, einem Mann Grenzen zu setzen, als wenn er gewalttätig wird. Ich habe Ihnen gezeigt, wie man verbale Grenzen setzt, aber angesichts körperlicher Gewalt nützen Worte nichts. Wenn Ihr Partner die Beherrschung verliert und zuschlägt, *müssen Sie gehen.* Mit einem gewalttätigen Menschen kann man nicht vernünftig reden. Da Sie in Gefahr schweben, müssen sie sich und die Kinder aus seiner Gegenwart entfernen. Denken Sie immer daran, daß Sie ihm durch Ihre Taten und nicht durch Worte besseres Verhalten beibringen. *Wenn sie angesichts körperlicher Gewalt bei ihm bleiben, teilen Sie ihm mit, daß Sie weitere Gewalt akzeptieren.* Gehen Sie daher zu Verwandten oder Freunden oder in ein Frauenhaus, auch wenn Sie nicht ausdrücklich geschlagen wurden, sondern nur gestoßen. Nur, gehen Sie fort!
Wenn körperliche Gewalt fester Bestandteil Ihrer Beziehung war, versuchen Sie keine neuen Verhaltensweisen, bis Sie Hilfe bei diesem sehr gefährlichen Problem gefunden haben. Ich empfehle Ihnen zwei Bücher zu diesem Thema: *Battered Wives* von Del Martin und *Getting Free: A Handbook for Women in Abusive Relationships* von Ginny Nicarthy. (In der Bibliographie im Anhang finden Sie weitere Informationen über diese und andere Bücher.)
Wenn Sie aus Sicherheitsgründen das Haus verlassen haben, werden Sie als erstes wissen wollen: »Wann kann ich zurückgehen?« Ich rate Ihnen aus Erfahrung, daß dies nicht der richtige Zeitpunkt ist, Probleme allein anzugehen. Vielleicht schlägt Ihr Partner Sie nie wieder, aber Sie können nicht sicher sein. Sie werden mit der über Ihnen schwebenden Gewaltdrohung weiterleben, es sei denn, Sie bestehen darauf, daß Sie beide professionelle Hilfe aufsuchen. Es handelt sich um ein Problem, das keine Frau ohne professionelle Hilfe oder Intervention lösen kann. Wenn Sie ins Haus zurück müssen, um Kleidung oder andere Dinge zu holen, *gehen Sie nicht allein!* Nehmen Sie eine(n) Freund/Freundin mit. Je stärker Sie sich in die-

ser kritischen Phase verhalten, um so geringer ist die Chance, daß Ihr Partner sich wieder gewalttätig verhält. Daher ist es lebenswichtig, daß Sie sehr entschieden auftreten. Wenn Sie Ihr eigenes Haus oder Ihre Wohnung verlassen haben und Ihr Partner sich weigert, auszuziehen, so daß Sie nicht zurückkönnen, scheuen Sie sich nicht, die Polizei zu Hilfe zu rufen, um ihn herauszubekommen.
Denken Sie immer daran, es ist ein Zeichen von Mut und Stärke, Hilfe zu suchen, wenn man sie braucht.

14. Professionelle Hilfe

Wenn Sie die von mir vorgeschlagene Arbeit geleistet haben, hat sich Ihre Beziehung sicher beruhigt und ist ausgeglichener geworden. Die Situation ist aber vielleicht noch lange nicht so, wie Sie sie sich wünschen. Sie sind zwar Risiken eingegangen und haben neue Verhaltensweisen eingeführt, aber viele Situationen mit Ihrem Partner bekommen Sie immer noch nicht in den Griff. Als Folge davon verfallen sie vielleicht wieder in die alten, destruktiven Verhaltensweisen. Wenn das geschieht, ist es an der Zeit, professionelle Hilfe aufzusuchen.
Viele Leute denken immer noch, daß das Bedürfnis nach Hilfe von außen ein Zeichen von Schwäche darstellt. Sie glauben, daß man seine emotionalen Probleme sowohl selbst diagnostizieren als auch lösen kann. Das stimmt einfach nicht. Wenn man in Zeiten von Not Hilfe sucht, spricht das für Mut, Stärke und Intelligenz. Wenn Sie es auf eigene Faust versuchen, aber immer noch keine zufriedenstellende Grundlage für Ihre Beziehung gefunden haben, lautet die Antwort vielleicht Therapie.

Patient Beziehung

Als Nicki herausfand, daß Ed eine außereheliche Beziehung hatte, wollte sie ihn verlassen, doch als er sie um eine letzte Chance anflehte, blieb sie doch bei ihm. Nach einer kurzen zweiten Flitterwochenphase kehrte die Ehe bald zu ihrem früheren Zustand zurück, und Ed nahm seine Beziehung wieder auf. Nicki litt sehr unter seinem Besitzeifer, seiner Herrschsucht und Untreue. Als sie versuchte, ihm das zu sagen, kehrte er den Spieß um mit den Worten, das sei ihr Problem und nicht seins. Als er sagte: »Wenn du gern leidest, dann leide doch. Ich kann nichts dagegen tun«, glaubte Nicki, sie sei diejenige, die sich nicht »normal« verhielt. Ed überzeugte sie zudem davon, daß ihre Ehe wunderbar sein würde, wenn sie es lernte, ihr Verhalten und ihre Gefühle zu beherrschen. Zu diesem Zeitpunkt begann Nicki ihre Therapie bei mir.

Nicki und ich arbeiteten zusammen, bis sie ruhiger wurde und sich wohler fühlte. Ihre Ehe befand sich allerdings in einem schlimmen Zustand. Ich sagte ihr, Ed müsse ebenfalls kommen, wenn sie weiterhin Bestand haben sollte. Da beide für den Zusammenbruch ihrer Beziehung verantwortlich waren, mußten auch beide daran arbeiten, sie wiederherzustellen. Der Patient sollte die *Beziehung* sein.

Wie abzusehen war, leistete Ed ziemlichen Widerstand gegen die Idee, eine Therapie zu beginnen. Er stimmte nur zu, nachdem Nicki ihm angedroht hatte, ihn zu verlassen.

Ed stellte sich als ungewöhnlicher Mann heraus. Nach seinem anfänglichen Widerstand arbeitete er bei den Sitzungen sehr intensiv mit und war bereit, sich seinen geheimen Dämonen aus Vergangenheit und Gegenwart zu stellen. Bei unserer letzten Sitzung machte Ed diese bemerkenswerte Aussage:

> Ich hatte wirklich geglaubt, ich sei in Ordnung, und alles sei nur ihr Problem. Auch meine Affäre war ihre Schuld, weil ich sie für frigide hielt. Es hat mir wirklich einen Schock versetzt, als ich hierherkam und merkte, daß ich derjenige war, der sich kalt und grausam verhielt, besonders ihr gegenüber. Das habe ich vorher nie erkannt. Ich glaube, das schlimmste aber war die Erkenntnis, daß ich sie sexuell so abgeblockt habe.
>
> Es war schwer, meine Schuld an den Problemen zuzugeben, aber jetzt haben wir beide wirklich in jeder Hinsicht Spaß aneinander. Ich mache mir keine Sorgen mehr, daß sie sich herumtreibt, sitze nicht mehr in meinem Streifen-

wagen und stelle mir vor, daß sie mit einem anderen zusammen ist. Wir haben jetzt eine richtige Ehe, anstatt einen Machtkampf, und ich finde es großartig.

Natürlich war ich begeistert, als ich das hörte. Der alte Teufelskreis Opfer-Verfolger war durchbrochen worden, und die Beziehung hatte jene aufrichtig liebevolle Qualität gewonnen, deren Miterleben einen glücklich macht.

Leider waren Nicki und Ed die Ausnahme, nicht die Regel. Wie viele meiner Kollegen, ob männlich oder weiblich, habe ich nur selten Frauenhasser in der Therapie gehabt.

Im allgemeinen betrachten Frauenhasser die Therapie als Bedrohung ihrer Macht und Kontrolle zu Hause. Die Gefühle, die eine Veränderung auslösen, wie Schuld, Reue, Angst und Traurigkeit, sind im emotionalen Spektrum des Frauenhassers ohne Bedeutung. Daher stellen diese Männer keine guten Kandidaten für die Art Introspektion dar, die die Psychotherapie fordert. Dazu kommt, daß der Frauenhasser nicht gewillt ist, Verantwortung für seinen Teil der Probleme zu übernehmen, und leidet nicht genug, um selbst Hilfe zu suchen. Wenn er schließlich doch einen Weg zur Therapie findet, dann gewöhnlich mit der Idee, daß die Therapie seinen Partner »wiederherstellt«.

In dieser Hinsicht war meine Erfahrung mit Mark und Jackie typisch. Mark kam auf Jackies hartnäckiges Drängen in die Therapie und stellte sich als ein Mann dar, der wahnsinnig in seine Frau verliebt ist. Er hörte in unseren Sitzungen nicht gern zu und war total erstaunt, daß sie so unglücklich mit ihm war. Er sah unsere Arbeit als eine Art gesellschaftlichen Spaß und erzählte lange Geschichten über seine Kindheit und seine Geschäftsprobleme. Er war sehr lustig und charmant, aber ich erkannte, daß es äußerst schwierig werden würde, mit seinen inneren Gefühlen in Kontakt zu treten. Das einzige Problem, das die beiden aus Marks Sicht hatten, war Jackies ständige Nörgelei über sein geschäftliches Versagen, das sein Selbstvertrauen untergrub. Er bestand darauf, alles würde zwischen ihnen klappen, wenn ich Jackie irgendwie wieder so liebevoll und hilfreich hinbiegen könnte, wie sie anfangs ihrer Ehe gewesen war. In der letzten Sitzung mit den beiden hörte sich das so an:

SUSAN: Jackie hat mir von Vorfällen mit äußerster emotionaler Gewalt Ihrerseits berichtet. Sie schreien, schüchtern sie ein, bringen sie zum Weinen und beleidigen sie. Behandeln Sie so jemanden, den Sie angeblich lieben?
MARK: Nun, Sie wissen doch, daß die kleine Jackie einen Hang zum Dramatischen hat. Immer übertreibt sie alles. Ich habe ein aufbrausendes Temperament. Schuldig im Sinne der Anklage. Aber beleidigend? Ich habe noch nie etwas zu dieser Frau gesagt, außer, daß sie die Liebe meines Lebens ist, die schönste, sexuell anziehendste, erregendste Frau, die ich je getroffen habe. Und was soll daran beleidigend sein?
SUSAN: Wollen Sie sagen, Sie haben keinen Anteil an dem Kummer, den Sie beide momentan erfahren?
MARK: Aber klar doch. Ich habe ein paar sehr schlechte geschäftliche Entscheidungen getroffen.
SUSAN: Ich möchte jetzt nichts über das Geschäft hören. Was ist denn mit Ihrer Rolle in Ihrer Beziehung?
MARK: Ich habe nur versucht, ihr hundertzehn Prozent von mir zu geben. Ich gehe nicht aus oder trinke und feiere mit Freunden. Ich habe sie noch nie geschlagen. Niemand kann einer Frau ergebener sein als ich Jackie. Aber irgendwo im Hinterkopf hat sie vor, die Zügel in die Hand zu nehmen. Sie hat die verrückte Idee, daß sie über die Finanzen verfügt und mir ein Taschengeld auszahlt.
JACKIE: Ich habe vorgeschlagen, daß mein Gehalt auf ein anderes Konto geht, damit ich sicher sein kann, daß die Rechnungen auch bezahlt werden.
MARK: Seit ich ein kleines Kind war, habe ich kein Taschengeld mehr bekommen, und das wollen wir doch nicht wieder anfangen. Keine verdammte Frau hat mir zu sagen, was ich tun soll, Schätzchen.

SUSAN: Geld ist wieder eine Abschweifung, Mark. Wir reden hier über beleidigendes Verhalten.

MARK: Hör'n Sie mal zu. Ich liebe sie und will bei ihr bleiben. Kann ich da ein schlechter Mann sein?

SUSAN: Wenn Sie sich so verhalten, wie sie es beschreibt, dann sind Sie manchmal ein ziemlich schlechter Mann.

MARK: Nun, mein Schätzchen, vielleicht müssen wir einmal die Tatsache genauer ins Auge fassen, daß Sie Männer nicht besonders mögen. Wer wartet denn eigentlich abends auf Sie?

SUSAN: Wir reden jetzt nicht über mich. Wir reden über Sie. Sie sind hier, weil Ihre Ehe auseinanderbricht – die Ehe, die Sie angeblich achten und wollen, und zwar mit einer Frau, die Sie angeblich achten und wollen. Doch an keiner Stelle in diesem Gespräch haben Sie anerkannt, daß Sie für die Probleme zwischen Ihnen mindestens fünfzig Prozent Verantwortung tragen.

An dieser Stelle stand Mark auf und sagte: »Es ist doch sonnenklar, wenn ich mich schon mal in Therapie begebe, muß das bei jemandem sein, der mehr von der Sache versteht.« Mit diesen Worten ging er hinaus.

Wäre ich weniger direkt und konfrontativ mit Mark umgegangen, hätte er seine lustigen Geschichten gut und gern weitererzählt und mir eine Menge Anekdötchen geliefert. Wie alle Frauenhasser, auf die man den Scheinwerfer richtet, baute er eine Wand aus Worten, Charme und Witzen auf. Als das nicht klappte, versuchte er, mich anzugreifen. Die notwendige Arbeit wurde niemals auch nur andiskutiert.

Wenn ein Mann nicht wenigstens bereit zu der Annahme ist, zumindest ebenso verantwortlich für die Schwierigkeiten in der Beziehung zu sein wie seine Partnerin, kann ihm Therapie nichts nützen.

Es gibt jedoch eine Gruppe von Männern, von mir Pseudofrauenhasser genannt, die sehr gut auf Therapie reagieren können. Diese Männer wurden in der Kindheit von ihren Müttern extrem verwöhnt und wuchsen in dem Glauben auf, alle Beziehungen mit Frauen seien so wie die mit ihrer Mutter – nämlich ausschließlich auf ihre eigenen Bedürfnisse und Befriedigungen ausgerichtet. Wenn sich ein Pseudofrauenhasser mit einer Frau verbindet, die sich nicht ausdrücken oder ihre Bedürfnisse äußern kann, und glaubt, jedes selbstsichere Auftreten ihrerseits führe zum Verlassenwerden, kann er sich im Endeffekt verhalten wie ein Misogynist. Er ist jedoch kein wahrer Frauenhasser; sein schlimmes Benehmen rührt aus dem Verhalten, das man ihm beigebracht hat, um das zu bekommen, was er wollte, anstatt aus Haß und Angst gegenüber Frauen. Für solche Paare kann professionelle Beratung sehr wirksam sein. Vielleicht gehört er zu der Sorte Männer, die erst dann erfahren, wie sehr ihr Verhalten den Partner beeinträchtigt, und dann so reagieren: »Ich wußte nicht, daß du das so nimmst. Es tut mir wirklich leid. Ich versuche, mehr auf deine Gefühle Rücksicht zu nehmen.«

Der Widerstand des Frauenhassers gegenüber Therapie

Leider reagieren die meisten Frauenhasser auf die Bitte, mit ihrer Partnerin zur Therapie zu kommen, mit dem Satz: »Das sind doch deine Probleme, nicht meine.« Diese Standardfluchtformel wirft bequemerweise die gesamte Last der Verantwortung auf die Frau. Es folgen ein paar andere typische Antworten von Frauenhassern, um eine Therapie zu umgehen:

- Ich kann meine Probleme selbst lösen. Ich brauche keinen Irrenarzt, der mir sagt, wie ich mein Leben leben soll.
- Ich bin nun einmal so. Ich kann mich nicht ändern. Wenn du dich ändern willst, tu's doch.

- Ich kenne eine Menge Leute, die in Therapie waren, und es hat ihnen gar nicht geholfen.
- Das können wir uns nicht leisten.
- Die Therapeuten sind noch verrückter als ihre Patienten.
- Ich habe keine Zeit.
- Du hast mich doch so geheiratet. Nimm mich so, wie ich bin, oder zieh aus.

Ich würde zu diesem Thema gern mehr Hilfe anbieten, aber die traurige Wahrheit lautet, der Frauenhasser, der bereit ist, sich behandeln zu lassen, ist selten. Manchmal stimmt er zu, wenn die Partnerin droht, ihn zu verlassen, doch in vielen Fällen helfen auch diese Drohungen nichts. Wenn die Abwehr Ihres Partners so auf Beton gebaut ist, daß er jegliche Hilfe ablehnt, ist die Chance groß, daß er Sie lieber verliert, als sich zu öffnen. Aber geben Sie nicht auf. Viele Kirchen und Synagogen bieten die verschiedensten Beratungsmöglichkeiten und Kommunikations-Workshops für Paare an. Wenn Ihr Partner sich weigert, eine Therapie zu versuchen, stimmt er vielleicht zu, an einem Eheberatungs-Weekend teilzunehmen, die von diese Organisationen veranstaltet werden. Diese Workshops und Encounter-Weekends dauern nicht lange und sind daher begrenzt effektiv, aber Sie können Ihnen und Ihrem Partner eine neue Perspektive für Ihre Beziehung aufzeigen.

Das war auch der Fall bei meinen Klienten Carol und Ben. Nach sechsundzwanzig Ehejahren konnte Carol Bens Besitzeifer nicht mehr aushalten. Als er sich weigerte, zur Eheberatung zu gehen, schlug sie ein Eheberatungs-Encounter-Weekend vor. Ben war dazu bereit, um sie zufriedenzustellen. Bei diesem intensiven Wochenende, bei dem sie gezwungen wurden, sich einander zu öffnen, erkannte Ben zum ersten Mal, wie unglücklich seine Frau war. Er merkte nun, daß er keine andere Wahl hatte, als professionelle Hilfe zu suchen, sonst würde er sie verlieren. Ich habe ein wenig länger als ein Jahr mit ihnen gearbeitet, und als es zu Ende ging, schrieb Carol Ben diesen wunderbaren Brief:

Mein liebster Ben,
als wir heirateten, warst du mein edler Ritter. In den ersten fünf Jahren mußten wir hart ran. Wir bekamen die beiden Mädchen, und du hast das Geschäft aufgebaut. Doch damals wurdest du so herrschsüchtig. Du kamst voran bei deiner Karriere und redetest Tag und Nacht darüber. Ich hingegen saß zu Hause bei den Babys. Wir hatten plötzlich zwei verschiedene Wellenlängen und konnten nicht zusammenkommen. Es war wie ein Karussell... gute Phase, schlechte Phase, Zärtlichkeiten und Beleidigungen. Ich wußte, daß du mich brauchtest, aber ich hatte das Gefühl, nicht zu deinem Leben zu gehören.
Du hast dich über meinen Wunsch lustig gemacht, meine Ausbildung fortzusetzen. Als du es mir endlich erlaubtest, hast du mich die ganze Zeit damit aufgezogen. Immer wieder hast du meine Arbeit sabotiert. Es hat zehn Jahre gedauert, bis ich meinen Collegeabschluß bekam, aber ich habe es erreicht. Du hast natürlich geholfen, es zu bezahlen, aber ansonsten war das für dich nur ein Witz. Sogar von den Kindern hast du dich über mich lustig gemacht. Ich empfand solche Haßliebe für dich, ich wollte dich verlassen, auch wenn mir noch viel an dir lag.
Dann gingen wir zu diesem Encounter-Weekend, und alles kam ins Rollen. Als du zustimmtest, mit mir zu Susan zu kommen, wurde alles anders. Jetzt fühle ich mich richtig wohl in meiner Haut und in unserer Ehe. Wir beide sind in letzter Zeit sehr gereift. Jeden Tag verstehen wir uns besser. Das Vertrauen aus den ersten Jahren unserer Ehe kommt allmählich wieder. Jetzt habe ich ein lebendigeres Gefühl mit dir als jemals zuvor. Meine Liebe zu dir ist bis zu dem Punkt angewachsen, daß ich mich jeden Tag in unserer Beziehung sicherer und aufgehobener fühle. Ich weiß, daß wir es schaffen.

Ich liebe dich sehr
Carol

Wenn man mitansieht, wie eine lange Ehe wie die von Ben und Carol sich öffnet und verändert, ist das sehr aufregend. Das Encounter-Weekend der beiden stellte den Anfang einer neuen, lebendigeren Beziehung dar.

Hilfe für Sie allein

Wenn alle Versuche scheitern, Ihren Partner zu einer Beratung zu bringen, können Sie immer noch allein Hilfe suchen. Ein guter Therapeut kann sehr förderlich sein und Ihnen die emotionale Belastung erleichtern.

Wenn Sie in einer misogynistischen Beziehung stecken, haben Sie vermutlich einen Gutteil Ihres Selbstvertrauens und Ihres Selbstwertgefühls eingebüßt. Sie mußten die Definition Ihres Partners schlucken, nicht »normal« zu sein, und zweifeln nun allmählich an Ihrer eigenen Wahrnehmung, so daß Sie nicht mehr genau wissen, was wahr ist und was nicht. In der Therapie können Sie Ihren Gefühlen Ausdruck verleihen und sich Ihre Wahrnehmungen bestätigen lassen. Das wird Ihnen helfen, jene Teile Ihres Selbst zurückzugewinnen, die Sie für die Beziehung aufgegeben haben.

Die Therapie kann Ihnen zudem ermöglichen, Abstand vom Zentrum des Sturms zu gewinnen. Sie hilft Ihnen, sich über alles klarzuwerden, damit Sie neue Entscheidungen treffen können, die nicht auf Angst basieren, sondern in ihrem eigenen Interesse sind. Ihnen stehen viel mehr Wege offen, als Sie momentan allein erkennen können.

Die Wahl des Therapeuten

Wenn Sie sich für Psychotherapie entschieden haben, wird Ihre erste Frage vermutlich lauten: »Wie suche ich mir den richtigen

Therapeuten aus?« Das ist keine leichte Aufgabe. Es gibt viele Therapeuten und viele Arten von Therapie. Das kann sehr verwirrend wirken. Grundsätzlich müssen Sie jemanden finden, bei dem Sie sich wohl fühlen. Schon in der ersten Stunde bei einem Therapeuten sollten Sie sich sicher, akzeptiert und nicht beurteilt fühlen und spüren, daß man Ihnen zuhört. Wenn Sie sich bei einem neuen Therapeuten nach mehreren Sitzungen noch unwohl fühlen, *trauen Sie diesem Gefühl.* Denken Sie nicht, mit Ihnen stimme etwas nicht oder daß es an Ihrem Widerstand gegenüber Veränderungen liegt. Die Therapie beruht auf einer Kombination zwischen den Fähigkeiten des Therapeuten und der persönlichen Bindung zwischen ihm und dem Klienten. Es handelt sich schließlich um einen intimen und manchmal schwierigen Prozeß. Daraus folgt, daß die Beziehung zu ihrem Therapeuten ebenso wichtig für Ihre Reifung ist, wie seine oder ihre Kenntnisse und Methoden. Verschwenden Sie weder Zeit, Energie noch Geld bei einem Therapeuten, der sich auf ihre Gefühle und Bedürfnisse nicht wirklich einstellt.

Meine persönliche Überzeugung lautet, daß eine Therapie aktiv, direktiv und zeitlich begrenzt sein sollte. Der Therapeut sollte Ihnen eine Menge Feedback geben. Zu viele Therapeuten lehnen sich einfach bequem zurück und tragen wenig mehr zu den Problemen ihrer Klienten bei als ein gelegentliches »Mmh«, oder »Wie fühlen Sie sich dabei?« Ein Therapeut, der Sie aktiv und konstruktiv zu einer Veränderung Ihres Verhaltens führt, erspart Ihnen eine Menge Zeit und Arbeit.

Scheuen Sie sich nicht, sich nach einem guten Therapeuten gründlich umzusehen. Immerhin sind Sie die Klientin und haben das Recht, Fragen zu stellen und klare Antworten zu bekommen. Am wichtigsten aber ist: *Scheuen Sie sich nicht, Ihrem Instinkt zu vertrauen.*

Ich nennen Ihnen nun ein paar Dinge, die Sie bei der Wahl eines Therapeuten mißtrauisch machen sollten:

- Der Therapeut sitzt hinter einem Schreibtisch, so daß eine große Barriere zwischen Ihnen beiden steht.

- Man verspricht Ihnen für viel Geld Heilung in wenigen Stunden.
- Therapeuten, die viel Zeit damit zubringen, Ihre Attraktivität zu kommentieren oder Ihnen Einzelheiten Ihres Sexuallebens zu erzählen.
- Der Therapeut ist grundsätzlich passiv und reagiert kaum, lehnt sich zurück und nickt lediglich kommentarlos.
- Der Therapeut verkündet, es würde Jahre dauern, bis Ihnen geholfen ist.

Ich glaube nicht, daß das Geschlecht des Therapeuten eine Rolle spielt. Wichtig aber ist die Haltung im Hinblick auf Männer und Frauen. Viele Therapeuten, besonders aber Psychiater und Analytiker, werden immer noch nach der traditionellen Freudschen Lehre ausgebildet, nach der Frauen unzulänglich, hysterisch und masochistisch sind. Freudianische Therapeuten, ob männlich oder weiblich, sehen Ihre Aufgaben bei Klientinnen oftmals darin, ihnen zu helfen, sich an ihre »normale« Rolle anzupassen. In diesem Zusammenhang bedeutet Gesundheit, daß die Frau lernt, unterwürfig zu sein und ihren Partner liebevoll und fürsorglich zu unterstützen, wie immer er sich auch verhalten mag. Wenn sie einen Beruf ausübt, wird man sie als ehrgeizig, kastrierend und maskulin abstempeln. Überraschenderweise beherrscht dieses archaische Modell immer noch einen großen Teil der therapeutischen Praxis.
Einige Therapeuten haben Vorurteile zugunsten der Männer, wenn sie mit Paaren oder Frauen arbeiten. Diese Therapeuten glauben, es sei vornehmlich der Fehler der Frau, wenn es Schwierigkeiten in einer Beziehung gibt. Ich habe schon Therapeuten sagen gehört: »Die Beziehung konnte einfach nicht so schlecht sein, wie sie berichtete. Vielleicht läßt sie sich gern schlecht behandeln und provoziert ihn auf diese Weise.«
Leider gibt es Frauenhasser in allen Berufen, und in der Psychotherapie sind sie zu einem größeren Anteil vertreten. Der Therapeut, im Mantel der beruflichen Unangefochtenheit, der Macht und Autorität, der seine persönlichen Gefühle Frauen

gegenüber niemals bearbeitet hat, neigt dazu, seine Privatszenarien mit weiblichen Klienten auszuspielen. Diese Situation ist besonders für die Frauen gefährlich, deren Selbstvertrauen durch eine misogynistische Beziehung untergraben wurde. Wenn sie einen Therapeuten wählt, der die gleiche negative Haltung gegenüber Frauen vertritt wie ihr Partner, werden all die negativen Dinge, die sie zu Hause hört, im Büro des Therapeuten wiederholt und verstärkt. Daher ist es von ungeheurer Wichtigkeit, daß sie *genau darauf achten, wie Sie sich bei dem Therapeuten fühlen.* Wenn Ihnen genau so zumute ist wie bei Ihrem Partner, sind Sie bei der falschen Person gelandet! Wenn Ihr Therapeut eine oder mehrere der folgenden Bemerkungen von sich gibt, ist es an der Zeit, Ihre Wahl in Frage zu stellen:

- Ihr Mann versucht doch nur, etwas Ordnung in der Familie aufrechtzuerhalten.
- Wenn Sie nur nicht mehr so egoistisch wären und ihn mehr unterstützten, würde er sich nicht mehr so aufregen.
- Sie verhalten sich wie ein kleines Mädchen.
- Sie provozieren seine Wut.
- Vielleicht leiden Sie gern.
- Das ist doch eine Kleinigkeit. Jeder verliert mal die Beherrschung.
- Wenn Sie wollen, daß er sie netter behandelt, versuchen Sie doch einfach, sich weiblicher zu benehmen.
- Ist Ihnen jemals in den Sinn gekommen, daß Sie zu anspruchsvoll sind?
- Welcher Mann will schon eine Frau, die in Konkurrenz zu ihm tritt?

Achten Sie auch auf die folgenden Etikettierungen:

- Kastrierend,
- hysterisch,
- übermächtig,
- beherrschend.

Jackie erzählte mir, sie habe erst dann einen Therapeuten aufgesucht, als Marks Geschäftsgebahren sie an den Rand des Bankrotts gebracht hatte. Sie berichtete von folgender Erfahrung mit einem Therapeuten:

> Er sagte mir, ich sei zu hysterisch und beherrschend und daß kein Mann eine solche Frau wolle. Er riet mir, den Geschäftssinn meines Mannes nicht anzuzweifeln, sonst würde er mich verlassen. Inzwischen vertat Mark unser gesamtes Geld. Wir hätten um ein Haar auch das Haus verloren, und da wurde ich panisch. Ich rief diesen Arzt an, und er sagte: »Schauen Sie, die Krankheit liegt grundsätzlich bei Ihnen. Sie reagieren zu heftig und kontrollieren zu viel. Seien Sie doch einfach nett und lassen Sie ihn in Ruhe. Er soll die Entscheidungen selbst treffen.« Da antwortete ich: »Aber er verliert alles. Alles geht den Bach runter.« Und er wiederholte: »Die Krankheit liegt bei Ihnen«, und hörte dann einfach auf, meine Anrufe zu beantworten.

Ich möchte nun keineswegs damit sagen, daß alle Therapeuten Frauenhasser sind oder sich gegenüber Klientinnen schlecht verhalten. Im Gegenteil, viele meiner Kollegen reagieren sensibel, verständnisvoll und besorgt auf die Probleme von Frauen in Beziehungen. Ich werde nie eine Gruppe vergessen, die ich zusammen mit einem jungen Psychiater leitete. Eine Frau war durch die Probleme in ihrer zehnjährigen Ehe sehr verstört. Sie berichtete von einer Reihe von Vorfällen, bei denen sich ihr Mann äußerst grausam und psychologisch einschüchternd verhalten hatte. Und dann fragte sie, was sie falsch gemacht habe. Mein Kollege antwortete:

> Sie werden tagtäglich auf gemeine Weise emotional brutalisiert. Das ist keine Spekulation. Es ist keine Frage der Meinung und keine Angelegenheit sexistischer Politik. Sie müssen jeden Tag damit leben. Sie sind in Ordnung, nur haben Sie nicht gelernt, sich zu schützen.

Diese Frau hatte so viele negative Bemerkungen ihres Mannes über sie internalisiert, daß das Urteil eines anderen Mannes sehr wichtig für sie war. Ich konnte ihrem Gesicht die Erleichterung und Dankbarkeit ablesen. Sie fühlte wohl deutlich, daß ihr jemand richtig zugehört hatte – vielleicht zum ersten Mal in vielen Jahren.

Die Therapie bei jemandem, der Sie achtet und schätzt, ist ein wunderbares Geschenk, das Sie sich selbst machen können. Wählen Sie den Therapeuten sehr sorgfältig aus, genauso sorgfältig, wie Sie einen Arzt für Ihre Kinder auswählen würden. Ein falscher Therapeut kann Ihnen mehr schaden als nützen.

15. Wenn man die Beziehung beenden muß

Jackie setzte alle Techniken und Strategien, die ich vorgeschlagen hatte, in die Tat um: Sie setzte Grenzen, sie arbeitete an ihrer emotionalen Reife, und sie brachte Mark sogar dazu, zu mir in die Therapie zu kommen. Leider verbesserten ihre Bemühungen ihre Ehe nicht. Die Situation wurde sogar schlimmer. Mark spürte, daß er die Herrschaft über sie und die Kinder verlor, daher verstärkte er sein strafendes Verhalten ihnen gegenüber. Während seine verbalen Angriffe immer heftiger wurden, nahmen die Phasen der Ruhe und des Charmes ab, und die Abstände wurden immer größer.
Doch immer noch klammerte sich Jackie an die Hoffnung, daß etwas passieren würde, das Mark änderte. Manchmal kehrte ihre Liebe zu ihm wie eine Welle zurück, und nach zehnjähriger Ehe hatte sie emotional ungeheuer viel in die Beziehung investiert. Doch sie mußte sich immer mehr der Erkenntnis stellen, daß der Friede nur gehalten werden konnte, wenn sie und die Kinder sich Marks unsinnigen Forderungen und seiner Kontrolle völlig unterwarfen.

Der Krisenpunkt

Es muß eine ausgesprochene Krise geben, einen Wendepunkt, damit die Frau eine misogynistische Beziehung aufgibt. Dieser Augenblick ist nicht notwendigerweise der Zeitpunkt, an dem die Beziehung auseinanderbricht. Es ist der Moment, in dem

die Frau den Partner in anderem Licht sieht, wenn auch nur für kurze Zeit. Dieser Moment kann sich sehr oft vor der eigentlichen Trennung wiederholen. Der Vorfall, der die Krise auslöst, kann bedeutsam sein, doch gewöhnlich ist es nur der letzte Akt in einer Reihe ähnlicher Vorfälle.
Jede Frau hat eine andere Toleranzschwelle und daher einen anderen Krisenpunkt. Es ist nicht abschätzbar, wann er eintritt und die schwierige Beziehung endgültig auseinanderbrechen läßt. Bei Jackie handelte es sich um eine häßliche Episode mit ihrem heranwachsenden Sohn, die ihre Sehweise von Mark endgültig veränderte.

> Mein Sohn hatte irgend etwas höchst Kriminelles unterlassen, wie sein Bett zu machen. Mark legte fanatischen Wert auf Ordnung im Haus, daher brachten ihn schon Kleinigkeiten in Rage. Aber bei Greg war er besonders hinter jeder Übertretung seiner verrückten Regeln her. Dieses Mal befahl er ihm, mit einem Besen über dem Kopf um den Block zu laufen. Greg ist jetzt vierzehn und kann sich schon besser behaupten. Er sagte zu Mark, das würde er nicht tun. Mark wurde wütend und begann, ihn zu beleidigen. Er sagte: »Du pickeliger kleiner Bursche. Wenn ich sage, du sollst springen, möchte ich von dir nur eine einzige Antwort hören, und die lautet: *Wie hoch?*« In diesem Augenblick blickte ich Mark an, und er wurde richtig gemein zu mir. Ich erkannte, wie unsinnig und grausam er war, und ich wußte einfach, mit diesem Mann wollte ich nicht mehr zusammenleben. Und ganz gewiß wollte ich nicht, daß meine Kinder weiterhin diesen Mißhandlungen ausgesetzt wären. Irgend etwas klickte in mir. Ich wußte, das war der Anfang vom Ende.

Jackie hatte viele Jahre lang das unvernünftige Verhalten von Mark ihr oder den Kindern gegenüber übersehen, entschuldigt oder die Schuld dafür auf sich genommen. In dieser Krisensituation erkannte sie deutlich, daß sie ein sehr unglückliches Le-

ben für sich selbst und die Kinder wählte, wenn sie zusammen blieben, wie viel ihr auch immer noch an Mark lag.
Jackies Erkenntnis, daß sie die Beziehung beenden mußte, erfolgte recht bald nach diesem Vorfall. Ein Großteil ihrer Liebe zu Mark war verschwunden, und sie wußte, es gab keinen Weg zurück. Andere Frauen brauchen vielleicht viel länger, um eine misogynistische Beziehung zu beenden. Diese Frauen sind hin- und hergerissen zwischen ihrer Wut darüber, wie schlimm sie behandelt wurden und wie sie ihre Partner einschätzen, und ihrem überwältigenden Bedürfnis, sich an die Beziehung zu klammern, wie sehr sie dabei auch verletzt werden.
Die Entscheidung, eine enge Beziehung zu beenden, kann niemals leichtherzig getroffen werden. Immer empfindet man Reue und Selbstvorwürfe. Auch nach der Einsicht, daß die Beziehung destruktiv für sie ist, glauben viele Frauen immer noch, daß der Entschluß, zu gehen, falsch und ein Zeichen von Schwäche ist. Doch falsch ist in Wirklichkeit, Grausamkeiten, Mißhandlungen und Unglück hinzunehmen. In einer destruktiven Beziehung zu verharren, bedeutet ein viel größeres Scheitern, als sie mutig zu beenden. Wenn Sie alles Menschenmögliche versucht haben, Ihre Beziehung zu ändern, und nichts hat sich getan oder auch nur bewegt, dann ist es falsch, zu bleiben, besonders wenn Sie genau wissen, wie unglücklich Sie die Situation macht. Eine schlechte Ehe hat nichts Heiliges.

Der Entschluß zu gehen

Ich verstehe sehr gut, welcher Schmerz und emotionale Aufruhr bei einer Entscheidung dieser Größenordnung empfunden werden. Ich habe bei anderen miterlebt und weiß aus eigener Erfahrung, daß der Zeitraum, in dem diese Entscheidung getroffen wird, sehr schlimm für einen sein kann. Ich möchte Ihnen versichern, daß Ihre bedrückten und ambivalenten Gefühle ganz normal und angemessen sind und daß Sie sie aushalten können, wie intensiv sie auch sein mögen. Ich bitte meine Klientinnen oft, diese schlimme Phase mit der Situation nach einer größeren Operation zu vergleichen. Die Wunde schmerzt noch eine ganze Weile sehr stark, aber sie heilt. Eine Beziehung, die Sie als destruktiv erkannt haben, ist auf lange Sicht viel schmerzhafter als der kurze Zeitraum des Verlassens, denn eine destruktive Beziehung ist wie eine offene Wunde: Sie eitert immer weiter und heilt nie.

Die Angst vor dem Entzug

Je gemeiner und herrschsüchtiger sich ein Frauenhasser verhalten hat, um so stärker fühlt sich die Frau vielleicht an ihn gebunden. Je mehr sie von ihrem Selbstbewußtsein und dem Glauben an ihre Fähigkeiten aufgegeben hat, um so schwerer wird es für sie sein, sich einem Leben allein zu stellen. Vielleicht ist sie sogar davon überzeugt, ohne ihn nicht leben zu können. Jackie war gelähmt vor Angst, Mark zu verlassen, als sie erkannt hatte, daß sie die Ehe nicht retten konnte. Ihre schlimmste Vorstellung bestand darin, allein in einem kleinen, fensterlosen Zimmerchen mit einem Gaskocher zu enden. Diese Phantasie entsprach zwar keineswegs der Realität von Jackies Leben, aber sie schüchterte sie derart ein, daß sie den letztendlichen Entschluß, zu gehen, nicht fassen konnte.

Diese Panik angesichts vermeintlicher ewiger Einsamkeit höre ich von Frauen besonders oft. Es ist nicht die Angst, keine Freunde oder andere Menschen zu haben, sondern die Furcht, keinen neuen Partner zu finden. Viele Frauen befürchten, daß es mit der Liebe und dem Sex aus sei, wenn sie ihre misogynistische Beziehung aufgeben.

Eine Frau mit diesen Angstvorstellungen denkt vielleicht, die einzige Lösung bestünde darin, einen neuen Mann zu finden,

der ihre Leere ausfüllt und einen Puffer gegen die Einsamkeit bildet. Die alten Weisheiten, daß dies nicht der Zeitpunkt ist, an einen anderen Mann zu denken, und daß man nicht vom Regen in die Traufe springen sollte, stimmen zwar, aber sie verschweigen das Entsetzen vieler Frauen, die sich entschlossen haben, eine misogynistische Beziehung aufzugeben.
Das gleiche Entsetzen habe ich bei meiner Krankenhausarbeit mit Drogensüchtigen erlebt. Wenn Sie einen Süchtigen fragen, der beschlossen hat, aufzugeben, durch was er seine Drogen-»Highs« ersetzen will, bekommt er Angst. Er verfügt nur über ein begrenztes Repertoire, sich Wohlgefühl zu verschaffen. Wenn er aber sechs Monate lang »clean« geblieben ist, stehen ihm plötzlich viele Möglichkeiten offen, von deren Existenz er vorher nichts wußte.
Wenn Sie süchtig nach einem misogynistischen Partner sind, haben Sie ebensowenig die Möglichkeit, sich das Leben nach ihm vorzustellen, wie der Süchtige, der Drogen aufgeben will. Ihre Antwort auf die Panik vor dem Alleinsein lautet vermutlich: ein neuer Mann. Aber ebenso, wie die Antwort für einen Drogensüchtigen nicht in einer neuen Droge bestehen kann, heißt die Antwort für Sie nicht: ein neuer Partner. Erst müssen Sie »clean« werden. Sechs Monate nach Beendigung einer misogynistischen Beziehung werden Sie sich wie ein neuer Mensch fühlen. Sie werden sich nicht allein anders fühlen, sondern das Leben aus völlig neuer Sicht betrachten. Erst nach Beendigung Ihrer süchtigen Beziehung werden Ihnen Ihre Optionen klar. Ich rate Frauen, sich diese panische Periode als »Entzugsphase« vorzustellen, und erkläre, die Angst, keinen neuen Partner zu finden, sei wie die Angst, keine Drogen zu haben, um ein Wohlgefühl zu erzielen. Diese problematische Zeit ist eine emotionale Metamorphose. Wenn sie zu Ende ist und Sie die Droge aus dem Körper geschleust haben, werden Sie stärker sein und viel mehr Möglichkeiten für sich sehen, als Sie sich jetzt vorstellen können.

Wie Sie mit Ihren Ängsten fertig werden können

Bei Jackie stammte die deprimierende Vision ihrer Zukunft ohne Mark vom kleinen Mädchen in ihr. Ihre verzweifelte Angst, auf immer allein und unglücklich zu bleiben, rührte von ihren alten Gefühlen her, verletzlich, hilflos und ungeliebt zu sein. In Wirklichkeit hatte sie eine gute Stelle, konnte vermutlich das Haus behalten und war fähig, leicht Freundschaften zu schließen. Dennoch blieben ihre verzweifelten Ängste.
Verzweifelte Angst malt Katastrophenbilder, die die Zukunft nur schwarz und undeutlich darstellen. Verzweifelte Angst drückt sich gewöhnlich in Begriffen aus wie *niemals, immer, ich kann nicht.* Im Folgenden lesen Sie verzweifelte Angstvorstellungen, wie ich sie häufig von Frauen höre, die in Erwägung ziehen, ihre misogynistische Beziehung zu beenden:

- Ich werde nie wieder jemanden finden, der mich liebt.
- Ich kann es ohne Mann nicht schaffen.
- Ich bleibe auf immer allein, und Alleinsein ist das Schrecklichste, was es gibt.
- Ich werde nie wieder einen Freund haben.
- Ich kann unmöglich die Kinder allein großziehen.
- Ich werde niemals eine Stelle finden.
- Ich werde es nie schaffen, mich und die Kinder zu unterhalten.
- Alle werden mich als Versagerin betrachten, weil ich die Beziehung beendete.
- Ich bin zu alt, um einen neuen Mann zu finden.
- Er wird mich umbringen, wenn ich ihn verlasse. Ich habe keine Chance gegen ihn.

Einige Frauen empfinden heftige Panik angesichts der Vorstellung, ohne Liebe und Sexualität zu leben, während andere mehr Angst um Geld, Arbeit und das nackte Überleben haben. Frauen machen sich oft fertig, weil sie ihre praktischen Pro-

bleme nicht von den verzweifelten Katastrophenvorstellungen trennen können. Sicher gibt es eine Menge praktischer Probleme, wenn eine Beziehung zu Ende geht. Reale Ängste entstammen realistischer Unsicherheit im Hinblick auf die Finanzen, den Arbeitsmarkt, die Schwierigkeit, Kinder allein großzuziehen, die Veränderungen in Ihrem Freundeskreis und der Sorge, wie der Partner reagiert, wenn Sie gehen. Praktische Ängste werden jedoch im Gegensatz zu verzweifelten Ängsten in Begriffen wie *Es wird schwierig werden... es wird hart werden* ausgedrückt.
Wie immer Ihre Sorgen geartet sind, Sie müssen Ihre verzweifelte Furcht abbauen, ehe Sie Pläne gegenüber Ihren wirklichen Problemen entwickeln.

Die Umwandlung verzweifelter Ängste in lösbare Probleme

Um Ihnen zu helfen, Ihre Panik in Zukunftspläne umzuwandeln, kehren Sie bitte zu der Übung aus Kapitel 9 (siehe Seite 196f.) zurück, bei der Sie lernten, Ihre *Gedanken* von Ihren *Gefühlen* zu trennen. Sie haben dort gelernt, daß *Gefühle Gedanken* entstammen, und wenn Sie die Gedanken zu ändern lernen, die die schlimmen Gefühle hervorrufen, werden sich die Gefühle automatisch auch ändern. Man kann die gleiche Technik anwenden, um eine verzweifelte Angst in ein lösbares Problem umzuwandeln. Wenn Sie den Gedanken ändern: »Er wird mich umbringen, wenn ich gehe. Ich habe keine Chance gegen ihn«, in: »Ich weiß, er ist ein harter Gegner, aber ich gewinne die besten Leute für meine Seite und kämpfe für das, was mir rechtlich zusteht«, verwandelt sich die Katastrophe in ein handhabbares Problem.
Ich habe im Folgenden einige häufig vorkommende *verzweifelte Gedanken* mit den entsprechenden *möglichen Lösungen* zusammengestellt.

Verzweifelte Gedanken	*Lösbare Probleme*
1. Ich werde allein bleiben, und Alleinsein ist das Schrecklichste, was es gibt.	Ich weiß, es wird einsame Zeiten geben, aber ich werde neue Freunde finden oder alte wieder kontaktieren.
2. Ich werde keinen neuen Mann finden.	Ich weiß nicht, was das Leben noch bringt, aber das trifft auf jeden zu. Es dauert vielleicht einige Zeit, aber die Chancen, einen Mann zu finden, stehen besser, wenn ich mich sicherer fühle. Zunächst werde ich meine Freiheit genießen.
3. Ich werde nie wieder jemanden so lieben wie ihn.	Ich werde nicht mehr diese Achterbahn der Gefühle auf und ab sausen, doch das hat mir ebensoviel Leid wie Freude gebracht. Vielleicht habe ich nächstes Mal eine stabilere und liebevolle Beziehung statt eine derart explosive.
4. Die Leute werden mich als Versagerin betrachten, wenn ich die Beziehung beende.	Einige werden mich vielleicht als Versagerin betrachten, aber ich handle in meinem eigenen besten Interesse. Ich komme ohne die Anerkennung der anderen aus.

5. Ich kann mich und die Kinder nicht allein unterhalten.	Es wird vermutlich knapp mit dem Geld, und unser Lebensstandard wird niedriger, doch wir werden es schaffen.
6. Ich finde mit Sicherheit keine Arbeit.	Ich werde vermutlich nicht sofort die beste Stelle der Welt finden, aber ich bin sicher, etwas zu finden, denn ich bin bereit, hart zu arbeiten.
7. Ich breche zusammen, wenn ich arbeiten und allein die Kinder großziehen muß.	Es wird nicht leicht mit so viel Verantwortung, aber das haben viele andere Frauen vor mir geschafft, und ich gebe mir alle Mühe.
8. Er wird mir die Kinder fortnehmen.	Vielleicht versucht er, die Vormundschaft zu bekommen, aber seine Chancen sind gering. Ich bin eine gute Mutter und werde um sie kämpfen.
9. Ich kann nicht ohne ihn leben; ich kann nicht einmal allein ein Scheckbuch handhaben.	Ich war bislang in vieler Hinsicht ziemlich hilflos und muß viel lernen, doch ich freue mich darauf, die praktischen Seiten meines Lebens selbst in die Hand zu nehmen. Wenn ich das schaffe, brauche ich mir nicht mehr gefallen zu lassen, daß jemand mir

	jeden Pfennig vorzählt und mich mit einem Taschengeld abspeist.
10. Ich werde alle Freunde verlieren, weil sie nicht an mir interessiert sind, wenn wir nicht mehr zusammen leben.	Mein Freundeskreis wird sich vermutlich ändern, und ich werde einige Bekannte verlieren, doch ich freue mich darauf, neue Freunde zu gewinnen, die mich als Person sehen und nicht als einen Ableger von ihm.

Achten Sie bitte darauf, daß die *lösbaren Probleme* die *verzweifelten Gedanken* so ersetzen, daß diese nicht allein weniger angsteinjagend werden, sondern auch Lösungsvorschläge und eine neue Sichtweise beinhalten. Stellen Sie eine ähnliche Liste Ihrer eigenen Ängste für Ihre Situation auf und formulieren Sie sie mit eigenen Worten um, bis Ihre *verzweifelten Gedanken* zu *handhabbaren Problemen* werden, für die Sie Lösungen finden können.

Schauen Sie sich jedes Mal, wenn Sie eine Panikwelle überflutet, die Liste an. Betrachten Sie Ihre Ängste und Ihre Lösungsvorschläge für sie. Im Laufe der Zeit werden Sie nicht allein herausfinden, wie kompetent und stark Sie sind, sondern die Ängste werden auch weniger real. Wenn Sie diese Übung machen, werden Sie nicht nur Ihre Ängste los, sondern verwandeln sie in lösbare Probleme, was gewiß Ihre Furcht vor dem Unbekannten verringert.

Die Schuldgefühle beim Verlassen

Die Angst, die eine Frau bei dem Entschluß erfährt, ihren Partner zu verlassen, wird oftmals von einem starken Schuldgefühl begleitet, weil sie es ist, die die Beziehung beendet.

Die Schuld, ihn zu verlassen

Rosalind fühlte sich so schuldig, weil sie Jim verlassen wollte, daß sie nur schwer den ersten Schritt tun konnte. Während ihres Zusammenlebens war Rosalinds Antiquitätenladen bankrott gegangen, doch Jim war immer noch nicht bereit, eine feste Stelle anzunehmen. Er trank übermäßig und behandelte Rosalind sehr grausam, bemäkelte ihre Anziehungskraft als Frau und war unzufrieden mit der fatalen finanziellen Lage. Nach vier Jahren Ehe fand praktisch kein sexueller oder körperlicher Kontakt mehr zwischen ihnen statt. Wenn Rosalind versuchte, Jims unverantwortliches Verhalten zu besprechen, provozierte er Streit und verließ sie ein paar Tage lang. Diese Trennungen machten Rosalind sehr unglücklich.

Mindestens ein Dutzend Mal war Rosalind überzeugt, Jim habe sie auf immer verlassen. Dann durchstand sie die Qual, mit der Trennung fertig zu werden, bis er zurückkam und der Teufelskreis aufs neue begann. Rosalind erreichte ihren Krisenpunkt bei einem unbedeutenden Vorfall, bei dem Geld eine Rolle spielte. Sie erklärte es so:

> Er wartete geradezu darauf, mir eine Szene über Geld zu machen, damit er wieder einen seiner großartigen Abgänge spielen konnte. Ich wußte, auf was er hinauswollte, und mochte nicht nachgeben. Er hatte Geld aus der Kasse genommen, das für Lebensmittel bestimmt war, aber als ich hereinkam, sah ich, daß er ein Paar neue Jogging-

schuhe trug. Ich fragte: »Woher hast du die Schuhe?« und er antwortete: »Sie waren herabgesetzt. Sie haben nur fünfzig Dollar gekostet.« Ich fragte: »Woher hast du fünfzig Dollar für Schuhe?« Doch das reichte schon. Er explodierte. Er warf mir vor, ich sei laut geworden und habe die Beherrschung verloren und er sei es endgültig leid. Wenn er nicht tun könnte, was er wollte, würde er gehen. Ich war ihn da so leid, daß ich nur erwiderte: »Gut. Pack deine Sachen und geh.« Doch im gleichen Augenblick, als er die Tür hinter sich schloß, wußte ich, daß ich ihn wieder aufnehmen würde, wenn er zurückkam. Ich weiß, daß er nirgendwohin kann. Ich kann ihn nicht in dem Bewußtsein verlassen, welche Schwierigkeiten er hat, eine Stelle zu finden. Ich will nicht eine von den Frauen werden, die nicht zu ihm halten, wenn die Zeiten schlechter werden. Ich würde mich zu schuldig fühlen.

Rosalinds Schuldgefühle bei der Vorstellung, ihn zu verlassen, waren so groß, daß sie es weiterhin zuließ, wie er ihr Leben ruinierte. Sie hatte ihn schon so lange Zeit und so oft gerettet, daß sie inzwischen überzeugt war, sie schulde es ihm.

Rosalinds Beziehung mit Jim klingt wie die einer Mutter zu ihrem verantwortungslosen Kind. Sie hatte das Bedürfnis, *gebraucht* mit dem *geliebt* zu werden verwechselt. Es war wichtig für sie, zu erkennen, daß sie Jim nie gerettet hatte und nie retten würde. Instabile, verantwortungslose Menschen werden nicht gerettet. Sie fallen immer und immer wieder, und oftmals hassen sie ihre Retter, weil sie sich ihnen unterlegen fühlen.

Jim glaubte, er könne die Beziehung mit Rosalind weiterhin nur kontrollieren, wenn er sie verließ, wann immer es ihm paßte. Jedesmal, wenn er einen Streit und eine Trennung provozierte, gab er sich selbst die Illusion von Macht und Gleichheit in der Beziehung, während er in Wirklichkeit wie ein abhängiges Kind lebte.

Als Rosalind die Tatsache zu akzeptieren begann, daß Jim sich nicht ändern würde, mußte sie herausfinden, ob ihre Schuldgefühle unerträglicher sein würden als die Probleme, wenn sie weiterhin zuließ, wie er sie finanziell und emotional ruinierte. Um ihr bei der Entscheidung zu helfen, wieviel von ihrem Entschluß, bei Jim zu bleiben, auf Schuldgefühlen anstatt auf Liebe basierte, bat ich sie, eine Liste der Gründe aufzustellen, warum sie in der Beziehung bleiben wollte.

Warum ich bleiben will

- Er braucht mich.
- Ich liebe ihn.
- Ich will ihn nicht verletzen.
- Ich kann nicht schon wieder eine Beziehung beenden.
- Ich bin bislang bei ihm geblieben. Jetzt kann ich ihn nicht mehr verlassen.
- Ich will nicht wieder allein sein.
- Es ist immer noch besser als nichts.
- Kein derart gutaussehender Mann wird sich bei meinem Alter jemals wieder für mich interessieren.
- Wenn es zwischen uns klappt, ist es wunderbar.
- Er schafft es ohne mich nicht.

Rosalind erkannte allmählich, daß nur wenige ihrer Gründe, warum sie bei Jim bleiben wollte, mit der Qualität ihrer Beziehung zu tun hatten.
Während sie um ihre Entscheidung rang, ihn zu verlassen, schlug ich vor, daß sie ihren Entschluß mit einer Liste verstärkte, die die negative Seite der Beziehung zum Ausdruck brachte.

Warum ich mich lösen will

- Ich fühle mich so unglücklich bei ihm.
- Nichts, was ich tue, ist gut genug für ihn.
- Ich scheine ihm nie genug geben zu können.
- Er schläft nicht mehr mit mir.

- Er verhält sich in finanzieller Hinsicht unverantwortlich.
- Er hat mein Geschäft und meine Kreditwürdigkeit ruiniert.
- Er sucht keine Hilfe für seine Probleme und übernimmt nicht die Verantwortung für sie.
- Er beleidigt und demütigt mich vor anderen Leuten.
- Er nörgelt an meinem Körper herum und wie alt ich bin.
- Ich beginne, ihn zu hassen.

Rosalind konnte schließlich erkennen, daß ein Großteil ihrer Schuldgefühle aus der falschen Verantwortung rührte, sich um Jim kümmern und sein Leben für ihn organisieren zu müssen. Ich wies sie darauf hin, je länger sie Jims Bedürfnis, umsorgt zu werden, förderte, um so länger schob sie den Zeitpunkt hinaus, an dem er sich um sich selbst kümmern mußte.
Rosalinds Listen halfen ihr bei der Erkenntnis, daß ihre Liebe zu Jim durch sein schlimmes Verhalten arg Schaden gelitten hatte. Sie war nur glücklich in der Beziehung, wenn sie ihn wieder einmal gerettet hatte und sich daher von ihm gebraucht fühlte.
Wir alle wägen unsere Probleme im Kopf ab, doch Listen wie die Rosalinds machen uns die Pros und Kontras sehr deutlich. Rosalind erkannte, daß sie nur geringe Erfüllung finden würde, wenn sie bei Jim blieb. Sie wußte, es würde schwer, sich zu weigern, Jim wieder aufzunehmen, wenn er unvermeidlicherweise wieder aufkreuzte, aber sie fand die Kraft dazu, als sie gemerkt hatte, daß nicht viel von ihrer Beziehung übriggeblieben war.

Die Schuld, von ihm ausgehalten worden zu sein

Als Jeff auf Nancys Bemühungen, sich und ihre Beziehung zu ändern, nicht reagierte, dachte sie ernsthaft daran, ihn zu verlassen. Ihre Schuldgefühle bei dieser Entscheidung nahmen aber eine andere Form an als bei Rosalind. Jeff war ein verantwortungsbewußter, kompetenter Rechtsanwalt, der ausgezeichnet verdiente und in seinem Beruf hohes Ansehen genoß. Nancys Schuldgefühle über eine Trennung resultierten aus der Tatsache, daß Jeff während ihrer vierjährigen Ehe alles finanziert hatte. Sie erzählte mir:

> Ich weiß, ich sollte mich trennen, weil ich mich mit ihm so unglücklich fühle. Ich schaue in den Spiegel und kann kaum glauben, was in den vier Jahren körperlich mit mir geschehen ist. Aber ich meine immer noch, ich habe nicht das Recht, einfach zu gehen, weil er so viel für mich getan hat. Wir haben dieses schöne Haus. Wir machen tolle Reisen und haben einen großen Freundeskreis. Aber dann denke ich daran, wie oft er mich vor anderen Leuten gequält hat und wie geizig und egoistisch er ist, wie sadistisch im Bett, und dann werde ich sehr wütend. Aber ich weiß, daß er mich liebt und behalten will. Und ich denke, vielleicht habe ich mir nicht genug Mühe gegeben, damit es klappt.

Nancys Reaktion war typisch für die Frauen, die von ihren Männern finanziell ausgehalten wurden. Für viele Frauen liegt darin eine sonderbare Loyalitätsschuld ihrem Partner gegenüber.

Ich erklärte Nancy, daß Loyalität nicht bedeutet, Mißhandlungen oder mangelnden Respekt für die eigenen Gefühle zu ertragen. Ich wies sie auch darauf hin, daß sie sich in der Ehe partnerschaftlich verhalten und sich große Mühe gegeben hatte, Jeff glücklich zu machen und ihm das Heim und das gesellschaftliche Leben so zu gestalten, wie er es sich wünschte. Als sie ihre Schuldgefühle, ihn zu verlassen, als unrealistisch erkannte, wurde die Entscheidung für sie leichter.

Schuldgefühle den Kindern gegenüber

Für Frauen mit Kindern kommt noch eine Extraschuld hinzu. Sie lesen unten einige Sätze, die ich von Müttern gehört habe, die eine Trennung oder Scheidung beabsichtigten:

- Wie kann ich das meinen Kindern antun? Sie brauchen ihren Vater.
- Ich kann ihm die Kinder nicht fortnehmen.
- Die Kinder werden unter einer Scheidung leiden. Jeder weiß, wie schwierig das für Kinder ist.
- Meine Eltern sind geschieden, und ich habe geschworen, das meinen Kindern nie anzutun.
- Ich habe kein Recht, die Familie zu zerstören, nur weil ich unglücklich bin.

Diese Sorgen sind begreiflich, aber viele beruhen auf falschen Vorstellungen. Es gibt keinen Beweis dafür, daß Kinder zwei Elternteile brauchen, um zu gesunden Erwachsenen zu werden. Aber es gibt jede Menge Beweise, daß Kinder, die in einer spannungsgeladenen, konfliktreichen Atmosphäre mit Beleidigungen aufwachsen, entweder als Erwachsene diese Verhaltensweisen übernehmen oder zurückgezogen und depressiv werden und die Rolle des Opfers annehmen. Scheidungen sind für alle Beteiligten schwierig, aber Kinder können überleben und tun es auch, solange sie einen liebevollen Erwachsenen haben, der ständig für sie da ist und sich um sie kümmert. Die Kinder haben viel mehr von Ihrer Stärke und Ihrer Fähigkeit, realistische Entscheidungen zu treffen, als wenn sie in einem Heim bleiben, in dem sie zusehen, wie Sie und oftmals sie selbst tyrannisiert werden.

Schuldgefühle vor der Familie und Freunden

Die Entscheidung, eine Beziehung zu beenden oder sich scheiden zu lassen, ist zwar eine sehr persönliche, doch Freunde und/oder Verwandte verstärken vielleicht die Schuldgefühle der Frau über ihre Entscheidung, indem sie versuchen, sie zur Umkehr zu bewegen, damit sie in der Beziehung bleibt.
Sie brauchen bei dem Entschluß, zu gehen, allen Mut, um sich dem Ansturm wohlmeinender Ratgeber zu widersetzen. Vielleicht hilft es Ihnen, sich in Erinnerung zu rufen, daß Familienmitglieder oft starke philosophische Überzeugungen oder persönliche Gründe haben, Sie zu entmutigen. Diese Gründe haben mitunter nur wenig damit zu tun, was für Sie und die Kinder am besten ist. Verwandte sehen Ihre Entscheidung, die Ehe aufzugeben, vielleicht als Vorwurf. Sie hören vielleicht Sätze wie: »Es hat noch nie eine Scheidung in der Familie gegeben«, »Dein Vater und ich haben es ausgehalten. Warum kannst du das nicht auch?«, oder: »So schlimm, wie du sagst, kann es nicht sein. Immerhin schlägt er dich nicht.«
Ich gebe meinen Klientinnen besondere Methoden an die Hand, damit sie mit diesen Dingen fertig werden. Nichtdefensive, selbstschützende Reaktionen können helfen, eine Frau vor den Schuldgefühlen zu bewahren, die die Mißbilligung anderer Leute ihnen vermittelt. Es folgen einige Sätze, an denen Sie sich vielleicht aufrichten können, wenn die Familie oder Freunde sich einmischen und Sie kritisieren:

- Tut mir leid, daß du das so siehst, aber es ist meine Entscheidung, die ich allein treffen muß.
- Ich weiß, es hat noch nie eine Scheidung in der Familie gegeben, aber davon kann ich mich nicht beeinflussen lassen.
- Ich weiß, du hast durchgehalten, aber ich wähle einen anderen Weg.
- Ich brauche deine Hilfe und deine Unterstützung, aber nicht deinen Rat.
- Danke für die Fürsorge, aber ich möchte es nicht diskutieren.

- Dieses Thema ist tabu.
- Ich tu' das nicht, um dir weh zu tun. Ich tue es für mich.
- Hör auf, dir Vorwürfe zu machen und mir die Schuld zu geben.

Die Reaktionen der Familie und der Freunde können das gesamte Spektrum von Unterstützung bis zu totaler Mißbilligung sowie alle Zwischenstadien durchlaufen. Je stärker man Sie jedoch werden sieht, und je positiver Sie Ihre Position darstellen, um so weniger werden Sie von Schuldgefühlen und den Reaktionen anderer manipuliert werden.

Es gibt für die Reaktionen von Familienmitgliedern alle möglichen Gründe. Ein wichtiger ist vielleicht die Furcht, Sie würden nun finanziell und/oder emotional von ihnen abhängig. Wenn Ihnen der Druck zu stark wird, denken Sie daran, daß *sie nicht Ihr Leben leben und nicht Ihre Gefühle empfinden.*

Wohlmeinende Freunde können Sie in dieser Phase verwirren, in der nur totale Unterstützung helfen kann. Befreundete Paare fürchten vielleicht, Sie beide als gesellschaftliche Einheit zu verlieren. Sie machen sich Sorgen, daß ihnen Ihre Hilfsbedürftigkeit zu viel wird. Denken Sie auch hier daran, daß sie es zwar gut meinen, aber nicht in Ihren Schuhen stecken.

Angemessene Schuldgefühle dienen bei den meisten Menschen dazu, zu verhindern, sozialschädliche Handlungen zu begehen. Gewiß sind diese Schuldgefühle für den Bestand der Gesellschaft notwendig. Doch die Schuld, die viele Frauen empfinden, wenn sie eine misogynistische Beziehung verlassen, hat nur wenig mit den »Verbrechen« zu tun, die Sie vielleicht begangen haben. Ein Großteil dieser Schuld entstammt einem falschen Gefühl von Verantwortung für das Verhalten anderer, einem intensiven Bedürfnis nach der Anerkennung durch andere und der Bereitschaft, sich selbst an die letzte Stelle zu setzen. In diesem Kontext werden Schuldgefühle zu einer eisernen Fessel. Sie dienen nur einem einzigen Zweck, nämlich ernsthaft die Fähigkeit einer Frau zu verringern, eine destruktive Beziehung zu verlassen und auf eigenen Füßen zu stehen.

Die Vorbereitung auf die Reaktionen des Partners

Wie wir gesehen haben, muß der Frauenhasser um jeden Preis die Macht innehalten, doch hinter seiner starken Fassade ist er sehr abhängig. Wenn das Objekt seiner Abhängigkeit droht, sich von ihm zu lösen, regen sich all seine alten Ängste. Aus diesem Grund werden Ihre Versuche, ihn zu verlassen, vermutlich auf heftigen Widerstand stoßen. Da er sich bedroht fühlt, wird er vielleicht ein Verhalten an den Tag legen, das Sie noch nicht bei ihm erlebt haben. Und wieder: Je vorbereiteter Sie auf die Reaktionen Ihres Partners sind, um so besser werden Sie mit Ihren Schuldgefühlen und den Ängsten fertig, die sein Verhalten auslösen wird.

Er wird bemitleidenswert

Für Nancy kam der Krisenpunkt bei einer lange geplanten Reise nach Europa. In der ersten Sitzung nach ihrer Rückkehr berichtete sie:

> Sie wissen, wie sehr ich mich auf diese Reise gefreut hatte, doch sie wurde eine Katastrophe. Er demütigte mich, schrie mich öffentlich an, ließ mich ständig ohne Geld sitzen und schob mir an allem, was schiefging, die Schuld zu, ob es nun verspätete Flüge waren oder verlorene Koffer. Er war ein Ungeheuer. Einmal stürmte er aus einem Restaurant und ließ mich ohne einen Pfennig zurück. Ich saß da wie ein ungezogenes Kind und mußte warten, bis er zurückkam und die Rechnung bezahlte. Auf dieser Reise verstärkte sich alles, was in unserer Ehe nicht stimmt. Er hat mich einfach überall wie ein überflüssiges Gepäckstück behandelt. Auf dem Heimweg entschloß ich mich,

ihn zu verlassen. Ich sagte ihm noch im Flugzeug, daß ich eine Scheidung wünschte. Ich war so wütend auf ihn, daß ich mich nach dieser Eröffnung weigerte, mit ihm zu sprechen. Ich ließ ihn einfach da sitzen und in seinem Saft schmoren, den ganzen Weg zurück nach Los Angeles. Sobald wir zu Hause ankamen, begann er zu betteln und sich zu entschuldigen. Er sagte, er wisse nicht, warum er sich so verhielte. Aber ich erwiderte, es habe keinen Zweck. Ich würde mir keine einzige demütigende Szene mehr von ihm gefallen lassen, ließe mich nicht mehr so behandeln und dabei bliebe es. Da brach er einfach zusammen. Er weinte und schluchzte wie ein kleiner Junge. Ich konnte es kaum glauben. Er weinte und weinte und sagte, er liebe mich und könne ohne mich nicht leben. Er würde alles Menschenmögliche tun, damit ich nicht ginge. Er war so bemitleidenswert, daß ich einfach nachgab. Und jetzt weiß ich nicht mehr, was ich denken soll.

Es ist nicht ungewöhnlich, daß ein Mann wie Jeff seine Frau erst ernst nimmt, wenn sie mit der Scheidung droht. Manchmal kommt dann der Augenblick der Wahrheit in einer Beziehung. Jedenfalls beschloß Nancy, Jeff noch eine Chance zu geben. Meine Sorge bestand darin, daß Jeff, der auf Nancys zunehmendes Selbstvertrauen und -bewußtsein keine Reaktion gezeigt hatte, sich in einer Ehe nur auf eine einzige Weise verhalten konnte. Ehe er sie anders behandelte, mußte er neue Reaktionen und Verhaltensweisen erlernen. Doch Nancy hoffte, daß sein Versprechen in letzter Minute von einschneidenden Änderungen in seinem Verhalten ihr gegenüber gefolgt würde.
Für ein paar Wochen nach ihrer Rückkehr verlief die Beziehung ruhiger und liebevoller, aber Jeff löste sein Versprechen nicht ein, Beratung aufzusuchen. Anstatt dessen überzeugte er Nancy davon, daß er keine Therapie benötige, weil »alles ohne Hilfe so toll zwischen uns ist«. Als Jeff sich wieder sicherer fühlte und nicht mehr die Drohung spürte, sie zu verlieren, nahm er sein ursprüngliches Verhalten wieder auf. Nancy war

bitter enttäuscht. Zu diesem Zeitpunkt beschloß sie endgültig, Jeff zu verlassen.

Auch der schlimmste Frauenhasser kann mitleiderregend wirken, wenn er sich durch die Trennung von der Frau bedroht fühlt. Er bettelt, weint und bricht zusammen. Er entschuldigt sich und verspricht, alles zu ändern. Er erinnert Sie vielleicht an die schönen Zeiten, die Sie gemeinsam erlebt haben, und wie sehr er Sie immer noch liebt und braucht. Diese Reaktionen lösen bei Ihnen vielleicht einen erneuten Ansturm von Mitleid und Zärtlichkeit ihm gegenüber aus.

Doch es gibt eine wichtige Frage, die Sie sich stellen müssen, ehe Sie Ihre Meinung über eine Trennung ändern: Haben seine Entschuldigungen und Versprechen jemals ein grundsätzlich anderes Verhalten ausgelöst?

Wenn er selbstzerstörerisch wird

Einige Frauenhasser werden, wenn sie durch eine Trennung bedroht werden, selbstzerstörerisch. Dies trifft insbesondere auf diejenigen zu, die in der Vergangenheit Phasen von Depressionen, Alkohol- oder Drogenmißbrauch hatten. Dann befürchtet die Frau vielleicht, der Partner würde es nicht überleben, wenn sie ihn verläßt. Diesen Gedanken verstärkt er vielleicht und versucht, sie zum Bleiben zu überreden, damit sie ihn vor sich selbst schützt.

Eine meiner Klientinnen, deren Mann zu Drogenmißbrauch neigte, beschloß, sich nach acht Jahren der Mißhandlungen scheiden zu lassen. An dem Abend, an dem sie ihrem Mann den Trennungswunsch mitteilte, betrank er sich heftig und erlitt einen schweren Autounfall. Sie erkannte, daß er sich an sie klammerte, indem er hilflos und mitleiderregend wurde, damit sie blieb und sich um ihn kümmerte. Als er merkte, daß sie trotzdem auf ihrem Wunsch beharrte, drohte er mit Selbstmord. Zu diesem Zeitpunkt riet ich ihr, so viele Verwandte wie möglich anzusprechen, die ihm während der Scheidung zur

Seite standen. Mit seiner Familie hinter sich fühlte er sich weniger isoliert und verzweifelt. Schließlich ging seine Krise vorbei.
Es ist nicht abschätzbar, ob der Partner die Drohungen wahrmacht und sich verletzt oder umbringt. Offensichtlich geschieht das manchmal. Aber wenn Sie bei Ihrem Partner bleiben, bedeutet das keine Garantie, daß Sie ihn vor sich selbst schützen können. Sicher ist nur, daß Ihr Partner, wenn Sie bleiben, diese Form von emotionaler Erpressung immer dann einsetzt, wenn Sie mit einer Trennung drohen.
Für Menschen, die zur Selbstzerstörung oder Instabilität neigen, gibt es viele Therapie- und Beratungsformen. Wenn er sich dagegen entscheidet und sich lieber auf Sie als einzige Quelle seiner emotionalen Sicherheit verläßt, müssen Sie sich die realistischen Grenzen Ihrer Verantwortung für ihn klarmachen. Wenn sein selbstzerstörerisches Verhalten zunimmt und Sie alles mögliche unternommen haben, andere Quellen von Hilfe und Unterstützung für ihn zu finden, müssen Sie allmählich akzeptieren, daß es letztendlich seine eigene Entscheidung ist, sich selbst zu zerstören.

Wenn er droht

Wenn Ihr Partner Ihre Entscheidung, sich zu trennen, als Verrat betrachtet, wozu viele Frauenhasser neigen, wird er vielleicht rachsüchtig und versucht, Sie zu bestrafen.
Vermutlich wird seine Rache auf denjenigen Gebieten ausgetragen, die Ihr Partner am ausgiebigsten beherrscht.
Wenn er immer das Geld scharf kontrolliert hat, droht er vielleicht, Ihnen die finanzielle Unterstützung zu versagen. Je abhängiger Sie finanziell von ihm sind, um so gewichtiger sind vielleicht seine Drohungen. Vielleicht droht er, Ihnen alle Kreditkarten zu entziehen und das Konto zu sperren. Er versucht, Sie davon zu überzeugen, daß er es in der Hand hat, Sie zu ruinieren.

Wenn Ihr Partner weiß, daß die Kinder Ihr wunder Punkt sind, droht er vielleicht damit, Ihnen die Vormundschaft zu entziehen. Er wird sagen, wenn Sie gehen wollen, sollen Sie ruhig gehen. Er und die Kinder würden bleiben.
Wenn Sie Angst haben, Ihr Partner würde seine Drohungen gegen Sie wahrmachen, ist es wichtig, daß Sie sich rechtlichen Beistand suchen. Sie müssen genau wissen, welche Rechte Sie in finanzieller Hinsicht, im Hinblick auf das Haus und die Kinder haben, und das ist Ihre beste Waffe gegen seine Drohungen.
Spielen Sie nicht das Opferlamm und überlassen wichtige Entscheidungen Ihrem Partner, weil Sie sich schuldig fühlen. Die Chance ist groß, daß die meisten seiner Drohungen leer sind. Denken Sie daran, er ist ein Tyrann, und wenn man sich gegen Tyrannen auflehnt, weichen sie oft zurück. Mit dem Wissen um Ihre Rechte fühlen Sie sich bestimmt weniger eingeschüchtert.

Ein Wort der Warnung

Wenn Ihr Partner mit Gewalttätigkeit gegenüber Ihnen oder den Kindern droht, bitte ich Sie eindringlich, sich eher vorsichtig zu verhalten und einen sicheren Ort für sich selbst und die Kinder zu finden, bis die rechtlichen Aspekte der Trennung geregelt sind. Eine Trennung ist der schlimmste Streßtest für einen Frauenhasser. Ich kann das gar nicht genug betonen: Auch ein Mann, der sich noch nie zuvor gewalttätig verhalten hat, kann in dieser Phase gefährlich werden.

Pläne für die Zukunft

Wenn Sie eine Beziehung beenden, stehen Sie vor einer Reihe von Unwägbarkeiten. Je deutlicher Sie wissen, wohin Sie sich wenden und wie Sie dorthin kommen, um so weniger wird Sie diese Phase verunsichern.

Jede Lebensentscheidung fällt leichter, wenn Sie zuerst einmal *Pläne schmieden.* Pläne schaffen Ordnung und Struktur in allem, was anfänglich wie Chaos aussieht, und geben Ihnen einen Wegweiser für die Zukunft.

Jede Frau wird, abhängig von ihrer Situation, ihrem Alter und ihrer Erfahrung, einen eigenen Plan fassen. Nancy hatte seit über vier Jahren nicht mehr außer Haus gearbeitet, als sie beschloß, Jeff zu verlassen. In diesen Jahren hatte sie Angst vor der Arbeitssituation bekommen und Zweifel an ihren Fähigkeiten, sich durchzusetzen. Außerdem hatte sich ihr Aussehen so drastisch verändert, daß die Rückkehr in die Modebranche ihr unrealistisch schien. Sie wußte zudem, daß Jeff ihr einen erbitterten Kampf um Geld und Besitz liefern würde. Da er Anwalt war, stellte er für sie einen besonders starken Gegner dar.

Als erstes mußte Nancy einen Anwalt kontaktieren, um herauszufinden, was sie erwarten konnte, wenn sie auf Scheidung klagte. Doch sie hatte selbst davor Angst, weil Jeff alle ihre Ausgaben kontrollierte und vielleicht merkte, daß sie einen Anwalt besucht hatte. Auf meinen Vorschlag hin fand Nancy einen Scheidungsanwalt, bei dem die erste Beratung kostenlos war.

Jeff war nie offen im Hinblick auf Geld gewesen, daher kannte Nancy ihren Vermögensstand nicht genau. Der nächste Schritt bestand darin, zusammen mit ihrem Anwalt einen Plan aufzustellen, der ihre finanziellen Interessen schützte, während er ihr zugleich ermöglichte, Geld zu verdienen, damit sie bis zur endgültigen Scheidungsregelung nicht völlig abhängig war.

Nancy war sich unsicher über ihre beruflichen Möglichkeiten. Sie konnte sich zwar aufgrund ihrer Fähigkeiten und Erfahrung um vieles bewerben, aber sie brauchte ein bestimmtes Ziel, auf das sie hinarbeiten konnte. Ich schlug vor, eine Liste der Berufe aufzustellen, die sie interessierten, zusammen mit den Voraussetzungen und Pros und Kontras eines jeden einzelnen. Diese Liste brachte sie eine Woche später mit:

JOB	PRO	KONTRA	AUSBILDUNG
Modeeinkäuferin	Gutes Einkommen, schöne Kleider, Reisen. Ich habe Erfahrung. Die Leute kennen mich.	Scharfer Wettbewerb, Ich bin zu dick. Das Geld ist die Aufregung und die Konkurrenz nicht wert.	Keine
Tierärztin	Ich liebe Tiere. Bin gut in Naturwissenschaften. Angesehener Beruf. Gutes Einkommen.	Teure Ausbildung. Wenige Studienplätze. Zu lange Ausbildung.	Vier Jahre
Sekretärin	Habe Büroerfahrung. Gute Absicherung	Ich hasse Büroarbeit. Langweilig. Nicht viel Geld.	Keine
Reisebüroangestellte	Reisen, neue Leute treffen. Ich spreche drei Sprachen, weiß, was man von einem Agenten verlangt.	Ausbildung kostet $ 700.	Zehn Wochen

Wenn Sie im Sinn haben, den Beruf zu wechseln oder zum ersten Mal eine Arbeit zu suchen, hilft Ihnen eine solche Liste sicher dabei, Ihre Stärken und Schwächen, Ihre Vorlieben und Abneigungen zu entdecken und herauszufinden, welche Ausbildung Sie brauchen. Nancy merkte, daß der Beruf der Reisebüroangestellten die meisten Pros für sie hatte. Das einzige Problem bestand darin, daß die Ausbildung Zeit in Anspruch nahm und am Anfang hohe Kosten verursachte. Sie verfügte noch über ein wenig Erspartes aus ihrer vorehelichen Zeit, das sie zu diesem Zweck benutzen wollte.
Als Nancy ihre Entscheidung getroffen hatte, bekam sie Angst, Jeff würde sie den Kurs nicht »machen lassen«. Ich wies sie darauf hin, daß er ihr zwar Widerstand entgegensetzen würde, doch wenn er erst erkannte, wie ernst sie es meinte, würde er sich schon wieder beruhigen, besonders, weil sie den Kurs selbst bezahlen wollte. Zu Nancys Überraschung merkte Jeff kaum, daß Nancy etwas Neues in ihrem Leben begonnen hatte.
Nancys andere Hauptsorge war, daß sie Jeff gegenüber nicht aufrichtig war, was ihre langfristigen Pläne anging. Sie betrachtete uns beide als Verschwörer hinter Jeffs Rücken.

> NANCY: Ist es denn keine Lüge, was ich mit dem Kursus tue?
> SUSAN: Was würde geschehen, wenn Sie offen damit herausrückten?
> NANCY: Er würde sein gesamtes juristisches Register gegen mich ziehen. Er würde mir das Geld sperren oder mich aus dem Haus werfen.
> SUSAN: Ist das nicht ein zu hoher Preis für Aufrichtigkeit?

Gewiß ist totale Aufrichtigkeit gegenüber einer anderen Person sehr wünschenswert, wenn man von einer Position des guten Willens und der Kooperation ausgehen kann, doch Nancy hatte es mit einem Mann zu tun, der rachsüchtig und gemein werden konnte. Jeff war gewiß besorgter darüber, die Kon-

trolle über sie zu verlieren, als über das, was sie wollte oder fühlte.
Das Verschweigen von Dingen gegenüber Personen, die wetterwendisch, unabschätzbar und strafend sind, ist eine Überlebensstrategie. Frauenhasser verhalten sich ihren Partnerinnen gegenüber weder vernünftig noch fair. Daher ist es von äußerster Bedeutung, daß Sie alles Notwendige tun, um sich zu schützen. Vielleicht müssen Sie bestimmte Tatsachen verschweigen. Ehrlichkeit hat nichts Edles, wenn man von Anfang an weiß, daß man dafür schlecht behandelt wird.
Ihre Pläne befassen sich vielleicht mit der Wohnsituation, den Kindern oder einer Strategie, wie man Einsamkeit und Isolation bekämpft. Wenn Sie eine Liste von Zielen aufstellen und Pläne fassen, um sie zu erreichen, haben Sie vielleicht weniger Angst vor dem Unbekannten.
Die Zeiträume für die Pläne können je nach Bedingungen der Frau sehr unterschiedlich sein. Eine meiner Klientinnen beschloß, sich erst von ihrem Mann scheiden zu lassen, wenn ihr jüngstes Kind die Highschool verlassen hatte. Sie entschied, die zwei Jahre abzuwarten, weil sie wußte, wie aufwühlend eine Scheidung für die ganze Familie sein würde, besonders aber für die jüngste Tochter. Andere Frauen, wie Jackie und Rosalind, können ihre Beziehungen beenden, wann immer sie wollen. In diesen Fällen konzentrieren sich die Zukunftspläne vornehmlich auf Methoden, wie man mit der Einsamkeit fertig wird.
Viele Frauen finden, daß das Schmieden von Zukunftsplänen ihnen einen Aufschwung an Hoffnung gibt, auch wenn es vielleicht dauert, bis diese Pläne umgesetzt werden. Vielleicht gibt es ein paar Fehlstarts, ehe wirklich etwas in Bewegung gerät. Ich weise meine Klientinnen immer darauf hin, daß Fehlstarts kein Zeichen für ein Scheitern sind. Noch deuten sie darauf hin, daß etwas mit dem Plan nicht stimmt. Sie sind vielmehr eine Manifestation von Angst und Furcht, die jede größere Änderung im Leben unvermeidlich begleiten. Wenn Sie sich trotz eines unsicheren Anfangs an Ihr Ziel klammern, werden Sie nur stärker dabei.

Was Sie nach der Trennung erwartet

Intime Beziehungen enden nicht abrupt. Das legale Ende, das oft am schwierigsten scheint, kann leichter sein als das emotionale. Das rechtliche Ende ist endgültig, zumindest aus gesetzlicher Sicht. Das emotionale Ende kann jedoch schmerzhafter sein und länger dauern. Ihr Herz hängt noch lange an der Vergangenheit, auch wenn Ihnen Ihr Verstand und ein Gericht schon gesagt haben, alles sei vorbei.

Die emotionale Trennung

Trotz der Tatsache, daß die Frau weiß, wie schlecht sie behandelt wurde, ziehen die emotionalen Bindungen sie auch nach Beendigung der Beziehung zu dem misogynistischen Partner zurück. Wie ich an früherer Stelle diskutierte, kann eine misogynistische Beziehung süchtig machen. Je stärker die Sucht war, um so schwerer wird es sein, sie emotional hinter sich zu lassen. Wie bei einer Drogensucht gilt, je stärker die Droge, um so intensiver die Hochs und Tiefs, um so schwerer, die Sucht zu durchbrechen.

Wenn man zurückwill

Nach einem demütigenden Vorfall am Silvesterabend verließ Laura Bob und reichte die Scheidung ein. Doch noch lange nach dem Bruch hatte Laura unglückliche und verwirrte Gefühle:

> Er war den ganzen Abend über schon fies zu mir gewesen, und ich versuchte, ihn freundlich zu stimmen, indem ich ihn beim Arm nahm und zärtlich zu ihm war. Ich schenkte

ihm meine volle Aufmerksamkeit, doch nichts klappte. Wenn ich ihn umarmte, machte ich es falsch. Wenn ich mich mit anderen Leuten befaßte, war es falsch. Er verhielt sich einfach bei allem und jedem wie ein Arschloch. Als ich mich dann mit einem Paar über die Frauenbewegung unterhielt, kam er dazu und hörte zu. Plötzlich schüttete er mir sein Glas ins Gesicht. Ich war wie gelähmt. Er hatte sich schon vorher oft schlecht benommen, aber das war das Letzte! Ich stand einfach auf, suchte meine Sachen und ging. Er folgte mir, wobei er wie ein Irrer schrie. Er brüllte mich an, bis wir auf dem Parkplatz ankamen. Als er merkte, daß ich nicht auf ihn achtete, griff er meinen Arm und riß den Ärmel aus meinem Kleid. Dabei schrie er: »Du bist meine Frau, und wenn ich mit dir rede, hörst du mir zu und gehst nicht einfach weiter!« Ich sagte: »Vergiß es. Du wirst mich nie wieder demütigen. Diesen Scheiß brauche ich mir nicht mehr gefallen zu lassen.« Da zog er seinen Ehering ab und warf ihn auf den Boden. Ich konnte es kaum glauben. Das war das Ende für mich. Ich wußte, mit dem Mann konnte ich nicht mehr leben. In dieser Nacht bin ich nicht nach Hause gegangen. Die Scheidung habe ich so schnell wie möglich eingereicht. Aber seitdem können wir kaum ohne einander sein. Ich weiß nicht, warum, aber ich kann ihn nicht so einfach aus meinem Leben fortlassen.

Laura traf Bob auch nach der Scheidung noch weiter. Sie schlief mit ihm und dachte an ihn. Sie hatte bald das Gefühl, sie würde den Rest ihres Lebens von ihm heimgesucht werden.
Ich sagte zu Laura, sie verhielte sich wie andere Süchtige. Sie konnte nicht einfach mit einem kleinen Quantum der Droge zufrieden sein. Sie mußte einfach ganz abbrechen und Bob eine Zeitlang nicht mehr sehen.
Ich sagte zu ihr, was ich allen meinen Klientinnen sage, die versuchen, eine süchtige Beziehung abzubrechen: Sie müssen einen Vertrag mit sich schließen, daß sie mindestens neunzig Tage lang absolut keinen gesellschaftlichen oder sexuellen

Kontakt mit ihrem Expartner mehr haben. Wenn Kinder da sind oder rechtliche Angelegenheiten geregelt werden müssen, gibt es sicher einige Dinge, die mit dem Partner besprochen werden müssen. Aber Abmachungen über die Kinder oder Verabredungen beim Anwalt müssen nicht bedeuten, mit ihm essen oder ins Bett zu gehen.

Laura stimmte dem Vertrag zu. Eine Woche, nachdem sie den Kontakt zu Bob abgeschnitten hatte, sagte sie:

> Ich bin die ganze Zeit unglücklich. Ich habe sofort eine Erkältung bekommen und weine den ganzen Weg zur Arbeit und zurück im Auto. Ich habe das Gefühl, ich werde nie wieder glücklich und nie wieder zu weinen aufhören.

Es gab, wie bei jeder Sucht, Entziehungssymptome, doch Laura merkte, wie gewöhnlich, als sie die ersten Wochen überstanden hatte, daß sie immer weniger an Bob dachte und sich leichter und freier fühlte. Sie sehnte sich zwar von Zeit zu Zeit immer noch nach ihm, doch der Schmerz nahm beständig ab.

Ich schlage jeder Frau, die eine Beziehung zu einem Frauenhasser abgebrochen hat, vor, einen solchen Vertrag zu schließen. Betrachten Sie es als Ihre *emotionale Scheidungsurkunde*. Wenn Sie das nicht tun, bleiben Sie verheiratet, was immer auch auf Ihrer wirklichen Scheidungsurkunde steht.

Als Jackie sich von Mark getrennt hatte, merkte sie zu ihrer Überraschung, daß ihre Wut und Entrüstung über ihn schwanden und sie ihn zurückwollte. Sie dachte an die schönen, romantischen Phasen, die sie gemeinsam erlebt hatten, und wie wunderbar alles sein könnte. An diesem Punkt denken Sie vielleicht Folgendes:

- Es kann doch nicht so schlimm sein, wie ich es in Erinnerung habe.
- Wir hatten viel Spaß zusammen.
- Er hört sich so unglücklich an, wenn ich mit ihm spreche. Das kann ich ihm nicht antun.

- Vielleicht bedeutet die Trennung für ihn die große Wende. Jetzt können wir wieder zusammenkommen, und alles wird anders.
- Ich habe so viel in diese Beziehung investiert. Ich kann sie nicht völlig aufgeben.
- Wenn ich ihn so sehr vermisse, war es vielleicht ein Fehler, ihn zu verlassen.

In diesem Stadium ist es typisch, daß Sie Ihre Wut verniedlichen, um Ihren Wunsch zu rechtfertigen, wieder mit Ihrem Partner zusammenzukommen. Jackie mußte all ihre Kraft aufwenden, um diese Neigung zu bekämpfen. Sie entwickelte eine kluge Taktik, um sich keiner Schwäche hinzugeben:

> Ich merke manchmal, daß ich besessen daran denke, wie gut es war, wenn er mich umarmte, wie er roch, seine starken Arme, und dann denke ich: »Oh, das möchte ich wieder erleben.« In solchen Situationen zwinge ich mich, in den Akten zu wühlen und eine Schachtel mit Schecks anzusehen, die ich verwahrt hatte. Es waren Schecks, die er für seine verrückten Geschäfte ausgestellt hatte, aus denen nie etwas wurde. Ich sehe mir die Schecks an über fünftausend Dollar, zehntausend Dollar, zwanzigtausend Dollar... all das Geld, das ihm meine Familie geliehen hat, all das Geld, das ich mit zwei Jobs verdiente, damit wir überlebten, während er es kaum schnell genug ausgeben konnte. Meine Sehnsucht nach ihm verschwindet einfach, wenn ich diese Schecks betrachte. Und das hat bis jetzt jedesmal geklappt.

Ambivalenz nach einer Trennung ist etwas sehr Normales. Bei Frauenhassern ist sie jedoch besonders heimtückisch, denn wenn er versucht, Sie zurückzugewinnen, befähigt ihn seine Jekyll-und-Hyde-Natur, genau den Mann darzustellen, den Sie wollen. Er ist ein Meister in der Kunst der Verführung. Er kennt Ihre Schwächen und weiß, wie er sie zu seinem eigenen

Vorteil ausnützen kann. Wenn Sie seinen Versuchungen nachgeben und zurückgehen, wird er sein altes Verhalten wieder aufnehmen. Denken Sie daran: Als Sie noch zusammen waren, hat er nie ernsthaft versucht, sich zu ändern. Sie erleben vielleicht eine kurze Periode der Ruhe oder sogar eine gute Phase, aber bald setzt sein kontrollierendes und forderndes Verhalten wieder ein. Vielleicht wird es dieses Mal sogar schlimmer, weil er nun genügend Rechtfertigungen hat, Sie anzugreifen, weil Sie ihn verlassen haben.

Die emotionale Scheidung ist die schwierigste Zeit für eine Frau nach einer misogynistischen Beziehung. Das Ende einer Partnerschaft ist wie ein Todesfall in der Familie. Es ist der Tod Ihrer Hoffnungen, Ihres Lebensstils und Ihres Gefühls, Teil eines Paares zu sein. Und wie bei jedem Tod muß getrauert werden. Wenn Sie die Trauer nicht ausleben, wird sie Sie weiterhin verfolgen. Akzeptieren Sie, daß die Trauer für den Heilungsprozeß unerläßlich ist. Schreien Sie, brüllen Sie und hämmern Sie auf Ihre Kissen ein, aber am wichtigsten ist, daß Sie alle Hilfe, Trost und Freundschaft beanspruchen, die Sie finden können. Denken Sie immer daran, es ist ein Zeichen von Stärke, Hilfe bei anderen zu suchen, wenn Sie sie brauchen, und von Schwäche, den alten inneren Stimmen nachzugeben, die Sie schelten, nur weil es Ihnen schlecht geht.

Wenn es Ihnen besser geht

In dieser Phase geschieht auch etwas Neues und Wunderbares. Plötzlich merken Sie, daß Sie sich *niemandem gegenüber erklären, rechtfertigen oder entschuldigen müssen.* Sie können eigene Entscheidungen treffen, und zwar ohne Panik oder Angst, wie Ihr Partner reagieren wird. Rosalind war entzückt, daß sie nun nicht mehr »auf Eiern gehen« mußte. Sie fühlte sich zwar zuweilen sehr unsicher, aber sie erfuhr auch das belebende Gefühl, zu wissen, daß niemand über ihr Leben bestimmte. Sie erzählte mir:

> Wenn Jim da war, herrschte eine solche Spannung, daß man die Luft mit einem Messer hätte schneiden können. Wenn ich jetzt abends nach Hause komme, ist es ruhig und gemütlich. Es ist meine Wohnung und nicht seine. Ich bin zwar noch häufig deprimiert, aber es ist immer noch besser als früher, als ich mich seinetwegen so unterlegen und miserabel fühlte.

Rosalinds Einsamkeit und Depressionen wurden allmählich durch eine zunehmende innere Kraft und Entschiedenheit hinsichtlich ihres Lebens und ihrer Arbeit ersetzt. Ich schlug ihr vor, wann immer sie daran dachte, wieder mit Jim zusammenzusein oder was die Zukunft ihr wohl bringen würde, laut zu sagen: *»Ich werde mich nie wieder von jemandem schlecht behandeln lassen.«*

Hilfe für die Kinder

Eine Trennung ist für Kinder eine sehr verstörende Phase, doch wenn eine misogynistische Familie sich auflöst und der Vater verschwunden ist, kann man gewöhnlich fast unmittelbar die positive Wirkung feststellen. Viele Frauen berichteten, daß ihre Kinder nach einer Scheidung viel besser in der Schule wurden und glücklicher und weniger ängstlich wirkten. Jackie erzählte:

> Es geht uns jetzt, wo Mark gegangen ist, allen besser. Wir haben ein friedliches Zuhause. Mein Sohn ist besser in der Schule geworden, und meine Tochter kommt wieder gern nach Hause. Sie suchte immer nach Entschuldigungen, fortzubleiben, weil es so unglücklich und spannungsgeladen bei uns war. Jetzt bringen beide ihre Freunde mit nach Hause, was Mark nie zuließ. Oder er nörgelte an ihren

Freunden herum. Ich habe das Gefühl, wir sind jetzt eine richtige Familie.

Ich rate Ihnen, daß Sie den Kindern in dieser Phase genau erklären, *warum* Sie die Beziehung beendeten. Lassen Sie sie sehr deutlich wissen, daß wahr war, was sie erfuhren und miterlebten. Papa war ein wütender, herrschsüchtiger Mensch, er war unberechenbar und oft wütend. Offensichtlich gilt, je älter die Kinder, um so mehr Informationen können sie vertragen, doch auch sehr kleine Kinder müssen erfahren, daß ein derartiges Verhalten nicht akzeptierbar ist.

Ich bin mir bewußt, daß in vielen Fällen, besonders bei kleinen Kindern, diese weiterhin eine Beziehung zu ihrem Vater oder Stiefvater unterhalten. Diese Informationen von Ihrer Seite schaden vielleicht der Beziehung, aber es ist weitaus wichtiger, daß Sie an erste Stelle setzen, was gut für die Kinder ist, anstatt das, was Ihrem ehemaligen Partner nützt.

Ihre Aufrichtigkeit bestätigt den Kindern, was sie immer schon irgendwie gewußt haben. Wenn Sie ihnen sagen, daß ihre Meinung richtig war, nehmen Sie ihnen die Selbstvorwürfte, die sie vielleicht aufgrund der Probleme in der Familie entwickelt haben. Sie plazieren die Verantwortung dorthin, wohin sie gehört – zu den Erwachsenen der Familie –, und befreien die Kinder damit von künftigem Selbsthaß.

Einer der wichtigsten Aspekte in diesem Prozeß der Bestätigung ist das Bekenntnis Ihren Kindern gegenüber, daß sie vor der Wut des Vaters nicht angemessen geschützt waren. Jackie stimmte zu, dies ihren Kindern mitzuteilen, aber sie schämte sich schrecklich für ihr Versagen auf diesem Gebiet. Ich riet ihr, den Kindern zu sagen, daß sie sie nicht verteidigt habe, weil sie nicht wußte, wie sie sich selbst schützen konnte. Sie sollten ihre Gefühle ihr gegenüber ruhig äußern. Später erzählte sie:

Es war eine tränenreiche Szene. Aber sonst hätte ich das nicht herausbekommen. Ich sagte ihnen, es täte mir leid, zugelassen zu haben, daß sie eingeschüchtert und so heruntergemacht wurden. Ich sagte ihnen, sie hätten nichts getan, das eine solche Behandlung wie von Mark rechtfertigte. Ich versuchte, ihnen zu versichern, daß ich seitdem eine Menge hinzugelernt hätte und es nie wieder zulassen würde. Meine Kinder waren einfach wunderbar. Sie sagten: »Mama, wir verzeihen dir. Wann wirst du dir selbst verzeihen?«

In meiner Arbeit als Therapeutin habe ich viele Menschen kennengelernt, die sich nach einer solchen Bestätigung durch die Eltern sehnen. Es ist ein enormes Geschenk an die Kinder, wenn Sie aufrichtig und offen über diese schmerzhaften Erfahrungen mit ihnen reden. Ein Dialog wie der Jackies mit ihren Kindern kann weiter greifen als Sie sich vorstellen können, um ihr angekratztes Selbstbewußtsein und das Vertrauen in Sie als Mutter wieder aufzurichten. Aber mehr als alles andere wird es die Beziehung zu Ihren Kindern festigen.

16. Sich selbst wiederfinden

Jede Frau, die lange Zeit in einer misogynistischen Beziehung gelebt hat, mußte Teile ihres Selbst aufgeben, um den Frieden zu wahren. Vielleicht haben Sie eine vielversprechende Karriere, akademische Erfolge oder andere Aktivitäten aufgegeben, weil Ihr Partner sie mißbilligte. Vielleicht mußten Sie auch Menschen aufgeben, die Ihnen wichtig waren, weil Ihr Partner eifersüchtig auf sie war oder sich von ihnen bedroht fühlte. Wie aufregend wird es nun sein, zu erkennen, daß nichts und niemand Sie daran hindern kann, diese wertvollen Dinge wieder in Ihr Leben einzugliedern!

Zurückholen, was man verlor

Was Sie aufgaben, fällt vermutlich in vier Kategorien, die ich im Folgenden aufgelistet habe. Bitte stellen Sie eine eigene Liste der Dinge auf, die Sie aufgaben, um den Frieden in Ihrer Beziehung zu wahren.

Ziele und Hoffnungen

Karriere,
Universitätsabschluß,
Arbeitsstelle,
Ausbildung,
Kurse.

Überzeugungen und Meinungen

Religiöse und politische Überzeugungen, die nicht mit den seinen übereinstimmten;
Meinungen über Menschen, die Welt und Ereignisse;
Werte und Moral.

Menschen

Alte Freunde treffen,
Zeit mit der Familie,
Zeit mit den Kindern,
öfter Leute zu Besuch haben,
neue Menschen kennenlernen.

Aktivitäten und Interessen

Sport (wie Tennis, Skilaufen, Turnen),
Klubs (wie Bridge, Diskutierrunden),
Konzert, Theater oder Kino,
Camping, Wandern und andere Freizeitgestaltung,
Kurse aus Spaß (wie Kochen, Sprachen und Tanzen).

Als Rosalind ihre destruktive Beziehung mit Jim beendet hatte, baute sie nicht allein ihr fast bankrottes Geschäft und ihr Selbstvertrauen wieder auf, sondern verfolgte auch andere vernachlässigte Aktivitäten. Sie erzählte mir:

> Ich habe so viel Energie und so viele Möglichkeiten, seit er aus meinem Leben verschwunden ist. Ich hatte nie gemerkt, wie er mich in jeder Hinsicht erschöpfte. Ich baue meinen Laden wieder auf und habe die Porzellanmalerei wieder angefangen, die ich mir mit Jim nicht leisten konnte. Erinnern Sie sich noch, daß ich einen Teil meines Ladens freigeräumt hatte, damit er dort Möbel restauriert? Diese Fläche nutze ich jetzt für einen Brennofen und

einen Trockenschrank. Ich kann im Laden sitzen und malen, und das gefällt mir sehr. Ich bin auch ziemlich gut geworden, daher habe ich beschlossen, einen kleinen Katalog nur für Porzellan herauszugeben. Das ist eine schöne Ergänzung zu der Werbegraphik, auf die ich mich immer schon spezialisiert hatte. Ich habe eine Seite im Schaufenster freigeräumt, wo ich mein Porzellan ausstelle. Es verkauft sich allmählich auch, und ich bin so glücklich darüber, ich könnte fast platzen.

Es war rührend anzusehen, wie stolz Rosalind auf ihren Erfolg war, und ich war ganz bewegt, als sie mir als Zeichen des Danks für die harte Arbeit, die wir gemeinsam geleistet hatten, eine wunderschön bemalte Vase schenkte.
Eine vergiftende Beziehung verzehrt Unmengen an Energie. Es gibt nichts Erschöpfenderes als Spannung und Konflikte, und nichts Anregenderes und Dynamischeres als das Versprechen, nett zu sich selbst zu sein und man selbst sein zu dürfen. Viele Frauen erfahren diese Regeneration, sobald sie beginnen, diejenigen Dinge zurück in ihr Leben zu holen, die ihnen einst wichtig waren.
Ein Teil der dramatischen Verbesserung in Carol und Bens Ehe beruhte darauf, daß Carol an ihrem Entschluß festhielt, Kurse zu belegen und ihren Universitätsabschluß nachzuholen. Ben fand zu seinem Erstaunen, daß die Frau, zu der sie sich entwikkelte, viel faszinierender war als diejenige, zu der er sie hatte machen wollen. In unserer letzten Sitzung erzählte er mir:

Früher wollte ich nur jemanden, der mich nie verlassen würde. Meine schlimmste Vorstellung war, daß sie auf eigenen Füßen stehen und dann auch fortgehen konnte. Doch jetzt, wo ich mich in mir selbst wohler fühle, habe ich nicht mehr so viel Angst. Sie hat ihre Ausbildung beendet und eine Stelle angefangen, und um die Wahrheit zu sagen, ich bin verdammt stolz auf sie. Sie ist nicht mehr dieses abhängige kleine Mädchen. Sie ist jetzt eine richtige

Person. Sie kann sich behaupten, und wissen Sie was? Es gefällt mir! Sie ist lustiger geworden. Sie ist lebendig und interessant. Ich muß Ihnen gestehen, ich bin verliebter in sie als je zuvor.

Es war wunderbar mitanzusehen, wie diese siebenundzwanzigjährige Ehe sich zu einer Beziehung entwickelte, die eine Quelle des Glücks und des Neuentdeckens war.
Jackie hatte zwar ihre beruflichen oder ausbildungsmäßigen Ziele nicht aufgegeben, aber viele Freunde verloren, wie auch kleinen Vergnügen entsagt, die ihr viel bedeuteten. Als erstes, nachdem Mark das Haus verlassen hatte, nahm sie wieder auf, mit ihren Freunden ins Kino zu gehen.

Ich war schon jahrelang nicht mehr im Kino gewesen, weil Mark das nicht mochte. Es war schon in Ordnung, herumzusitzen und unaufhörlich fernzusehen, aber wenn wir wirklich mal ins Kino gingen, wurde er so streitsüchtig, daß es die Sache nicht wert schien. Er verkündete mit lauter Stimme, sobald wir den Saal betraten: »Na, hoffentlich wird das auch gut.« Und wenn ihm der Film nicht gefiel, war das meine Schuld, weil ich ihn ja dorthin geschleppt habe. Ich war so angespannt, daß ich kaum jemals einen Film mit ihm genoß. Jetzt aber kenne ich Leute, mit denen ich ins Kino gehen kann, darunter auch ein neuer Mann, mit dem ich mich öfter treffe. Das ist ein echter Kinofan. Es macht mir Spaß, ins Kino zu gehen, ohne sich Sorgen zu machen, daß mir jemand peinlich wird oder mir Vorwürfe macht, wenn ihm der Film nicht gefällt.

Es ist wichtig, daß Sie die Interessen und Aktivitäten, die Ihnen gefallen, nicht schlecht machen. Wenn sie Ihnen wichtig sind, dann gehören Sie zu Ihrer Person. Es ist vielleicht nichts Besonderes, wenn man einfach Spaß hat, wieder ins Kino zu gehen, aber für Jackie stellte es eine hart erkämpfte Errungenschaft dar, zu tun, was sie wollte, ohne sich um die Anerkennung eines anderen Sorgen zu machen.

Die Vorteile, andere Gebiete seines Lebens auszubauen

Viele Frauen beurteilen eine enge Beziehung danach, was sie ihnen emotional bringt. In einer misogynistischen Beziehung droht der Frau, daß nicht allein ihre Welt verkleinert wird, sondern sie jede Behandlung akzeptiert, weil so wenig in ihrem eigenen Leben sie stützt. Als Nancy Jeff heiratete, gab sie nicht nur ihre Karriere auf, sondern auch viele alte Freunde. Als sie mithilfe der Therapie einen Großteil ihres alten Selbstvertrauens wiedergefunden hatte, kontaktierte sie viele von ihnen. Ihre Freunde hatten sie vermißt, und Nancy hatte vergessen, wie gern sie mit ihnen ausgegangen war. Als sie ihren Reisebürokurs beendet hatte und arbeitete, merkte sie auch, daß sie nun weniger durch Jeffs feindseliges Verhalten verwundbar war. Die Anregungen in ihrem Leben schenkten ihr eine neue Perspektive für sich selbst und die Ehe. Sie überforderte die Beziehung nicht mehr mit ihren emotionalen Ansprüchen, Bedürfnissen und Wünschen. Als Nancy die Therapie beendete, wußte sie immer noch nicht, ob sie bei Jeff bleiben wollte oder nicht. Aber sie wußte, sie war jetzt gefestigt genug, daß sie vor der Entscheidung für eine Trennung keine Angst mehr hatte, falls es nötig sein sollte, weil sie die Ehe nicht mehr als Mittel- und Angelpunkt ihres Lebens betrachtete.

Viele Frauen sind äußerst überrascht über das Selbstvertrauen und die Freude, die aus der Ausweitung ihres Horizonts und der neugewonnnenen Unabhängigkeit resultieren. Eine Frau erzählte mir neulich in meiner Radiosendung:

> Ich muß Ihnen und den Hörern eine wunderbare Geschichte erzählen. Ich bin achtundfünfzig Jahre alt und war vierzig Jahre mit einem Mann verheiratet, der mich psychisch mißhandelte. Ich weiß nicht, wie ich es geschafft habe, aber ich habe irgendwann allen Mut zusammengenommen und bin gegangen. Ich muß Ihnen gestehen, daß ich anfangs schreckliche Angst hatte. Ich hatte noch nie

gearbeitet und dachte, niemand würde mich einstellen. Aber ich habe eine Stelle in einem Laden für Autozubehör gefunden, wo ich am Schalter arbeite und Bestellungen entgegennehme. Jeden Tag treffe ich viele neue Leute; ich gehe viel aus und bin Mitglied einer Volkstanzgruppe. Es geht mir jetzt wunderbar.

Es ist für jede Frau wichtig, ob mit einem Partner oder getrennt: je mehr sich in ihrem eigenen Leben abspielt, um so besser wird sie sich fühlen, und um so weniger Angst wird sie vor größeren Entscheidungen ihres Lebens empfinden. Keineswegs will ich ihnen hiermit die Freuden, in einer Beziehung zu leben, verringern oder abwerten. Menschen haben nun einmal das Bedürfnis, nahe bei anderen Menschen zu sein und als Paar zu leben. Doch Teil eines Paares zu sein bedeutet nicht, seine Welt so sehr zu begrenzen, daß man sich selbst verliert.

Wie Ihre Kinder von Ihrer neuen Kraft profitieren

Einer der größten Vorteile, sich selbst zurückgewonnen zu haben, besteht in der Chance, einen Großteil der negativen Botschaften und modellhaft wirkenden Verhaltensweisen umzukehren, die Ihre Kinder vielleicht schon internalisiert haben. Frauen drücken mir gegenüber oft ihre Sorgen aus, daß ihre Söhne vielleicht zu Frauenhassern werden, die Töchter zu Opfern, wenn sie viele Jahre in einer misogynistischen Familie gelebt haben. Ich sage diesen Müttern, daß es keine Rolle spielt, wie alt die Kinder sind. Wenn der misogynistische Teufelskreis erst einmal durchbrochen ist und das Verhalten der Mutter sich dramatisch verändert hat, kann sich auch vieles von dem ändern, was die Kinder bislang über Männer und Frauen gelernt haben.

Der Mut einer Frau, ihr Leben neu zu strukturieren und jene Dinge zurückzuholen, die sie als Individuum ausmachen, bildet ein starkes Modell für die Kinder beiderlei Geschlechts. Söhne lernen, Frauen als wertvoll und des Respekts würdig zu sehen, während Töchter lernen, daß auch sie wertvoll sind und Anspruch auf gute Behandlung haben. Kinder sind bemerkenswert flexibel und widerstandsfähig. Wenn sie sehen, wie glücklich und selbstbewußt Mutter ist, verstärkt das ihr eigenes Gefühl von Wohlbefinden. Daher ist ihr neues, selbstbewußtes Verhalten der beste Lehrer der Welt für Ihre Kinder.

Wie schafft man es, den gleichen Fehler nicht wieder zu begehen?

Als Rosalind die Therapie beendete, ging es ihr sehr gut. Sie war mit sich zufrieden, mit ihrem Geschäft und ihren neuen Erfolgen. Ich hatte sie etwa sechs Monate nicht gesehen, als ich eines nachmittags einen panischen Anruf von ihr erhielt. Am nächsten Tag kam sie in heller Aufregung in mein Büro. Unsere Diskussion verlief so:

ROSALIND: Ich mache wieder den gleichen Fehler. Ich habe einen Mann namens Les kennengelernt. Er ist großartig und aufregend, aber es fangen die gleichen Dinge an wie bei Jim. Warum muß ich mir das wieder antun? Was stimmt nicht mit mir?

SUSAN: Erzählen Sie mir, was geschehen ist.

ROSALIND: Les und ich waren wandern. Ich mache das wirklich gern mit ihm, aber vor ein paar Tagen stiegen wir einen ziemlich steilen Hang hinauf, und ich konnte einfach nicht mit ihm Schritt halten. Ich gab mir Mühe und strengte mich an, aber ich konnte einfach nicht schneller. Ich bat ihn, langsamer zu gehen, doch er weigerte sich.

Dann wurde er wütend und schrie mich an, ich sei eine faule Ziege, und was das Wandern solle, wenn ich mir keine Mühe gäbe. Ich bekam das Gefühl, ich behindere ihn, ging einfach den Berg wieder hinunter und wartete im Auto auf ihn. Zwei Stunden später kam er, stinkwütend. Er sagte, ich hätte ihm den Tag verdorben, und er hätte es ja besser wissen müssen, eine alte Frau wie mich mitzunehmen. Ich fing an, was ich immer getan habe, nämlich, mich zu entschuldigen, obwohl ich sehr verletzt war. Doch dann bremste ich mich und dachte: »Warum entschuldigst du dich? Er benimmt sich doch wie ein Idiot und nicht ich.« Da merkte ich, daß ich es wieder getan hatte. Ich war wieder auf einen hereingefallen. Da habe ich mich derart über mich geärgert, daß ich einfach hierherkommen mußte.

SUSAN: Ich meine, zuallererst berichten Sie von einem wunderbaren Erfolg. Wenn Sie sich genügend geärgert haben, werden Sie erkennen, daß Sie Ihre Gefühle und Reaktionen rasch erkannten und wußten, wann Sie schlecht behandelt wurden.

Rosalind hatte ziemlich gut auf sich aufgepaßt. Sie bremste sich, als sie merkte, wie sie sich entschuldigte, hatte erkannt, daß es Les war und nicht sie, der sich schlecht benahm. Aber am wichtigsten war, auf sich achtgegeben zu haben, als sie merkte, wie schlecht sie sich in Les' Gegenwart fühlte. Nichts an ihrer Geschichte wies darauf hin, daß sie verdammt sei, immer nur Männer zu wählen, die sie schlecht behandelten.

Das eingefleischte alte Verhalten verschwindet nicht über Nacht. Veränderungen bedeuten immer zwei Schritte voran und einen zurück. Die Tatsache, daß Rosalind wieder in die alten Verhaltensweisen zurückgefallen war, bedeutete nicht, daß alles verloren war, was sie in der Therapie erreicht hatte.

Sie brauchte sich auch nicht zu schelten, weil sie einen weiteren psychisch mißhandelnden Mann gewählt hatte. *Von einem Frauenhasser kann jede Frau angezogen werden.* Das ist nicht das Problem. Aber es ist ein Problem, bei einem Frauenhasser zu bleiben und die Mißhandlungen lange Zeit zu erdulden. Ich versicherte Rosalind, sie würde es gut schaffen. Aus diesem Vorfall bei der Wanderung war ersichtlich, daß sie nicht länger bereit war, Mißhandlungen zu akzeptieren, wie charismatisch, aufregend oder gutaussehend der Mann auch sein mochte.

Die andere gute Neuigkeit in Rosalinds Geschichte war, daß sie begonnen hatte, sich selbst zu trauen, und das Vertrauen auf sich selbst, auch wenn man Fehler macht, ist die richtige Grundlage für emotionale Sicherheit.

Viele Frauen, die misogynistischen Beziehungen gelebt haben, fragen mich: »Wann kann ich jemals wieder einem anderen Mann vertrauen?« Ich sage ihnen immer, die Sorge, wer *er* sei, sei unwichtig, das wichtigere Vertrauen rühre aus dem Wissen und der Sicherheit, mit allem fertig zu werden, was das Leben einem entgegenwirft.

Trotz der schlechten Erfahrung mit Jim hatte sich Rosalind nicht verschlossen, indem sie mißtrauisch und abwartend wurde. Viele Frauen begehen jedoch diesen Fehler. Sie glauben, in Sicherheit zu sein, wenn sie sich emotional verschließen und Beziehungen ganz vermeiden. Wahre Sicherheit rührt jedoch aus der Freiheit, eine Entscheidung treffen zu können, seinen Gefühlen zu trauen und zu wissen, daß man allein fertig wird, wenn es nicht klappt. Mißtrauen und die Weigerung, sich wieder mit einem Mann zu verbinden, verleihen einem zwar eine Illusion von Sicherheit, doch in Wirklichkeit hält einen das Emotionale in Eisesstarre.

Nicht jeder Mann ist ein Frauenhasser

Genau so wichtig, wie die Fähigkeit, Mißhandlungen zu erkennen, ist die Fähigkeit nicht gleich jeden Mann, bei dem man sich glücklich fühlt, als Frauenhasser zu kennzeichnen. Rosalind hatte den klaren Beweis geliefert, daß Les sie beleidigend und abwertend behandelt hatte. Einige Frauen begehen jedoch in ihrem Eifer, eine weitere misogynistische Beziehung zu vermeiden, den Fehler, alle Männer als Frauenhasser zu betrachten.

Die Tatsache, daß Sie sich in einer Beziehung unglücklich fühlen, bedeutet nicht automatisch, daß der Mann Sie mißhandelt. Einige Männer verweigern sich, andere sind unkommunikativ, andere wiederum nicht zärtlich und andere nicht bereit für eine Beziehung und lehnen Sie ab. Es gibt extrem launische Männer, andere verlieren leicht die Beherrschung, andere streiten gern und manche widersprechen Ihnen bei jedem Wort. Doch keine dieser Verhaltensweisen an sich macht einen Mann zum Frauenhasser. Rufen Sie sich in Erinnerung: Ein Frauenhasser ist ein Mann, der Frauen beherrschen und kontrollieren muß. Dies tut er auf aggressive Weise, durch Einschüchterungen und Kritik, indem er Sie demütigt, Ihr Selbstvertrauen untergräbt und Sie mit seinen unvorhersehbaren Wechselbädern zwischen Charme und Wut aus dem Gleichgewicht bringt.

Sie dürfen nun Ihr geschärftes Bewußtsein gegenüber misogynistischem Verhalten und seinen Wirkungen nicht zum Vorurteil gegen alle Männer entwickeln. Das ist genauso unrealistisch wie Mißhandlungen zu übersehen, wenn Sie Ihnen gelten.

Liebe neu entdecken

Es gibt viele wunderbare, fürsorgliche, sensible Männer, die Frauen mögen und ihre Gesellschaft und ihre Einzigartigkeit schätzen. Diese Männer fühlen sich durch die Intelligenz, den Ehrgeiz oder die Kompetenz einer Frau nicht bedroht, weil ihr eigenes Selbstwertgefühl sicher und gefestigt ist. Sie brauchen Frauen nicht zu zermürben, um sich selbst wohl zu fühlen.

Laura fand einen ebensolchen Mann zwei Jahre, nachdem sie die Beziehung zu Bob abgebrochen hatte. Zusammen mit einer Einladung zur Hochzeit bekam ich diesen wunderbaren Brief von ihr:

Liebe Susan,
Wissen Sie noch, wie besorgt ich war, daß ich (a) mich nie wieder verlieben würde, (b) niemals über – wie hieß er noch? – hinwegkäme, und (c) die Tage der Liebe auf immer vorbei seien? Nun, jetzt schreibe ich Ihnen, um Ihnen mitzuteilen, daß Sie Recht hatten. Ich habe einen wunderbaren Mann kennengelernt. Er brüllt nicht, stellt keine überzogenen Ansprüche und ist nicht wahnsinnig eifersüchtig. Ich liebe ihn sehr. Ich glaube, Männer wie ihn habe ich früher übersehen, weil ich sie nicht für glanzvoll und aufregend genug hielt. Aber stellen Sie sich vor: Keine Sekunde lang vermisse ich die verrückten Szenen mit Bob. Ich dachte immer, diese Streitereien seien ein Zeichen von Liebe und Leidenschaft. Aber Randy ist zärtlich und leise und zweimal so aufregend wie Bob jemals war. Es ist einfach eine Freude, bei ihm zu sein.
Ich wünsche mir so sehr, daß Sie zu unserer Hochzeit kommen, damit Sie diesen besonderen Tag mit uns teilen.
Alle Liebe und tausend Dank
Laura

Viele Frauen, die misogynistische Beziehungen hinter sich gebracht haben, sorgen sich, ein freundlicher, respektvoller Mann sei nicht aufregend genug für sie, doch Laura stellte fest, daß sie eine liebevolle Beziehung mit einem Mann ohne das Chaos haben konnte, das sie immer für einen Bestandteil von Leidenschaft gehalten hatte. Die Aufregung in einer misogynistischen Beziehung rührt ebenso stark aus Angst, Spannung und der Uneinschätzbarkeit des Verhaltens des Mannes heraus, wie aus Liebe und Leidenschaft.

Wie Sie Ihr Gleichgewicht als Frau finden

Viele Menschen sind heutzutage verwirrt, was sie von einer Beziehung erwarten können und wie sie sich verhalten sollen. Alte, starre, stereotype Rollen werden oft von Paaren abgelehnt, doch sie sind unsicher, durch was sie sie ersetzen können. Frauen machen sich Sorgen, wie sie auf die neuerrungene Freiheit reagieren, ohne hart und grob zu werden. Männer machen sich Gedanken darüber, wie sie fürsorglich und sensibel sein können, ohne ihre Männlichkeit zu verlieren. Männer wie Frauen gehen vermutlich einem Beruf nach und eigene Wege – oft aus freier Entscheidung, oft auch aus finanzieller Notwendigkeit.

Ich glaube, das Ziel für uns noderne Frauen besteht darin, an jenen Eigenschaften festzuhalten, die uns einzigartig machen – unser Einfühlungsvermögen, unsere Art, mit Gefühlen und starken Emotionen umzugehen, und unsere fürsorgliche Fähigkeit – während wir jene selbstverleugnenden Verhaltensweisen fahren lassen, die uns nur schlecht gedient haben. Eine Frau zu sein bedeutet nun nicht mehr, passiv, unterwürfig und selbsterniedrigend zu sein. Noch bedeutet es, zum Supermann zu werden, indem wir traditionelle männliche Verhaltensweisen imitieren. Es besteht kein Gegensatz darin, eine liebende, großzügige Frau zu sein und bewußt in unserem eigenen besten Interesse zu handeln. Das wunderbarste Geschenk, das man sich selbst und jedem Mann geben kann, ist das Gefühl, selbst etwas wert zu sein, und damit verbunden die Erwartung, geliebt und gut behandelt zu werden.

Anhang

Literaturhinweise

Besonders empfehlenswerte Titel sind mit Anmerkungen versehen.

Arcana, Judith: *Our Mother's Daughters,* Berkeley: Shameless Hussy Press 1979.

Bell, Donald: *Being a Man: The Paradox of Masculinity.* Brattleboro: The Stephen Green Press 1982.

Blacker, K. H., M. D.: »Frightened Men: A Wish for Intimacy and a Fear of Closeness«, in: *The International Journal of Psychoanalytic Psychotherapy* 6 (1977).

Blanck, Gertrude und Ruben Blanck: *Ich-Psychologie.* 2 Bde. Stuttgart: Klett-Cotta Verlag 1980/5.

Botwin, Carol und Jerome L. Fine: *The Love Crisis: Hit-and-Run-Lovers, Jugglers, Sexual Stingies, Unreliables, Kinkies and Other Typical Men Today,* New York: Bantam Books 1979. Es macht immer Spaß, Botwin zu lesen, und sie bietet in diesem Band einige recht vernünftige Ansichten über mehrere leicht erkennbare Männertypen, die alle unbefriedigende Partner abgeben. Besonders wichtig ist das Kapitel mit dem Titel: »The Bastards«.

dies.: *Love Lives: Why Women behave the Way They Do in Relationships,* New York: Bantam Books 1983. Leichter, lesbarer Überblick über die verschiedenen Rollen und Verhaltensweisen, die Frauen in Beziehungen mit Männern entwickeln. Lesen Sie vor allem die Teile über »The Nurse« und »The Elusive or Abusive Man Specialist.«

Bowen, Murray: *Family Therapy in Clinical Practice,* New York: Jason Aronson 1987.

Branden, Nathaniel: *Verliebt fürs ganze Leben. Psychologie der Zärtlichkeit.* Reinbek: Rowohlt Verlag 1982.

ders.: *The Psychology of Self-Esteem,* Bantam Books 1971.

Brownmiller, Susan: *Gegen unseren Willen.* Frankfurt: Fischer Taschenbuch Verlag Bd. 3712.

Caplan, Paula: *Frauen sind keine Masochisten. Das Ende eines Vorurteils.* Köln: Benziger Verlag 1986. In diesem Buch wird endlich die Tatsache anerkannt, daß Frauen Schmerz und Leid weder brauchen, noch genießen oder suchen, sondern eher unterwürfiges und abhängiges Verhalten lernten, das sie bei ihrer Suche nach Liebe und Anerkennung prädestiniert, schlecht behandelt zu werden. Das Buch zerstört wirksam die verbreitete, eingefleischte Meinung, daß Frauen von Natur aus masochistisch seien.

Chesler, Phyllis: *Frauen, das verrückte Geschlecht?* rororo Taschenbuch Bd. 7063.

Checkley, Hervey: *The Mask of Sanity.* St. Louis: C. V. Mosby 1975.

Cowan, Connell und Melvyn Kinder: *Der falsche Prinz. Erfolgsfrauen und ihre Partner.* Düsseldorf: Econ Verlag 1986. Lesbarer Versuch, das Paradox zu lösen, warum kompetente Frauen so oft Männer wählen, die sie unglücklich machen. Besonders wichtig sind die Abschnitte über abhängige Liebe und ein Kapitel mit dem Titel: »How Exiting Men can Make Women Miserable«.

Dowling, Colette: *Der Cinderella-Komplex: Die heimliche Angst der Frauen vor der Unabhängigkeit.* Frankfurt: S. Fischer Verlag 1982. Ein Klassiker. Eines der wichtigsten und kontroversesten Bücher, die jemals für Frauen geschrieben wurden und ein Muß für Frauen in einer misogynistischen Beziehung. Dowling zeichnet deutlich auf, wie Frauen zu der Abhängigkeit und der Furcht erzogen werden, daß Unabhängigkeit sie um die Liebe bringe.

Dubbert, Joe: *A Mans Place: Masculinity in Transition.* Englewood Cliffs: Prentice Hall 1979.

Dworkin, Andrea: *Women Hating: A Radical Look at Sexuality.* New York: E. P. Dutton 1976.

Forward, Susan und Craig Buck: *Betrayal of Innocence: Incest and Its Devastation,* New York: Penguin Books 1979. Das erste zeitgenössische Buch für den Laien über das Thema Inzest. Wichtig, um Frauen in misogynistischen Beziehungen zu begreifen, da so viele von ihnen Opfer von Inzest und anderen Formen der Kindesmißhandlungen sind.

Friday, Nancy: *Men in Love, Male Sexual Fantasies: The Triumph of Love over Rage,* New York: Dell Publishing 1981.

Friedan, Betty: *Der Weiblichkeitswahn und die Selbstbefreiung der Frau. Ein Emanzipationskonzept.* Reinbek: rororo Taschenbuch Bd. 6721.

Goldberg, Herb: *Der verunsicherte Mann.* Reinbek: rororo Taschenbuch Bd. 7256.

Gordon, Barbara: *Ich tanze, so schnell ich kann.* München, Kindler Verlag 1980. Gordons ausgezeichnetes Buch beschreibt in allen schlimmen Einzelheiten ihre Beziehung mit einem misogynistischen Partner, der sie körperlich und seelisch mißhandelte, und ihre Begegnungen mit grausamen und abgestumpften Beratern, die sie um Hilfe bat.

Hacker, Friedrich: *Aggression. Die Brutalisierung unserer Welt.* Düsseldorf: Econ Verlag 1985.

Halpern, Howard: *Liebe und Abhängigkeit. Wie wir übergroße Abhängigkeit in einer Beziehung beenden können.* Hamburger Isko-Press 1984. Eines der Bücher, die ich regelmäßig bei meinen Radiosendungen empfehle. Halpern gelingt es ausgezeichnet, die Komponenten einer abhängigen Beziehung zu erklären, und wie früher Hunger nach Bindung uns programmiert, zu Liebesjunkies zu werden.

Harrington, Alan: *Psychopaths.* New York: Simon & Schuster 1972.

Hilberman, Elaine: »The Wife-Beater's Wife Reconsidered.« In: *American Journal of Psychiatry* 137 (11) (November 1980).

Horney, Karen: *Die Psychologie der Frau.* Frankfurt. Fischer Taschenbuch Bd. 42246.

dies.: *Neurose und menschliches Wachstum.* Frankfurt: Fischer Taschenbuch Bd. 42143.

dies.: *Neue Wege in der Psychoanalyse.* Frankfurt: Fischer Taschenbuch Bd. 42090.

dies.: *Selbstanalyse.* Frankfurt: Fischer Taschenbuch Bd. 42119.

Kernberg, Otto: *Borderline-Störungen und psychologischer Narzißmus.* Frankfurt: Suhrkamp Taschenbuch Wissenschaft Bd. 429.

ders.: *Objektbeziehungen und Praxis der Psychoanalyse.* Stuttgart: Klett-Cotta Verlag 1985.

Kiley, Dan: *Das Peter-Pan-Syndrom.* Heyne Bücher Bd. 6725. Ein bißchen schnoddrig, aber dennoch eine gute Beschreibung eines weiteren Typs männlicher Charakterstörungen. Peter Pans weisen häufig misogynistische Züge auf, und Kiley wirft ein deutliches Licht auf ihr Verhalten und dessen Wirkung auf die Partnerinnen.

King, Florence: *He: An Irreverent Look at the American Male.* New York: Stein and Day 1978.

Klein, Carole: *Mothers and Sons.* New York: Houghton, Mifflin 1984.

Komarovsky, Mirra: *Dilemmas of Masculinity: A Study of College Youth.* New York: W. W. Norton 1976.

Korda, Michael: *Male Chauvinism: How It Works.* New York: Ballantine Books 1973. Gute Darlegung der Haltungen, die Frauen am Arbeitsplatz, in Beziehungen und in der Gesellschaft im allgmeinen erniedrigen.

Lederer, W.: *The Fear of Women.* New York: Grune and Stratten 1968.

Lerner, Harriet Goldhor: *The Dance of Anger: A Woman's Guide to Changing the Patterns of Intimate Relationships.* New York: Harper & Row 1985. Ein Buch, das Frauen wertvolle Ratschläge für das Verständnis und den Umgang mit diesem verunsichernden, schwierigen Gefühl an die Hand gibt.

Lowen, Alexander: *Narzißmus. Die Verleugnung des wahren Selbst.* München: Kösel Verlag 1984.

Martin, Del: *Battered Wives.* San Francisco: Volcano Press 1981. Immer noch eines der Standardwerke über das Thema körperliche Mißhandlungen und die beiden Schauspieler im Drama einer gewalttätigen Beziehung.

Masterson, James: *Psychotherapie bei Borderline-Patienten.* Stuttgart. Klett-Cotta Verlag 1980.

Mellen, Joan: *Big Bad Wolves: Masculinity in the American Film.* New York: Pantheon Books 1977. Ein Buch, das die wichtige Rolle beschreibt, die Filme bei der Bildung unserer Urteile über Maskulinität und »echte« Männer haben. Mißhandlungen von Frauen wurden in Filmen oft sowohl als akzeptierbar wie auch als Beweis für Männlichkeit dargestellt.

Miller, Jean Baker: *Die Stärke weiblicher Schwäche.* Frankfurt: Fischer Taschenbuch 3709.

Moulton, Ruth: »The Fear of Female Power: A Cause of Sexual Dysfunction.« In: *The Journal of the American Academy of Psychoanalysis* 5 (1977).

Naifeh, Stephen und Gregory White Smith: *Why Can't Men Open Up?: Overcoming Men's Fear of Intimacy.* New York: Clarkson M. Potter 1984. Es ist keine Neuigkeit, daß viele Männer verschlossen und mißtrauisch sind und nur schwer ihre Gefühle äußern. Dieses Buch behandelt die bewußten und unbewußten Ängste, die Grund dieser Schwierigkeiten sind, und was Frauen tun können, um ihren Partnern die Veränderung zu erleichtern.

NiCarthy, Ginny: *Getting Free: A Handbook For Women in Abusive Relationships.* Seattle: The Seal Press 1982. Vornehmlich an Frauen gerichtet, die von ihren Partnern körperlich mißhandelt wurden. Dieser ausführliche und mitfühlende Leitfaden, wie man ein neues Leben aufbaut, kann auch Opfern seelischer Grausamkeit empfohlen werden. Er enthält viele Tests zur Selbsteinschätzung, die Frauen helfen können, ihre Erwartungen und Ziele deutlicher zu erkennen.

Norwood, Robin: *Wenn Frauen zu sehr lieben. Die heimliche Sucht gebraucht zu werden.* Reinbek: Rowohlt Verlag 1986. Ein weiteres Buch, das ich regelmäßig im Rundfunk empfehle. Geschrieben von einem Therapeuten, der die Bedürfnisse und Gefühle von Frauen versteht. Das Buch beschreibt ausführlich, wie Frauen willig große Teile ihres Selbst aufgeben, um in einer Beziehung zu bleiben.

Olsen, Paul: *Sons and Mothers: Why Men Behave as They Do.* New York: Fawcett Books 1982.

Paul, Jordan und Margaret: *Do I Have to Give Up Me to Be Loved by You?* Minneapolis: Compcare Publications 1983. Die Pauls sind Experten in der Verdeutlichung und Veränderung von Kommunikationsstilen zwischen Paaren. Das Buch bietet gute Beispiele für nichtdefensive Kommunikation, die für Frauen in misogynistischen Beziehungen wertvoll sind.

Peele, Stanton und M. v. Archie Brodsky: *Love and Addiction.* New York: Signet/NAL 1976.

Russell, Diana E. H.: *Rape In Marriage.* New York: Macmillan 1982.

Russianoff, Penelope: *Why Do I Think I Am Nothing without a Man?* New York: Bantam Books 1983. Wärmstens empfohlen. Ein wichtiges Buch für jede Frau, besonders aber für Frauen, die sich mit Frauenhassern eingelassen haben. Russianoff behandelt sensibel das universelle weibliche Dilemma einer geringen Selbsteinschätzung und die Gefühle von Verzweiflung und Zerrissenheit, die viele Frauen erleben, wenn sie keine Beziehung mit einem Mann haben. Die Autorin zeigt, wie man diese Verhaltensmuster lernen und wieder verlernen kann.

Sager, C. J. und B. Hunt: *Intimate Partners: Hidden Patterns in Love Relationships.* New York: McGraw-Hill 1978.

Sanford, Linda Tschirhart und Mary Ellen Donovan: *Women and Self-Esteem.* New York: Penguin Books 1985. Von zwei feministischen Autorinnen verfaßt, stellt dieses Buch einen ausgezeichneten und umfassenden Blick darauf dar, wie Gesellschaft und Familie zusammenarbeiten, um weibliches Selbstwertgefühl und emotionales Wohlbefinden zu untergraben. Es enthält Vorschläge, wie man diese Schädigungen heilen kann, um sich nicht mehr wie ein zweitklassiger Bürger zu fühlen.

Trafford, Abigail: *Crazy Time: Surviving Divorce.* New York: Bantam Books 1984. Im Titel steht schon alles. Ein lesbares und mitfühlendes Buch über eine der schwierigsten und schmerzhaftesten Erfahrungen im Leben.

Weissberg, Michael: *Dangerous Secrets: Maladaptive Responses to Stress*. New York; W. W. Norton 1983. Ein guter Überblick über Gewalt und Mißhandlungen in der Familie und die schlimmen Schäden, die diese Verhaltensweisen anrichten. Das Buch behandelt kenntnisreich Themen wie Frauenmißhandlung, Alkoholismus und körperliche und sexuelle Mißhandlungen von Kindern. Realistisch und erschütternd.

Danksagungen

Es gibt ein paar Leute, deren wichtige Unterstützung und Mühe in dieses Buch eingeflossen sind.

Meine Mitarbeiterin Joan Torres nahm meine Idee und meine Leidenschaft für dieses Buch auf und verlieh ihnen Form und Gestalt.
Dorris Gathrid, Don Welsberg und Larry Goldman halfen bei seiner Verwirklichung.

Zwei geschätzte Freunde und Kollegen stellten mir uneingeschränkt ihre Zeit und Erfahrung zur Verfügung. Es handelt sich um Nina Miller, M.F.C.C., und Andrew Drake, M.F.C.C. Ich kann mich kaum genug bei ihnen bedanken

Meine Lektorin Toni Burbank war unnachsichtig in ihrem Streben nach Perfektion. Sie war eine Quelle des Trostes und der Ermutigung, wenn ich dies brauchte – und das war ziemlich oft.

Die Freunde und Klienten, die mir ihre Geschichten zur Verfügung stellten, müssen anonym bleiben, aber ich danke ihnen für ihren Mut und die Bereitschaft, ihre Erfahrung preiszugeben.

Schließlich gilt meine tiefste Dankbarkeit den Tausenden von Frauen, die mir schrieben oder mich beim Sender anriefen. Sie haben mich zutiefst angerührt.

Dieses Buch gehört Ihnen allen.

Der neue Hite-Report

SHERE HITE

FRAUEN UND LIEBE

Gefühle im Wandel

C. Bertelsmann

»Eine Studie von außerordentlicher Bedeutung, die die Realität im Leben jedes Lesers anspricht.«

Library Journal

»Der 3bändige Hite-Report wird noch lange maßgebend in der Literatur über das menschliche Verhalten sein ... Die Achtung und Respekt für dieses Werk wird stetig wachsen.«

Richard P. Halgin, Universität of Massachusetts

»Shere Hites besondere Bedeutung besteht darin, daß sie nicht ›verschreibt‹, sondern zuhört. In ›Frauen und Liebe‹ kommen die verschiedensten Frauen zu Wort und berichten über die Herausforderung, eine Liebesbeziehung zu einem Mann herzustellen und aufrechtzuerhalten. Man muß ›Frauen und Liebe‹ gelesen haben, um die gesellschaftlichen Verhältnisse Amerikas neu zu verstehen, oder auch nur, um Shere Hite und ihre 4500 befragten Frauen zu unterstützen. Lesen Sie es auf jeden Fall.«

Barbara Ehrenreich, New York Institute for the Humanities, Institute for Policy Studies, Washington, D.C.

»Was ›Frauen und Liebe‹ so lesenswert macht, sind die bewegenden Geschichten von Frauen, die durch die Fragen von Ms. Hite zum Vorschein kommen ... Wir lesen über Frauen in glücklichen und befriedigenden, in trauten, in gescheiterten und in stürmischen Beziehungen sowie über Frauen, die in den Tag hinein leben, ohne sich viel Gedanken zu machen. Außerdem erfahren wir viel über die Welt lesbischer Frauen ...

Ms. Hite stellt eine wichtige neue Frage: Werden die Frauen ihre Gefühlsrolle auch weiterhin spielen, obwohl die Rolle der Hausfrau fast schon der Vergangenheit angehört? Wird der Mann die Rolle der Frau spielen? Oder werden wir ganz ohne sie auskommen müssen?

Anders als Simone de Beauvoir, die die Frau als passives Objekt beschrieb, fordert Ms. Hite die Frauen auf, zu Sehern und Sagern zu werden. Sie glaubt, daß die Welt eine bessere Welt wäre, wenn Männer so lieben könnten wie Frauen. Dies ist ein kühner und glänzender Anspruch.«

New York Times Book Review